Volker Hütsch   Der Münchner Glaspalast 1854–1931

1 »Der Glas-Pallast (in München)«, Perspektivische Ansicht von Südwesten, Zeitgenössischer Stahlstich, 15,6 x 10,8 cm

Volker Hütsch

Der Münchner Glaspalast 1854–1931

Geschichte und Bedeutung

2., überarbeitete und erweiterte Auflage

Verlag für Architektur und technische Wissenschaften Berlin

Für Inga

»Onne einen Glaspalast ist das Leben eine Last.«
PAUL SCHEERBART 1863–1915

CIP-Kurztitelaufnahme der Deutschen Bibliothek

Hütsch, Volker:
Der Münchner Glaspalast 1854–1931: Geschichte
u. Bedeutung/Volker Hütsch – 2., überarb. u. erw. Aufl. –
Berlin: Ernst, Verlag für Architektur u. techn. Wiss., 1985
(Architekturgeschichte – Denkmalpflege – Umweltgestaltung)
1. Aufl. im Verl. Moos, München

ISBN 3-433-02026-4

© 1985 Wilhelm Ernst & Sohn Verlag für Architektur und technische Wissenschaften, Berlin.

Alle Rechte, insbesondere die der Übersetzung in andere Sprachen, vorbehalten. Kein Teil dieses Buches darf ohne schriftliche Genehmigung des Verlages in irgendeiner Form – durch Fotokopie, Mikrofilm oder irgendein anderes Verfahren – reproduziert oder in eine von Maschinen, insbesondere von Datenverarbeitungsmaschinen, verwendbare Sprache übertragen oder übersetzt werden.

All rights reserved (including those of translation into other languages). No part of this book may be reproduced in any form – by photoprint, microfilm, or any other means – nor transmitted or translated into a machine language without written permission from the publishers.

Die Wiedergabe von Warenbezeichnungen, Handelsnamen oder sonstigen Kennzeichen in diesem Buch berechtigt nicht zu der Annahme, daß diese von jedermann frei benutzt werden dürfen. Vielmehr kann es sich auch dann um eingetragene Warenzeichen oder sonstige gesetzlich geschützte Kennzeichen handeln, wenn sie als solche nicht eigens markiert sind.

Druck: Color-Druck, D-1000 Berlin 49
Bindung: H. Stein, D-1000 Berlin 61
Printed in the Federal Republic of Germany

Vorwort

Zur ersten Auflage

Der Münchener Glaspalast ist in der Erinnerung immer noch vage vorhanden. Man assoziert Künstlerfeste, Kunstausstellungen der Jahrhundertwende, der zwanziger, der dreißiger Jahre. Für die »Kunststadt« München von ehedem ist der Glaspalast ein Symbol. Eingeweihte erinnern sich vielleicht, daß bei seiner Zerstörung durch Brandstiftung in der Nacht zum 6. Juni 1931 bedeutende Werke der deutschen Romantik, das Lebenswerk des Schweizers Malers Cuno Amiet vernichtet wurden. Die Kunstgeschichte betrachtet das Bauwerk bestenfalls als »Quintessenz des Maximiliansstils«.

Dem Glaspalast als frühen Höhepunkt des Ingenieurbaus – im süddeutschen Raum – wird man damit sicher nicht gerecht. Aus der traditionellen Baukunst gewonnene Kriterien kann man hier nicht anwenden. Transparenz, Leichtigkeit, die additive Reihung maschinell gefertigter Elemente führen zu einem neuen ästhetischen Verständnis der Glas-Eisen-Architektur. Nicht mehr das einzelne Detail, sondern die Gesamtstruktur des umbauten Raumes wird Kriterium der ästhetischen Empfindung. Daß dies sicher keine Erkenntnis unserer Tage ist, wird durch zeitgenössische Dokumente belegt. Man betrachte nur die Innenansicht, die der Fotograf Joseph Albert kurz nach der Entstehung des Glaspalastes anfertigte, oder den idealisierten Stich, der den Glaspalast als Wintergarten – ebenfalls in der Innenansicht – zeigt. Wie konventionell nehmen sich dagegen die offiziellen Innenraumfotos der Ausstellung 1854 von Hanfstaengl aus.

Der Münchener Glaspalast steht, was Originalität und Ästhetik anbelangt, weit über vielen Bauten der Zeitgenossen. Als temporäres Gebäude geplant, überdauerte er mehrere Generationen. Fotos und zeitgenössische Berichte lassen ahnen, wie er in Würde und Anstand alterte. Ein möglicher Grund für seine Beliebtheit ist, daß seine Architektur in einem höheren Sinn »anonym« gewesen ist.

Dieser Band, dem der Text einer 1979 vom Fachbereich Architektur der TU München angenommenen Dissertation zugrunde liegt, möchte zu einem neuen Verständnis des Glaspalastes beitragen.

Den Herren Prof. Dr. J. A. Schmoll gen. Eisenwerth vom Lehrstuhl für Kunstgeschichte, Prof. Georg Küttinger vom Lehrstuhl für Hochbaukonstruktion an der TU München, und allen an der Fertigstellung der vorliegenden Arbeit Beteiligten danke ich herzlich.

München, im März 1980   Volker Hütsch

Zur zweiten Auflage

Als dieses Buch entstand, war nicht abzusehen, daß sein Thema – aus der Sicht des Architekten – solche Beachtung finden sollte. So war die erste Auflage, zusammen mit dem Katalog der von mir betreuten Ausstellung »Der Glaspalast« im Münchner Stadtmuseum (1981), in überraschend kurzer Zeit vergriffen.

Eingeleitet wurde durch das Werk ein geändertes Verhältnis zum frühen Ingenieurbau in München, zu den Eisenkonstruktionen, die unter Maximilian II. entstanden sind. Die neuerliche Wertschätzung der Münchner Maximiliansgetreidehalle, eine der frühesten eisernen Markthallen im deutschen Sprachraum überhaupt, mag als Beweis dafür dienen.

Die vorliegende Ausgabe wurde sachlich überarbeitet und um einen Abschnitt erweitert, der Dokumente und Stimmen der Zeit enthält. Sie sollen einen Begriff von der Ausstrahlung und Bedeutung des Glaspalasts vermitteln.

Ich danke dem Verlag und allen am Zustandekommen der Neuauflage Beteiligten.

München, im Februar 1985   Volker Hütsch

Inhalt

Einleitung

Stand der Forschung und Problemstellung   9

Hauptteil

A	Der Bau des Glaspalastes	11
1	Planungsgeschichte	11
1.1	Vorgeschichte	11
1.1.1	Baubeschluß	11
1.1.2	Bauplatzwahl	11
1.1.3	Wahl der Bauweise und des Baumaterials	13
1.2	Die einzelnen Planungsstufen	14
1.2.1	Vorentwurf	14
1.2.2	I. Stufe	15
1.2.3	II. Stufe	16
1.2.4	III. Stufe	17
2	Baugeschichte	18
3	Das ausgeführte Bauwerk	37
3.1	Form	37
3.1.1	Lage	37
3.1.2	Grundriß	37
3.1.3	Innenraum	40
3.1.4	Außenbau	40
3.2	Ausstattung	42
3.2.1	Architekturglieder	42
3.2.2	Innenausstattung	47
3.2.3	Farbgebung	47
3.3	Konstruktion	47
3.3.1	Statisches Gerüst	47
3.3.2	Säulen	47
3.3.3	Traggitter	48
3.3.4	Windverband	50
3.3.5	Überdachung	50

B	Stellung des Glaspalastes in der zeitgenössischen Architektur	53
1	Situation der Ingenieurbaukunst in Bayern vor dem Bau des Glaspalastes	53
1.1	Vorgängerbauten	53
1.1.1	Erster Münchener Hauptbahnhof	53
1.1.2	Maximiliansgetreidehalle	53
1.1.3	Wintergarten Maximilian II.	55
1.1.4	Großhesseloher Eisenbahnbrücke	55
1.2	Frage nach Vorbildern in München	56
	Konstruktion	56
	Bauaufgabe	56
1.3	Bedeutung des Glaspalastes in der bayerischen Architekturgeschichte des 19. Jahrhunderts	56
1.3.1	Konstruktion	56
1.3.1.1	Anwachsen der Dimensionen	56
1.3.1.2	Rationalisierung der Konstruktion	56
1.3.1.3	Ökonomie des Materialeinsatzes	57
1.3.1.4	Neue Konstruktionsformen	57
1.3.1.5	Industrielle Produktion	57
1.3.2	Form	59
1.3.2.1	Neue Formelemente	59
1.3.3.2	Ornamentaler Eisenguß und der Ingenieurbau	59
2	Situation der Ingenieurbaukunst im Ausland vor dem Bau des Glaspalastes	61
2.1	Übersicht	61
2.1.1	Konstruktionsformen	61
2.1.1.1	Der Balken	61
2.1.1.2	Der zusammengesetzte Balken	61
	a) Verdübelter Balken	61
	b) Gesprengter Balken	61
2.1.1.3	Der Bogenbinder	62
	a) Gußeiserne Bogenbinder	62
	b) Schmiedeeiserne Bogenbinder	62
	c) Hölzerne Bogenbinder	62
	d) Kuppeln	62

2.1.1.4	Die Hängewerkkonstruktion	63	2	Die Industrie-Ausstellung als politisches Manifest König Maximilian II.	75
	a) Hölzerne Hängewerke	63			
	b) Eiserne Hängewerke	63			
2.1.1.5	Das eiserne Fachwerk	63	3	Der Glaspalast als Bedeutungsträger	75
	a) Binder nach Wiegmann, Emy, Polonceau	63			
	b) Strebenfachwerke, Ständerfachwerke	63		Form	
2.1.2	Bauaufgaben	63		Material	
2.1.2.1	Eisenbahnbauten	64		Stil	
	a) Brücken	64		Ausstattung	
	b) Bahnhöfe	65			
2.1.2.2	Markthallen	66	4	Die Industrie-Ausstellung, der Glaspalast und die Entwicklung der Industrie in Bayern	76
2.1.2.3	Läden, Passagen, Warenhäuser	66			
2.1.2.4	Gewächshäuser, Wintergärten	66			
2.1.2.5	Ausstellungsbauten	67		Bedeutung Cramer-Kletts	
2.2	Der Crystal Palace in London und das Problem des Vorbildes Vergleich	67			
2.2.1	Form	67	5	Der Ingenieurbau	77
2.2.2	Konstruktion	68			
2.3	Stellung des Glaspalastes Fortschritt gegenüber dem Crystal Palace	69		Das Verhältnis von Architekt und Ingenieur aus der Sicht Voits Entwicklungsstand der Statik, Prüfmethoden	
3	Situation der Ingenieurbaukunst in Bayern nach dem Bau des Glaspalastes	70		Würdigung und Bedeutung des Glaspalastes	79
3.1	Konstruktive Aufgaben	70			
3.1.1	Der Gerberträger	70		Katalog	
3.1.2	Der Dreigelenkbogen	71			
3.2	Bauaufgaben	72		Der Glaspalast in den Jahren 1854 bis 1931	81
3.2.1	Brücken, Bahnhöfe	72			
3.2.2	Gewächshäuser im botanischen Garten, Wintergärten	72		Veranstaltungen und Ausstellungen von 1854 bis 1931	85
				Lebensdaten August von Voits	93
C	Die kulturpolitische Bedeutung des Glaspalastes	75		Anmerkungen	95
				Literatur	101
1	Die politische Situation zur Zeit der Industrie-Ausstellung	75		Anhang	105

2 Industrie-Ausstellung 1854 in München, Blick in die Maschinenabteilung im westlichen Hauptschiff, Fotografie von Franz Hanfstaengl

Einleitung

Stand der Forschung und Problemstellung

Der Glaspalast wurde in den Jahren 1853–1854 unter der Regierung König Maximilian II. von Bayern für die Industrie-Ausstellung 1854 in München von August Voit errichtet.[1] In der konsequenten Verwendung des »modernen« Materials Eisen und Glas war er ein Höhepunkt des deutschen Ingenieurbaus. Trotzdem wurde er bisher von der Forschung wenig gewürdigt.
Dafür gibt es verschiedene Gründe. Bisher ist das Gesamtwerk Voits noch wenig erschlossen. Hauptquellen sind die ungenauen, fehlerhaften Nekrologe von Zeitgenossen wie Gottgetreu.[2] Die Arbeiten Werner Mittelmeiers und die Dissertation Jürgen Kotzurs zeigen hier eine Wende an.[3] Zwar wird der Glaspalast in zahlreichen Abhandlungen erwähnt, jedoch fast nur in Zusammenhang mit den Bestrebungen König Maximilian II. um einen neuen Baustil, beispielsweise in den Arbeiten von Hans Rose und August Hahn.[4] Gerhard Hojer bezeichnet ihn in einer neueren Arbeit »als Quintessenz des Maximilianstils im tieferen Sinne«.[5]
Dem Glaspalast als Ingenieurbau wurde man jedoch nicht gerecht. Zwar wurde er als solcher erkannt, man sah in ihm aber nur den Nachfolgebau des viel gewaltigeren Londoner Vorbildes, dem Crystal Palace von 1851. Dabei wurde jedoch aus der fehlenden genaueren Kenntnis die eigenschöpferische Leistung, wie sie beim Glaspalast durchaus vorliegt, übersehen. Ansätze zu einem neuen Verständnis des Gebäudes finden sich in der Arbeit von Christian Schädlich.[6] Schädlich verwendet als Kriterien für seine Beurteilung konsequenterweise die dem Ingenieurbau innewohnenden eigenen Gesetzmäßigkeiten. Zu einem besseren Verständnis des Glaspalastes als Ingenieurbau soll die Entwicklungsgeschichte untersucht werden. Dies kann nicht ohne Darstellung des geistigen und politischen Hintergrundes geschehen. Die Untersuchung beschränkt sich dabei auf die Entstehungszeit des Gebäudes. Am Anfang steht die Baugeschichte. An Hand des noch vorhandenen Materials und einer bisher unveröffentlichten Ansichtszeichnung wird eine Rekonstruktion der einzelnen Planungsstufen des Gebäudes versucht.[7] Die Rekonstruktion und Beschreibung des ausgeführten Bauwerks erfolgt auf Grund der noch vorhandenen Unterlagen.[8] Im Anschluß daran wird die Frage nach den zeitgeschichtlichen Bezügen gestellt. Es wird die Stellung des Glaspalastes in der Reihe der Ingenieurbauten des 19. Jahrhunderts untersucht. Dazu gehört ein auf der Arbeit Schädlichs aufbauender Überblick über die theoretischen und praktischen Möglichkeiten des Ingenieurbaus im Hinblick auf den Glaspalast. Im Vergleich mit dem Londoner Vorbild wird eine Würdigung und Deutung versucht. Schließlich soll das Bauwerk in seinem kulturpolitischen Zusammenhang gesehen werden. Die wirtschaftlichen, zeitbedingten Möglichkeiten, das Verhältnis Architekt–Ingenieur aus der Sicht Voits stehen am Ende der Untersuchung.
Anfänglich nur für die Dauer der Industrie-Ausstellung geplant, sollte das Gebäude bis zu seiner Zerstörung durch Brandstiftung im Jahre 1931 im kulturellen Leben Münchens eine wichtige Rolle spielen.[9] Mit seinen Kunstausstellungen und Festen wurde es ein Synonym für München als »Kunststadt«. Eugen Roth, der als Zeitgenosse den Höhepunkt des Hauses gerade noch miterlebte, nannte es in seinem liebevoll Rückschau haltenden Werk »ein Symbol, einen magischen Begriff des Münchner Kunstlebens«.[10] Diese Entwicklung wird deshalb im Katalog berücksichtigt.

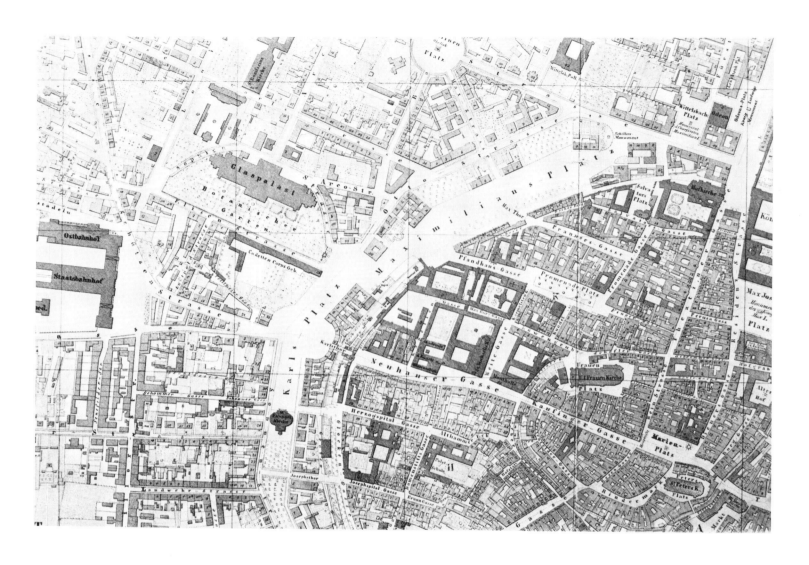

Stadtplan aus der Mitte des 19. Jahrhunderts

Der Bau des Glaspalastes

1 Planungsgeschichte

1.1 Vorgeschichte

1.1.1 Baubeschluß

Am 10. August 1853 erging vom königlichen Staatsministerium des Handels und der öffentlichen Arbeiten folgende Entschließung:
»Seine Majestät der König haben mit allerhöchstem Signat d. d. 2. v. Mts. die Veranstaltung einer zollvereinsländischen Industrieausstellung allerhöchstes Signat d. d. 8. d. Mts. die Constituirung einer eigenen Industrieausstellungs-Commission, welche nach dem Vorbilde des bei anderen größeren Industrieausstellungen als zweckdienlich bewährten Verfahrens mit Einleitung und Durchführung des Unternehmens unter Aufsicht und nach den Direktiven der einschlägigen königlichen Staatsministerien zu betrauen ist, zu genehmigen, und als Mitglieder dieser Commission
   1) den königl. Staatsrath Dr. von Fischer als Vorstand
   2) den königl. Ministerialrath und Professor Dr. v. Hermann
   3) den königl. Ministerialrath Frhrn. v. Brück
   4) den königl. Ministerialrath Pfeufer
   5) den königl. Ministerialassessor Pfretzschner
   6) den Obermünzmeister Dr. X. Haindl
   7) den königl. Universitätsprofessor Dr. Schafhäutl
   8) den königl. Oberbaurath Voit
   9) den königl. Oberzollrath Zwierlein
 10) den königl. Polizeidirektor der Stadt München, Düring
 11) den zweiten rechtskundigen Bürgermeister der Stadt München, v. Steinsdorf
zu bestimmen geruht ...
... Zugleich haben Allerhöchst Dieselben verfügt, daß auch ein Mitglied Allerhöchst Ihres Hofstaates in der Person des königl. Oberceremonienmeisters und Kämmerers Grafen v. Yrsch als Mitglied dieser Commission eintrete.«[11]
Die Kommission unterstand dem königl. Staatsministerium des Handels und der öffentlichen Arbeiten und trat am 16. August 1853 erstmalig zur Beratung zusammen, um die vordringliche Frage der Lage bzw. des Bauplatzes für das zukünftige Industrie-Ausstellungs-Gebäude zu klären.[12] Auf Grund der bei früheren Industrie-Ausstellungen (Paris 1839, Nürnberg 1840, Berlin 1844, Wien 1845, Leipzig 1850, London 1851) gemachten Erfahrungen glaubte man zunächst mit einem für das Gebäude erforderlichen Areal von 160000 Quadratfuß auszukommen, war sich jedoch klar, daß zusätzliche Stellflächen durch große Galerien geschaffen werden mußten.[13] Da ein geeignetes Gebäude dieser Größenordnung in München nicht vorhanden war, wurde der Bau eines neuen Gebäudes beschlossen.

1.1.2 Bauplatzwahl

Als mögliche Bauplätze werden folgende Grundstücke vorgeschlagen:
   Der Maximiliansplatz oder Dultplatz
   Die neue Maximiliansstraße
   Das Maxfeld
   Ein Platz vor dem Siegesthore
   Die Salzstraße
   Der botanische Garten.[14]
Die Ausstellungskommission entschied sich auf ihrer ersten Sitzung (16. August 1853) zunächst für den Maximiliansplatz: »... die allerh. ernannte Commission für die Industrie-Ausstellung hatte sich in ihrer Sitzung vom 16. d. Mts. dafür ausgesprochen, daß das Industrie-Ausstellungs-Gebäude auf dem Maximiliansplatze nach dem vorgelegten Plane des königl. Oberbaurathes Voit zu errichten seyn dürfte ...«[15]
Zwar wurde als Mangel angesehen, daß die Errichtung des Industrie-Ausstellungs-Gebäudes auf dem Maximiliansplatz mit Verkehrsstörungen verbunden gewesen wäre,[16] außerdem sollten »... in Polizeilicher Beziehung mehrfache und so erhebliche Bedenken entgegenstehen ...«[17] Diese Gründe wurden jedoch keineswegs als zwingend angesehen, wie aus einem Bericht Pelkovens vom 6. September 1853 hervorgeht:
»... Der treu geh. Unterz. erlaubt sich in dieser Beziehung allerunterthänigst zu bemerken, daß ... Staatsministerium des Inneren sogar gegen die Wahl des großen Maximilian- oder Dultplatzes Bedenken erhoben hat, obgleich hier nur der nächste Übergang von der Maxstraße zum Maxthor abgesperrt, der Länge nach noch drei breite Straßen, zwei an der Seite des Platzes zu 40 und 60 Fuß und die Ottostraße zur Vermittlung des Verkehrs übrig geblieben wären ...«[18]
Durch eine Anfrage Zwehls vom 18. August 1853 wurden jedoch die Beratungen um einen Bauplatz wieder aufgenommen, da er nochmals ausdrücklich das Areal des botanischen Gartens, das bereits in Erwägung gezogen war, vorschlug. Da die Gewächshäuser des botanischen Gartens baufällig geworden waren, versprach man sich folgende Vorteile:
»... Da diesseits ohnedies die Voreinleitungen zu der Erbauung eines neuen Gewächshauses für den botanischen Garten getroffen sind, so dürfte es sich der Mühe wohl verlohnen, vom Standpunkte der Staatsverwaltung im Allgemeinen in nähere Erwägung zu ziehen, ob, unter der Voraussetzung, daß der bezeichnete Platz an und für sich zu der Herstellung eines Industrie-Ausstellungsgebäudes geeignet erscheint, diese Herstellung nicht in solcher Weise bewerkstelligt werden könnte, daß das neue Industrie-Ausstellungsgebäude nach gemachter Verwendung für seinen primären Zweck später für den botanischen Garten als Glas- und Gewächshaus zu benutzen wäre ...«[19]

4 München, Nationaltheater mit gußeisernen Kandelabern und Wintergarten König Max II., Fotografie von Südwesten um 1900

5 »Schrannenhalle in München«, Außenansicht, Zeitgenössischer Stahlstich von Mey & Widmayer

6 Crystal Palace in New York für die Weltausstellung von 1853

Für die Lage des neuen Platzes sprachen die Nähe zum Bahnhof, wodurch das Transportproblem vereinfacht wurde, die zentrale Lage zur Stadt, und der genügend weite Abstand zu den umliegenden Gebäuden, wodurch eine Verschattung vermieden werden konnte. Außerdem würde der öffentliche Verkehr nicht in dem Maße gestört werden, wie bei der Verwendung des Dultplatzes. Am 20. August 1853 trat die Industrie-Ausstellungs-Kommission erneut zusammen, um über den Antrag des Kultusministeriums zu beraten. »... Nach Erwägung aller Umstände, insbesondere, daß der Bau in dem botanischen Garten nicht auf Abbruch verkauft werden muß, sondern im wesentlichen für die Zwecke des Unterrichts an das ... Kultusministerium überwiesen werden kann, daß somit in diesem Falle große wissenschaftliche Zwecke des Staates erreicht werden während andererseits dem Zweck der Industrie-Ausstellung nicht die mindeste Gefährde erleidet, und daß der Bau auf dem Maximilians-Platze immerhin mit Verkehrsstörungen verbunden sein würde, hat sich die Kommission nunmehr in ihrem heutigen Beschlusse für die Herstellung des Industrie-Ausstellungsgebäudes in dem botanischen Garten nach dem neuen Plane des königlichen Oberbaurath Voit erklärt ...«[20] Am 22. August 1853 erteilte König Max II. die Genehmigung, das Industrie-Ausstellungs-Gebäude im neuen botanischen Garten zu errichten. Damit war der Bauplatz offiziell und endgültig bestimmt.
Die vorhandenen Akten zeigen jedoch, daß man noch weiterhin Überlegungen wegen der Lage des neuen Gebäudes anstellte. Am 17. August 1853 machte der Generalkonservator der wissenschaftlichen Sammlungen des Staates, geheimer Rath Dr. Friedrich Wilhelm von Thiersch, einen weiteren Vorschlag. Voit hatte ihn offensichtlich in Kenntnis gesetzt, daß die Industrie-Ausstellungs-Kommission in der ersten Sitzung bereits den botanischen Garten als Bauplatz für das zukünftige Industrie-Ausstellungs-Gebäude in Aussicht genommen hatte. Auch tauchte bereits der Gedanke auf, daß Teile des Industrie-Ausstellungs-Gebäudes für ein neu zu errichtendes Gewächshaus Verwendung finden könnten.[21] Da Thiersch wahrscheinlich die Unzweckmäßigkeit eines solchen Unternehmens voraus sah und die daraus resultierenden Nachteile für den botanischen Garten, schlug er einen Platz an der Salzstraße vor. Dieser hatte eine Länge von 1000 Fuß und eine Breite von 150 Fuß und lag in unmittelbarer Nähe des Bahnhofes.[22] Dieses Gelände dürfte jedoch weniger attraktiv erschienen sein, jedenfalls wird der Vorschlag in den Protokollen nicht weiter erwähnt. Ein letzter Versuch, den botanischen Garten zu erhalten, wurde am 6. September 1853 unternommen. Unter den Mitgliedern der eigens zu diesem Zweck zusammengerufenen Kommission befanden sich unter anderem Thiersch, Martius, Liebig und Voit (siehe Anmerkung 42). In dieser Sitzung wurde ein weiterer Bauplatz vorgeschlagen:
»... Als ein solcher wurde die Fläche bezeichnet, welche durch die Verbindung des Institutsgartens mit dem botanischen Nebengarten gewonnen werde, vorausgesetzt, daß ein Theil der dort einbiegenden Sophienstraße in Anspruch für das Gebäude könne genommen werden. Dieses würde sodann seine Hauptfassade in einer Ausdehnung von 740 Fuß gegenüber der Louisenstraße von Norden nach Süden ihr entgegen die östliche von gleicher Länge haben. Die Sophienstraße in gerade Linie fortgeführt, würde ohngefähr auf die Mitte des Hauptgartens stoßen und so wäre die Möglichkeit gegeben, den Bauplan, wie er vorliegt, in dem bezeichneten Areal zu errichten. Es wurde dadurch allgemein anerkannt, daß dadurch jede Gefahr von dem Hauptgarten abgewendet und gleichwohl der für die botanische Anstalt gehoffte Gewinn im ganzen Umfang könne gewahrt werden ...«[23]
Da die Vorbereitungen für die Durchführung dieses Planes einen Zeitaufwand von mehreren Wochen erfordert haben würden, abgesehen davon, daß König Ludwig I. die Genehmigung zu einem in unmittelbarer Nähe seiner Basilika liegenden derartigen Gebäudes wahrscheinlich verweigert hätte, wurde auch diese dritte Alternative verworfen.
Am 25. August 1853 erging von einer Vereinigung Münchener Bürger, die Grundstücke vor dem Siegestor besaßen, der Vorschlag, das Industrie-Ausstellungs-Gebäude vor dem Siegestor zu errichten. Auch dieser Vorschlag, der den Vorteil einer attraktiven Lage gehabt hätte, aber verkehrstechnische Probleme aufwies, wird in den Protokollen nicht weiter gewürdigt. Schließlich kam am 4. September 1853 noch eine Anfrage von König Max II. aus Hohenschwangau: »Ich wünsche umgehend Berichterstattung darüber, ob es nicht thunlich wäre, anstatt des im botanischen Garten zu München zu erbauenden Industrie-Ausstellungsgebäudes ein solches Gebäude in der Stadt selbst aufzuführen, welches dann später als Passage und Kaufhalle ähnlich der in allen größeren Städten bestehenden benutzt werden könnte, und wofür das Cotta'sche Haus in München vielleicht die beste Lokalität darbietet. Max II.«.[24]
Bereits am 6. September 1853 legte Pelkoven in einem ausführlichen Gutachten dar, daß die Errichtung eines Gebäudes mit den Ausmaßen des Industrie-Ausstellungs-Gebäudes in der Stadt selbst unmöglich war.[25] Folgende Gründe wurden angeführt: Es gab in der Stadt kein Grundstück mit den notwendigen Abmessungen. Feuerpolizeiliche Bestimmungen hätten nicht eingehalten werden können. Es wäre zu Verkehrsbehinderungen gekommen, zudem wären die Eigentumsverhältnisse der benötigten Grundstücke zu klären gewesen. In der kurzen Zeit, die zur Ausstellungseröffnung blieb, war dieses Problem nicht zu lösen.

1.1.3 Wahl der Bauweise und des Baumaterials

Bereits in der ersten Sitzung behandelte die Industrie-Ausstellungs-Kommission das Problem der Bauweise des künftigen Gebäudes. Die Originalprotokolle sind leider nicht mehr vorhanden, jedoch ist anzunehmen, daß sich alle Teilnehmer für die Vorschläge des Oberbaurates Voit als einzigen sachverständigen Teilnehmers der Kommission aussprachen.[26] Da man während der Planungszeit des Industrie-Ausstellungs-Gebäudes von Anfang an davon ausging, daß das Gebäude nach Beendigung der Ausstellung in ein Gewächshaus umgewandelt werden sollte,[27] schieden herkömmliche Konstruktionsarten (Holz oder Stein) von vornherein aus, da das Gebäude offensichtlich demontabel sein und zudem sowohl für die Zwecke der Ausstellung als auch für ein Gewächshaus möglichst lichtdurchlässig gebaut sein sollte. Selbst eine Holzbinderkonstruktion hätte bei der gewählten Spannweite beim Stande der damaligen Zimmermannskunst eine beträchtliche Höhe und Dicke erhalten, sodaß die lichtdurchlässigen Eigenschaften in Frage gestellt worden wären. Aus diesem Grunde schlug Voit eine Konstruktion aus Eisen und Glas vor.

Es lag nahe, den für die Internationale Weltausstellung 1851 in London gebauten Crystal Palace als Vorbild zu nehmen, da man aus den dabei gemachten Erfahrungen Nutzen ziehen konnte. Zwar ist nicht nachweisbar, daß Voit den Crystal Palace in London selbst gesehen hat, jedoch sind einige Mitglieder der Industrie-Ausstellungs-Kommission unmittelbar an der Londoner Industrie-Ausstellung beteiligt gewesen.[28] Außerdem lagen die Pläne zum Crystal Palace, wie bei vielen Monumentalgebäuden der damaligen Zeit, in genau ausgearbeiteten Veröffentlichungen vor, sodaß sie Voit bekannt waren.[29]

Im August 1853 wurde die von Karl Muffat geplante Schrannenhalle in der Blumenstraße fertiggestellt. Die Dachkonstruktion bestand aus Eisen mit einer Wellblecheindeckung. Sie ruhte auf gußeisernen Säulen. Die Eisenteile fertigte das Unternehmen Cramer-Klett aus Nürnberg, der Werkmeister war Ludwig Werder.[30] Zudem hatte Voit bereits persönlich Erfahrungen mit Gußeisenkonstruktionen gesammelt, da er den Bau des Wintergartens König Max II. geleitet hatte. Der Wintergarten bestand aus einem massiven Untergeschoß aus Stein, das Oberteil war jedoch aus Eisen und Glas.[31]

Für die Konstruktion des Industrie-Ausstellungs-Gebäudes in Gußeisen waren zudem weitere Gründe maßgebend: »... Schon in der unmittelbar darauf folgenden Sitzung (das ist die zweite Sitzung der Industrie-Ausstellungs-Kommission) am 18. August 1853, machte nun der königliche Oberbaurath Voit bei der Berathung über die Construction und das zum Neubau anzuwendende Material geltend: wie bedenklich es sei, ein so großes Gebäude von Holz zu erbauen. Abgesehen davon, daß zu einem solchen Gebäude über 600000 Fuß Holz beizuschaffen und zu verarbeiten seien, werde bei der leichten Verbrennbarkeit dieses Materials der ganze Inhalt der Ausstellung aufs Spiel gesetzt. Dazu komme gegenwärtig noch die weitere Besorgnis, es möchte das Gebäude in der zur Vollendung bestimmten Zeit nicht hergestellt werden können, da 200 Zimmerleute 9 Monate nur an den Holzverbandstücken des Baues arbeiten würden, angenommen, daß in einem Tage von einem Zimmermann 12 laufende Fuß Holz verarbeitet, abgebunden und abgeschlagen würden, sodann ferner wenigstens 700 Flöße Holz vom Monat September bis Februar zugeführt werden müßten, wobei keine Unterbrechung durch einen für Floßfahrt ungünstigen Winter eintreten dürfte. Aus diesem Grunde gehe sein Gutachten dahin, ein Material, das feuersicherer als Holz sei, und schneller als dieses verarbeitet werden könne, zu dem Baue zu verwenden. Einen Bau aus Backsteinen auszuführen, sei nun aber die zur Ausführung gegebene Zeit gleichfalls zu kurz, denn zu einem solchen Gebäude würden ungefähr 6 Millionen Backsteine nöthig sein, und diese könnten von den in der Nähe Münchens liegenden Ziegelhütten in sechs Monaten wohl fabricirt, aber nicht mehr bis zum Juli des nächsten Jahres getrocknet und gebrannt, noch weniger vermauert werden, weil dazu 200 Mann fünf Monate Zeit brauchen und nach Verlauf von etwa einem Monat schon Winterwitterung zu erwarten stehe, bei welcher keine Backsteinmauerung im Freien hergestellt werden könne. Es bleibe daher nichts anderes übrig, als nach dem Vorgange in London und New-York das Gebäude größtentheils aus Eisen und Glas zu bauen,[32] da in diesen Materialien den Winter hindurch gearbeitet und das Gebäude theilweise zusammengestellt werden könne. Bei der Anwendung dieser Materialien sei ferner die Möglichkeit vorhanden, die Arbeiten in den Werkstätten der verschiedenen Gewerbsmeister herstellen zu lassen. Verschiedene Hüttenwerke würden die Eisengüsse, eine oder mehrere Maschinenfabriken die Zusammensetzung übernehmen, die Fundamente könnten bis zum Winter herausgemauert werden, die hölzernen Rahmen und Vertäfelungen bei den Münchener Schreinern in Arbeit gegeben, von mehreren Glashütten das Glas bezogen, von den Glasern im Laufe des Winters in die hölzernen Rahmen eingeschnitten und das Holzwerk von den Tünchern grundirt werden. Die einzelnen Theile des Gebäudes ließen sich so vorbereitet im nächsten Frühjahre in einem Zeitraum von fünf Monaten zusammensetzen, und der Bau könne in dieser Weise sicher zur bestimmten Zeit vollendet werden ...«[33]

Am 22. August 1853 erteilte König Max II. die Genehmigung, das Industrie-Ausstellungs-Gebäude nach den neuen Plänen des königlichen Oberbaurats Voit in Eisen und Glas zu errichten.

1.2   Die einzelnen Planstufen

1.2.1   Vorentwürfe

Im Zusammenhang mit der Bauplatzwahl entstanden für das Industrie-Ausstellungs-Gebäude verschiedene Vorentwürfe. Zu diesen sind jedoch weder Vorzeichnungen noch Studien enthalten. Ihre Existenz läßt sich nur an Hand der Quellen vermuten.[34] Mit Sicherheit nachweisbar ist jedoch ein Vorentwurf. Am 17. August 1853 benachrichtigt Pelkoven König Max II., nachdem die Industrie-Ausstellungs-Kommission zunächst den Maximiliansplatz als Bauplatz für das Industrie-Ausstellungs-Gebäude vorgeschlagen hatte. »Die mit Euerer Königlichen Majestät allerhöchster Ermächtigung vom 8. des Mts. sofort in Thätigkeit getretene Commission für die nächste Zollvereins-Industrie-Ausstellung in München hat bereits am Gestrigen die Berathungen über die Baufrage beendigt, weshalb der treugehorsamst Unterzeichnete schon in einigen Tagen in den Stand gesetzt sein wird, den Bau- und Situationsplan bezüglich des Industrie-Ausstellungs-Gebäudes Euerer Königlichen Majestät allerhöchster Beschlußfassung ehrfurchtsvollst zu unterstellen. Zur möglichen Beschleunigung dieser höchst dringenden Angelegenheit erbittet sich der treu gehorsamst Unterzeichnete nunmehr die allerhöchste Ermächtigung, diese Pläne durch den Verfertiger derselben, Oberbaurath Voit persönlich Euerer Königlichen Majestät allerunterthänigst in Vorlage bringen zu dürfen«.[35]

Am 20. August 1853 heißt es jedoch schon: »... die allerhöchst ernannte Commission für die Industrie-Ausstellung hat sich in ihrer Sitzung vom 16. des ... dafür ausgesprochen, daß das Industrie-Ausstellungsgebäude auf dem Maximiliansplatze nach dem vorgelegten Plane des königlichen Oberbaurathes Voit zu errichten seyn dürfte ... hat sich die Commission nunmehr in ihrem heutigen Beschlusse für die Herstellung des Industrie-Ausstellungsgebäudes in dem botanischen Garten nach dem neuen Plane des königlichen Oberbaurath Voit erklärt ...«[36]

Aus diesen Unterlagen geht hervor, daß für den zuerst als Bauplatz vorgeschlagenen Maximiliansplatz bereits ein Plan vorgelegen haben muß. Auf Grund der fehlenden Unterlagen lassen sich jedoch über den Vorentwurf nur wenige Aussagen machen. Sicher sind bereits grundsätzliche Überlegungen angestellt worden, welche die Wahl des Baumaterials betrafen. Auch das

Rastersystem, vielleicht sogar das Achsmaß, dürfte entwickelt gewesen sein. Die Abmessungen des Maximiliansplatzes sind in beiden Richtungen nur unwesentlich größer als das Längsschiff des ausgeführten Gebäudes. Da der geforderte Platzbedarf mit 200000 Quadratfuß festlag, ist auf Grund dieser Tatsachen zu vermuten, daß der vorgeschlagene Baukörper langgestreckt und ungegliedert war. Gliedernde Querschiffe hätten über die Grundstücksgrenze reichen müssen. In Anlehnung an das Vorbild, den Londoner Crystal Palace, hatte der Bau wahrscheinlich einen basilikalen Querschnitt, da diese Gebäudeform bei geringem Materialaufwand die größtmögliche belichtete Ausstellungsfläche bietet.

Ist man bei den Vorentwürfen weitgehend auf Vermutungen angewiesen, so sind die einzelnen Planstufen für das ausgeführte Bauwerk besser dokumentiert. Aus den Archivalien ist zu entnehmen, daß wenigstens zwei Vorstufen zum endgültigen Gebäude vorhanden gewesen sein müssen.

1.2.2 I. Stufe

In ihrer Sitzung am 20. August 1853 hatte sich die Ausstellungs-Kommission auf Antrag des Kultusministeriums für die Errichtung des Glaspalastes im botanischen Garten ausgesprochen. Voit sollte die hierzu benötigten Pläne liefern. Pelkoven erbat unter anderem die Genehmigung König Max II., daß

»... das Industrie-Ausstellungsgebäude in dem botanischen Garten zu München nach den neuen Plänen des Königlichen Oberbaurathes Voit errichtet ...« werden konnte.[37]

Am 21. August fuhr Voit zu dem in Hohenschwangau weilenden König, um Bericht zu erstatten.

»... Seine Majestät der König ... wünschen, daß Oberbaurath Voit mit dem morgigen Frühzuge von München nach Hohenschwangau abgehe, um Seiner Majestät morgen Abend über den Bau- und Situationsplan des Industrie-Ausstellungsgebäudes persönlich Vortrag erstatten zu können ...«[38]

Es ist wahrscheinlich, daß Voit bei dieser persönlichen Vorsprache die Anträge der Kommission mit Hilfe einiger rasch angefertigter Zeichnungen, wobei er sich auf die Grundsatzüberlegungen der Vorstufe stützen konnte, erläuterte. Jedenfalls genehmigte König Max II. am 22. August 1853 den Bau des neuen Industrie-Ausstellungsgebäudes nach den Plänen Voits im botanischen Garten. »Ich genehmige hiermit diese Anträge ...«[39]

In den Archivalien findet sich eine Zeichnung, welche die Außenansicht eines Gebäudes in einer Perspektive mit zwei Fluchtpunkten zeigt[40] (Abbildung 7). Diese Zeichnung weist große Ähnlichkeit mit einem zeitgenössischen Stich auf, der das ausgeführte Bauwerk darstellt.[41] Lage des Gebäudes, der Blickwinkel von Südwesten, auch die Größe der Zeichnung sind identisch. Allerdings unterscheidet sich das dargestellte Gebäude vom ausgeführten Glaspalast in einigen wesentlichen Punkten. Das dargestellte Gebäude steht auf dem Gelände des botanischen Gartens, und zwar, das geht aus der Anordnung der Gartenanlage hervor, auf der gleichen Stelle wie das später ausgeführte Bauwerk. Der Hauptbau erhebt sich über einem längsrechteckigen Querschiff, er besitzt ein in der Mitte ausgeschiedenes Querschiff. Das Hauptschiff endet auf jeder Seite in einem querstehenden, überhöhten Anbau, dessen Stirnseiten durch

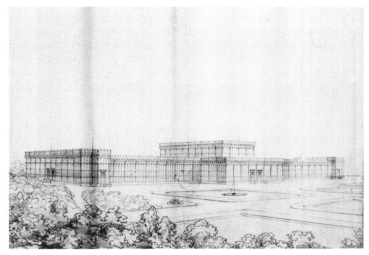

7 Vorentwurf für den Glaspalast von August Voit, 1853. Perspektivische Ansicht von Südwesten, »I. Planungsstufe«, Bleistift und Feder 33,5 / 24,1 cm, unsigniert

eine flankierende Ausbuchtung betont werden. Über dem Querschiff erhebt sich ein Stockwerksaufbau, der dem obersten Geschoß des ausgeführten Gebäudes gleicht. Sämtliche Dachflächen haben als Abschluß einen umlaufenden Konsolfries mit aufgesetzter Brüstung. Die Bauten an den Längsschiffenden überragen dieses um eine Brüstungshöhe. Je zwei nebeneinanderliegende Eingänge befinden sich in der Mitte des Querschiffes, je zwei an den Stirnseiten des Gebäudes. Zusätzlich weist jede der Ausbuchtungen einen Eingang auf. Im Unterschied zum ausgeführten Gebäude fehlt das Obergeschoß, es fehlen die pavillonartigen Anbauten an den Enden. Das Hauptschiff besitzt zusätzlich zwei Achsen in der Tiefenausdehnung. Gegenüber dem Glaspalast ist der Baukörper dieses Vorprojektes klarer, entschiedener gegliedert. Deutlicher als beim ausgeführten Bau kommt in der formalen Anlage das Vorbild barocker Schloßarchitektur zum Ausdruck.

1.2.3 II. Stufe

Nachdem die Genehmigung zum Bau des neuen Ausstellungs-Gebäudes vorlag, begann die eigentliche Planung, die jedoch durch Auflagen des Kultusministeriums eingeschränkt wurde. In der Sitzung des 30. August 1853 wurden folgende Punkte protokolliert:

»… daß nach Beendigung der Ausstellung das hierfür errichtete Gebäude nicht auf Abbruch verkauft, sondern botanischen Zwecken gewidmet und in ein Gewächshaus umgewandelt werde …

… es ist dahin zu wirken, daß bei der Ausführung des Industrie-Ausstellungsgebäudes der botanische Garten möglichst geschont werde …

… es ist darauf zu sehen, daß schon bei der Errichtung des Industrie-Ausstellungsgebäudes auf seinen künftigen botanischen Zweck alle Rücksicht genommen werde …

… sobald die Industrie-Ausstellung ihr Ende erreicht hat, ist zu untersuchen, in welcher Weise das Industrie-Ausstellungs-Gebäude am zweckmäßigsten in ein Gewächshaus umgewandelt werden könne …

… es wird übrigens nothwendig … erscheinen, zur Besprechung und Regelung der hier in Frage kommenden Hauptpunkte eine eigene Commission von Sachverständigen zusammenzurufen …«[42]

Am 6. September 1853 trat diese Kommission zur Beratung zusammen. Trotz der kurzen Zeit und trotz der erwähnten Einschränkungen konnte Voit bereits die neuen Entwürfe vorlegen und erläutern. »Herr Oberbaurath Voit legt den Plan zur Herstellung der Industrie-Ausstellungs-Halle vor und erläutert die Motive, die ihn bei der Entwerfung geleitet haben. Da er durch die Lokalitäten genöthigt war, den ganzen Bau in das Innere des Hauptgartens zu verlegen, so hat er ungefähr die nördliche Hälfte desselben dafür in Anspruch genommen.

Der Bau wird parallel mit dem gegenwärtigen Gewächshaus des Gartens geführt und reicht über die beiden Schlußpavillons derselben hinaus, bis an die Einschlußmauern nach Osten und Westen. Er wird aus drei ineinanderliegenden Schiffen bestehen, und im ganzen 160000 Quadratfuß d.i. vier bayerische Tagwerke des Areals in Anspruch nehmen. Die beiden äußeren Schiffe werden, abgerechnet ihre größere Ausdehnung der Länge nach, nach dem Plane geführt, welchen für den projektierten Umbau des Gewächshauses der Civilbauingenieur Herr Beischlag und der botanische Gärtner Herr Weinkauff im Einvernehmen mit dem Conservator Herrn Hofrath Dr. von Martius entworfen haben. Das mittlere Schiff wird als der Haupttheil des Ganzen an Breite und Höhe die Seitenschiffe übertreffen und die drei Schiffe zusammen werden sich gegen Süden hin bis nach dem mittleren Gang erstrecken und durch einen darauf schließenden Rundbau in der Mitte noch über dieses hinaus sich ausdehnen. Eingänge wird derselbe von der Arcisstraße und gegenüber von der Elisenstraße, dazu gegen Osten und Westen durch die Einfassungsmauer des Gartens erhalten. Der Garten neben der gebogenen Straße fällt außer den Bau, und Nebengarten und Straße bleiben darum verschont. Auf weitere Fragen wird die Erklärung abgegeben, daß außer diesem Raum eine Nachforderung nicht zu gewärtigen sei …«[43]

Die beiden Forderungen, Schonung des Pflanzenbestandes des botanischen Gartens, spätere Verwendung des Gebäudes als Gewächshaus, engten die Gestaltungsmöglichkeiten ein. Der Bau mußte auf der nördlichen Hälfte des Grundstückes und so nah wie möglich an dessen Grenze errichtet werden. Durch deren halbkreisförmigen Verlauf wurde deshalb die Flächenausdehnung des Gebäudes begrenzt. Im Gegensatz zur I. Planungsstufe weist das Gebäude jetzt einen basilikalen Querschnitt auf, das heißt es besitzt ein erhöhtes Mittelschiff.

Leider kann man dem Zitat keine näheren Angaben über Form und Gestalt des Rundbaues in der Mitte entnehmen. Es soll deshalb versucht werden, diesen Rundbau an Hand späterer Entwürfe und ausgeführter Bauten Voits zu rekonstruieren.[44] In den Jahren 1860–1864 plante und errichtete Voit die Neubauten im königlichen botanischen Garten mit dem Palmenhaus. Das für König Max II. geplante Schloß in Feldafing, dessen Grundsteinlegung um 1864 erfolgte, sollte einen Pavillonanbau erhalten (Abbildung 8 und 9). Pavillon und Palmenhaus sind aus Eisen und Glas, und in ihrer äußeren Form nahezu identisch. Eine über quadratischem Grundriß errichtete Halle ist mit einer Kuppel überdacht. Die konstruktiven Rippen, aus denen die Kuppel zusammengesetzt ist, bestehen aus Eisenstäben in der Form von Kreissegmenten. Sie sind als Gitterträger ausgebildet. Die Zwickel des Übergangs von der quadratischen Halle zur Kuppelform ergeben sich aus den Restflächen einer Verschneidung der Kuppel mit einem flach geneigten pyramidenförmigen Walmdach. Als Gitterträger ausgebildete Galerien verteilen die Schubkräfte der Kuppel auf die Unterkonstruktion. Die Felder der Segmente sind verglast.

Es ist zu vermuten, daß diese Lösung bei der Planung des Glaspalastes vorgebildet worden ist. Man darf sich also den Rundbau in der Mitte des projektierten Ausstellungs-Gebäudes in ähnlicher Form vorstellen. Über das Quadrat, welches sich durch die Verschneidung von Längsschiff und Querschiff in der Mitte ergibt, ist eine Kuppel geplant gewesen, die große Ähnlichkeit mit der späteren ausgeführten Kuppel des Palmenhauses im botanischen Garten aufgewiesen haben dürfte (Abbildung 10). Zusammenfassend kann man sagen, daß sich das Gebäude in diesem zweiten Stadium der Planung von dem vorhergehenden Entwurf im wesentlichen durch das höher geführte Mittelschiff und durch die Überkuppelung des zentralen Raumes unterschieden hat. Auch die Reduktion des Hauptgebäudes um zwei Achsen dürfte bereits erfolgt sein.

8 Königliches Schloß Feldafing (Ausschnitt), August von Voit, vor 1864. Perspektivische Ansicht von Südwesten, Aquarell auf Zeichenkarton, 82,2 / 51,3 cm

9 Alter Botanischer Garten zwischen Karl- und Sophienstraße, Ansicht von Westen, August von Voit 1860 / 62, Photographie Verlag Carl Teufel um 1890

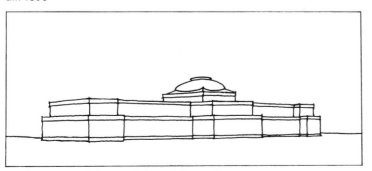

10 Glaspalast, Rekonstruktion mit Kuppelbau

1.2.4 III. Stufe

Am 9. November 1853 stellte Pfordten mit dem Einverständnis der Industrie-Ausstellungs-Kommission folgenden Antrag an den König: »Die Bearbeitung der Detailpläne hat einige Änderungen an diesen Plänen wünschenswerth erkennen lassen, welche sich hauptsächlich auf die Beseitigung des Rundbaues in der Mitte des Gebäudes, dann auf einige geringe Modifikationen an den Endpunkten beziehen. Da die Beseitigung des Rundbaues zu dem Zwecke beabsichtigt ist, um bei der Kürze der Zeit die Ausführung zu erleichtern und die Baukosten zu mindern, da ferner das Gebäude selbst weder in seiner äußeren Erscheinung noch in der inneren Räumlichkeit und Einrichtung dadurch benachteiligt wird, so hat die Industrie-Ausstellungs-Commission in ihrer Sitzung vom 18. v. Mts. den von dem Oberbaurath Voit vorgeschlagenen Abänderungen zugestimmt. Der treugehorsamst Unterzeichnete kann aus denselben Gründen keinen Anstand nehmen, Ew. Excellenz ... die von dem Oberbaurath Voit inzwischen neu ausgearbeiteten, mit den früheren allerhöchst genehmigten Plänen hier anruhenden Pläne zur allergnädigsten Genehmigung ehrerbietigst zu empfehlen. Bei der Dringlichkeit der Sache erlaubt sich derselbe um allerhuldvollste Beschleunigung der allerhöchsten Zustimmung ehrerbietigst zu bitten. Pfordten«.[45]

In der Zwischenzeit hatte man erkannt, daß ein Rundbau viele verschiedene zusätzlich zu planende und zu fertigende Konstruktionselemente erfordert haben würde. Außerdem wären eine ganze Reihe schwierig zu lösender Anschlußpunkte in den Dachflächen entstanden. Da die Zeit bis zum Beginn der Ausstellung ohnehin knapp bemessen war, mußte man auf den Rundbau verzichten. Das Gebäude hätte sonst wahrscheinlich nicht termingerecht erstellt werden können. Die erwähnten geringen Modifikationen an den Endpunkten könnten sich auf die angefügten Endpavillons beziehen. Ihre im Verhältnis zum Hauptgebäude kleinteilige Gliederung erklärt sich aus den Grundstücksverhältnissen. Die Abtreppung des Grundrisses folgt auf der Nordseite dem Verlauf der Grundstücksgrenze. Diese wird aus Symmetriegründen auf der Südseite wiederholt (Abbildung 46).

Am 13. November 1853 erhielten diese Pläne die Zustimmung König Max II.: »Ich finde zwar den früheren Plan in ästhetischer Beziehung angemessener, indessen, wenn der künftigen Bestimmung des Platzes und Geländes kein Eintrag geschieht, so ertheile ich hiermit die Genehmigung zu den anbei beantragten Abänderungen«.[46] Diese am 13. November 1853 genehmigten Pläne bilden die Planungsgrundlage für den Glaspalast. Sie stimmen mit dem ausgeführten Gebäude bis auf wenige geringfügige Änderungen überein (Abbildung 1). Diese beziehen sich hauptsächlich auf die Erweiterung der von Anfang an zu gering bemessenen Ausstellungsfläche. »Die Räume, welche für die Aufstellung der Industrie-Ausstellung im nächsten Jahre gelangenden Gegenstände ursprünglich bestimmt waren, werden erweitert werden müssen.«[47] Der Bedarf an zusätzlicher Ausstellungsfläche wurde durch Nebengebäude auf dem westlich des botanischen Gartens liegenden Gelände und durch eine umlaufende Zwischengalerie in den äußeren Nebenschiffen gedeckt.

2 Baugeschichte

Am 20. August 1853 stellte Pelkoven den Antrag, daß:

»... 1. das Industrie-Ausstellungsgebäude in dem botanischen Garten zu München nach den neuen Plänen des königlichen Oberbaurath Voit errichtet,
2. die Ausführung sofort einem befähigten Unternehmer in Akkord gegeben und
3. der zur Einleitung des Baues allenfalls benöthigte Kostenaufwand einstweilen aus den Centralfonds für Industrie bestritten werde.«

Nachdem diese Anträge bereits am 22. August 1853 genehmigt wurden, erhielt Voit zusammen mit dem Regierungs- und Fiskalrath Hasler die Ermächtigung »... mit dem Etablissement Cramer-Klett in München, einen Akkord vorbehaltlich der Genehmigung des genannten und des Unterzeichneten königlichen Staatsministeriums abschließen zu lassen ...«[48]

Auf Voit traf eine ungeheure Arbeitsbelastung. Er hatte die Pläne in kurzer Zeit bis zur Baureife zu gestalten, zudem sollte er die Ausschreibungsgrundlagen für den Akkord (Vergabebedingung) mit dem Bauunternehmer fertigstellen. Als Hilfe erhielt er lediglich einen Ingenieur zugeteilt. »... Auf Antrag der Industrie-Ausstellungs-Commission wird genehmigt, daß der königliche Civilbau-Ingenieur Beyschlag, welcher bereits bei der Projektierung eines neuen Gewächshauses in dem botanischen Garten beschäftigt war,[49] dem mit der Projektierung und Ausführung des Industrie-Ausstellungsgebäudes beauftragten Oberbaurath Voit bis auf Weiteres als Hilfs-Ingenieur beigegeben werde.«[50] Der »Akkord« wurde in allerkürzester Zeit von Voit aufgesetzt und bereits am 10. September 1853 mit Cramer-Klett besprochen. »... Der in Folge höchsten Ministerial-Rescriptes vom 28. August des Jahres wegen Herstellung des Industrie-Ausstellungsgebäudes im botanischen Garten auf der am 10. des Monats stattgefundenen Berathung und Beschlußfassung mit dem Eigenthümer des Etablissements Kramer-Klett in Nürnberg am 11. September des Jahres vereinbarte Vertrag wird hiermit zur hohen Genehmigung gehorsamst vorgelegt ...«[51] Der von Voit aufgesetzte Vertrag hat folgenden Wortlaut:[52]

»In Folge höchster Entschließung des königlichen Staatsministeriums des Handels und der öffentlichen Arbeiten vom 28. August dieses Jahres schließt die königliche Industrie-Ausstellungs-Commission im Auftrage und für das königliche Staatsärar durch den königlichen Oberbaurath Voit und den königlichen Regierungs- und Fiskalrath Hasler dahier einerseits, dem Herrn Cramer als Eigenthümer des Etablissements Cramer-Klett in Nürnberg für sich und seine Erben anderseits nachstehenden Vertrag vorbehaltlich höchster Genehmigung.

Die Industrie-Ausstellungs-Commission überträgt hiernach an das genannte Etablissement die Herstellung des Industrie-Ausstellungs-Gebäudes im botanischen Garten dahier nach den Allerhöchst genehmigten und beiderseits gehörig beglaubigten Plänen unter nachstehenden Bedingungen:

§ 1   Im Allgemeinen werden die Normen der Allerhöchsten Verordnung vom 29. April 1833 (Regierungsblatt Seite 393) als maßgebend für beide Theile angenommen, nur die in § 5 bestimmte Art der Cautionsleistung, welche Herr Cramer wählt, soll in der Art zur Ausführung kommen, daß man jeder Abschlagszahlung 8/10 der ganzen Leistung bezahlt, die anderen 2/10 solange zurückbehalten werden, bis 10 pro cent der Bausumme als Caution im Rückhalt bleibt.
Akkordant Cramer verzichtet ferner auf den im § 10 dieser Verordnung ... zuständig werdenden Rücktritt vom Akkorde im Falle die Arbeiten sich vermehren sollten, oder für nothwendig befunden würde, einen weiteren Nebenbau herzustellen.

§ 2   Das Gebäude muß genau nach den beiderseits unterzeichneten Plänen und den von Cramer im Einverständnisse mit dem königlichen Oberbaurath Voit auszuarbeitenden Detailzeichnungen ausgeführt werden.

§ 3   Der Bauverwaltung bleibt jedoch das Recht vorbehalten, an der Construktion und der Ausstattung des Gebäudes Abänderungen vorzunehmen.

§ 4   Der Unternehmer übernimmt ausdrücklich die Verpflichtung, sämtliche Arbeiten, welche zur vollständigen Herstellung des Gebäudes gehören, zu leisten, die nöthigen Dampfmaschinen mit den Pumpen, welche die gehörige Menge Wasser liefern, zu stellen, sowie Vorkehrungen gegen Feuergefahr durch Anlage von Röhrentouren zu treffen, wogegen sich die Bauverwaltung anheischig macht bis zum 30. September des Jahres den Bauplatz von den darauf stehenden Gebäulichkeiten soweit frei zu machen, daß mit den Fundamentarbeiten begonnen, und ohne Verzögerung daran fortgearbeitet werden kann.

§ 5   Unter der Voraussetzung, daß der Bauplatz, wie eben bestimmt, geräumt wird, und daß die Genehmigung der von Herrn Cramer herzustellenden Detailzeichnungen jedesmal 10 Tage nach der Vorlage erfolgt, macht sich das Etablissement verbindlich, das ganze Gebäude vollständig bis zum 8. Juni künftigen Jahres herzustellen, für die Verspätung der Vollendung werden an der Akkordsumme jeden Tag in der ersten Woche 1000 f, in der folgenden Woche jeden Tag 2000 f als Conventional-Strafe abgezogen.

§ 6   Die Materialien zu dem Baue dürfen nicht aus anderen als den an der Industrie-Ausstellung eingeladenen Staaten bezogen werden.

§ 7   Da die Detailzeichnungen und die darauf sich gründenden Kostenanschläge zur Zeit noch nicht hergestellt sind, so kann eine genaue Preisbestimmung noch nicht stattfinden; das Etablissement Cramer-Klett aber macht sich anheischig innerhalb sechs Wochen vom Tag der Unterzeichnung gegenwärtigen Vertrages seine Preisforderung zu stellen. Im Falle wegen der Forderungsgröße ein Abstand sich ergeben sollte, unterwerfen sich beide Theile dem Ausspruch eines Schiedsgerichtes, welches in der Art zusammengesetzt wird, daß jeder Theil einen Sachverständigen bezeichnet, welche einen dritten Obmann wählen, der im Nichtvereinigungsfalle nach § 11 der angezogenen Verordnung bestimmt wird.

§ 8   Die Summe, um welche der Unternehmer das Gebäude herzustellen sich anheischig machen wird, soll sich auf einen detaillirten Kostenanschlag gründen. Für die Überschreitung des in diesem Anschlag berechneten Gewichtes des Guß- und Schmiedeisens wird kein Mehrbetrag geleistet, dagegen aber auch an der Akkordsumme kein Abzug gemacht, wenn bei Einhaltung der vorgeschriebenen Dimensionen ein Mindergewicht sich ergibt.

Die übrigen Arbeiten aber werden unter zu Grundlegung der einzelnen Ansätze des Anschlages in Rechnung genommen und bezahlt.

§ 9 Sollten Gegenstände hergestellt werden, die im Kostenanschlag nicht vorgesehen sind, so soll vor der Anfertigung derselben der Preis hierfür durch einen schriftlichen Akkord festgesetzt werden.

§ 10 Vorschußzahlungen werden bis zu einem Drittheile der Akkordsumme nur dann geleistet, wenn durch genügende Bürgschaft, oder durch ein Depositum von bayerischen Staatspapieren hinreichende Sicherheit geboten wird.

§ 11 Die Haftung des Etablissements für die Güte des Materials und die richtige Ausführung der Arbeiten erstreckt sich nach der geschehenen Ablieferung und Übergabe des Vertragsobjektes noch auf den Zeitraum von weiteren 6 Monaten bis zu welcher Zeit die oben bestimmte Caution deponiert bleibt.

§ 12 Außer diesen allgemeinen Vertragsbestimmungen werden folgende specielle, welche das Etablissement pünktlichst nachzukommen sich anheischig macht, gestellt:

a. Die Fundamentgräben müssen bis zum festen Baugrund ausgehoben werden.
b. Die Fundamentsohle muß vollkommen horizontal abgeglichen werden.
c. Vor dem Beginn der Fundament-Mauerung ist die Tragfähigkeit des Bodens durch den dazu bestimmten Baubeamten zu untersuchen, und vom letzteren die Erklärung abzugeben, daß darauf gebaut werden dürfe.
d. Zu der Fundament- und Sockelmauerung sind nur ganz hart gebrannte Backsteine anzuwenden.
e. Die Mauerung ist auf allen Seiten gleichheitlich zu erhöhen.
f. Die Mauerung soll, soweit sie im Erdreich steht verbandet, und im Äußeren mit rothen Vorsatzsteinen bekleidet und ohne Verputz belassen werden.
g. Die Steinschichten müssen horizontal gelegt, die Fugen nicht zu dick, und gleich breit hergestellt werden.
h. Die Fundament- und Sockelmauern sind nach ihrer Vollendung während des Winters gegen alle Einwirkungen der Witterung zu schützen.
i. Die ausgegrabne Erde ist auf eine noch zu bestimmende des Gartens aufzuhäufen, der ausgehobene Kies aber zur Hinterfüllung des Sockels zu verwenden.
Der weitere Bedarf an Kies zu diesem Zwecke muß rein sein und keine Erdtheile enthalten.
k. Das Schmied- und Gußeisen muß von bester Qualität sein, und zu dieser Nachprüfung können vom Baubeamten Proben verlangt werden. Alles Eisenwerk muß einen dauerhaften Ölanstrich mit einer noch zu bestimmenden Farbe erhalten.
l. Die Modelle zu den Ornamenten müssen vor dem Gusse der letzteren dem Baubeamten zur Ansicht mitgetheilt werden, und derselbe hat das Recht, Änderungen daran vornehmen zu lassen.
m. Das Glas muß doppelt stark wie das vorgelegte Muster sein. Die Tafeln dürfen nur die Größe und Form, wie sie die Zeichnung angibt, haben. Dieselben sollen sich einen Zoll breit überdecken und das Einregnen, Einschneien und Einwinden ist entweder durch einen Firniss zwischen den Fugen oder durch eingelegte Metallstreifen zu verhüten.
Das Tropfwasser soll womöglich durch Rinnchen unter den Fugen und an den Sparren in die Regenwasser-Abfallröhren abgeführt werden.
n. Die Glastafeln müssen gerade Flächen haben, dürfen keine Knoten, Ritzer besitzen, nicht leicht erblinden und in der Luft verdunkeln.
o. Zwischen den Säulen sind die Glastafeln durch möglichst schwache Spangen von gezogenem Eisen zu verbinden.
p. Die Regenwasserabläufe sind so anzuordnen, daß das Wasser in einer Reserve sich sammle. Die hohlgegossenen Säulen sind dazu zu benützen.
q. Die untersten 8 Fuß 6 Zoll hohen Fenster müssen zum Öffnen gerichtet werden. Außerdem sind zwischen je zwei der starken Säulen am First der Dachung zwei Fenster zum Öffnen mittelst Hebel- oder Kurbelvorrichtung herzustellen.
r. Bei der Konstruktion des Gebäudes muß darauf Rücksicht genommen werden, daß wenn in der Folgezeit das Gebäude als Gewächshaus benützt wird, Winterfenster mit hölzernen Rahmen eingehängt und die eisernen Säulen mit hölzernen Futtern bekleidet werden können.
s. Im Bau sind vier Fontainen mit den nöthigen Röhrenleitungen herzustellen.
t. Die äußeren Wände der Gallerien sind so zu construiren, daß sie in Zukunft, wenn das Gebäude als Gewächshaus benützt wird, leicht weggenommen und an den inneren Seiten zum Schluß des höheren Mittelschiffes verwendet werden können.
Überhaupt sind alle diejenigen Vorkehrungen zu treffen, welche die Einlegung von Zwischengebälken zur Herstellung mehrerer Etagen erleichtern.
u. Auf die Dachungen sollen zum Schutz der Gläser gegen den Hagel Drahtgitter aufgesetzt, und diejenigen Vorkehrungen welche die Anbringung von Beschattungsmatten erfordern, angebracht werden. Überhaupt muß an dem Gebäude alles dasjenige hergestellt werden, was in Folge bei der Detailbearbeitung der Pläne für nöthig erachtet wird.
v. Die Fußböden sind von 1½ Zoll starken Brettern mit Nuth und Federn herzustellen und auf 3 Fuß Entfernung Lagerhölzer von Tannenholz zu lagern.

Vorstehender Vertrag soll bei dem königlichen Kreis- und Stadtgericht München verlautbart werden, und die hierbei erlaufenen Kosten trägt das königliche Aerar.

München, den 11. September   Cramer-Klett«

Nachdem der Vertrag am 18. September 1853 durch den Kronanwalt Dr. Gartner redigiert worden war, erhielt er am 24. September 1853 die Zustimmung Aschenbrenners und Pfordtens: »Die … hat nunmehr die Verlautbarung dieses in der Anlage zurückfolgenden Vertrages beim königlichen Kreis- und Stadtgerichte München durch den königlichen Regierungs- und Fiskalrath Hasler zu veranlassen …«[53] Die Redaktion des Vertrages bezieht sich hauptsächlich auf einige juristische Formulierungen und Fragen der Finanzierung.[54] Dem königlichen Oberbaurat Voit wurde die Bauführung übergeben. Damit trug er die Verantwortung für die rechtzeitige Fertigstellung des Glaspalastes.[55] Für die Arbeit wurden ihm der Civilbauingenieur Beyschlag und zwei Zeichner zugeteilt. Da die Zeit für die Planung und Baudurchführung sehr knapp bemessen war, wurde Voit während der Dauer dieser Tätigkeit von seinen Amtsgeschäften als Beamter der Obersten Baubehörde beurlaubt.[56]

Laut Vertrag sollte das Ausstellungs-Gebäude bis zum 8. Juni 1854 erstellt sein. Dieser Termin konnte jedoch nur eingehalten werden, wenn alle Beteiligten für einen reibungslosen Ablauf der Plan- und Bautätigkeit sorgten. Da zunächst noch kein Baufond für die Deckung der Baukosten bestand, wurden bis zur Vorlage beim Landtag die im Vertrag festgelegten Vorschußzahlungen vorläufig aus dem Fond der Eisenbahn-Bau-Kasse entnommen.[57] Nachdem die Bauten des botanischen Gartens auf dem Baugelände abgebrochen worden waren, trug man den Mutterboden ab und füllte den Grund mit Kies und Schotter auf. Am 17. Oktober 1853 wurden die ersten Fundamente für die Säulen des Gebäudes gesetzt.[58] Am 11. November fand eine Beratung statt, an der laut Protokoll unter anderem von der Pfordten, der Direktor der obersten Baubehörde von Schierlinger, die Oberbauräte von Voit und von Pauli als Vertreter der Regierung, Theodor Cramer-Klett und dessen technischer Leiter Ludwig Werder von der Seite des Unternehmens teilnahmen.

»… Nachdem von Seite des Unternehmens Herrn Cramer mehrere die Ausführung des Industrie-Ausstellungsgebäudes und hier zunächst die Pläne und Kostenanschläge betreffende Punkte in Anregung gebracht und hierauf von Herrn Oberbaurath Voit eine Erklärung abgegeben worden, traten heute unter dem Vorsitz Seiner Excellenz des Herrn Ministers die Nebengenannten zu dem Zwecke zusammen, um diese in Nachfolgendem bezeichneten Punkte in nähere Erörterung zu nehmen.

1. Herr Cramer wünscht Bestimmung, wie der Sockel und das Kapital zu den inneren viereckigen Säulen werden soll. Nach der Erklärung des Herrn Oberbaurath Voit erhalten die Pfeiler im Inneren des Gebäudes dieselben Kapitäle wie die äußeren Lisenen und die Pfeilerfüße Profile wie die Säulenfüße.

Der Unternehmer ist mit dieser Erklärung zufriedengestellt und behält sich nur über geringere mit diesem Gegenstande zusammenhängende Punkte Verständigung vor.

2. Der Unternehmer wünscht Bestimmung über die oberen gußeisernen Fensterverzierungen und insbesondere Aufschluß

a) ob es bei der angegebenen Gallerie, welche ca. 5500 Ztr. Gußeisen hat und ca. 60.000 fl kosten wird, bleibt,

b) oder ob nach der von Herrn Werder übergegebenen Skizze eine Zeichnung angefertigt werden soll, welche nur ein Gewicht von ca. 2500 Ztr. Guß- und Schmiedeeisen repräsentiert.

c) ob die Verzierung überhaupt so verstehend seyn dürfe, daß keine Strohmatten angebracht werden können?

Diese Fragen sind von Herrn Oberbaurath Voit dahin beantwortet, daß die gußeisernen Verzierungen bereits gezeichnet seien, daß die Gallerieträger, wenn sie ganz von Eisen sein sollen, 2800 Ztr. wiegen und daher um 28.000 fl, aber auch ebenso wie die Gallerien selbst aus Holz hergestellt werden können; dann daß diese Galerien im Einverständnis mit dem Hofgärtner Weinkauf 2 Fuß breit angeordnet werden; welcher die Anwendung von Strohmatten verwerfe. Bezüglich dieser Punkte wird dahin Bestimmung getroffen, daß in den Kostenvoranschlag die Construction in Eisen und von leichtester Art aufgenommen werden soll; die Frage, ob gleichwohl nicht eine Construction von Holz angewendet werden soll, bleibt vorbehalten, ebenso die Verständigung über die leichteste Art der Construction. Der Punkt lit c erscheint durch die Beantwortung erledigt.

Herr Cramer wünscht ferner Bestimmung

3. über die Höhen der Fensterrrahmen, worüber Zeichnung von Werder eingereicht worden, wie

4. über die Länge der sämtlichen (aufgesetzten) Säulen. Nach der Erklärung des Herrn Oberbaurath Voit hat Herr Werder die Höhentheile, welche sich nach den Rahmen und Größen der Fenstertafeln bestimmen, schon früher auf dem Plane des Herrn Oberbaurath Voit bezeichnet.

Durch die Genehmigung der Dimensionen, wie sie Herr Werder eingezeichnet hat, erscheinen die Punkte erledigt.

5. Der Unternehmer wünscht Bestimmung des Geländers auf der Galerie im Inneren des Gebäudes.

Durch die Erklärung des Herrn Oberbaurath Voit, daß das Geländer der Gallerie, um Modellkosten zu ersparen, ganz dasselbe wie das im Äußeren des Gebäudes werden kann, ist auch dieser Punkt erledigt.

6. Der Unternehmer wünscht Bestimmung der gußeisernen durchbrochenen Verzierung des Balkons, an welchem die Luftschieber angebracht sind; dieser Punkt findet in der Beantwortung, daß die gemeinten Verzierungen nur viereckige Öffnungen mit Drahtgeflecht seien, gleichfalls seine Erledigung.

7. Herr Cramer wünscht Bestimmung der Thüren und der Form derselben, weil davon die Eintheilung und die Anzahl der Fenster abhängt.

Durch die Erklärung des Herrn Oberbaurath Voit, daß die Form der Thüren in dem in den Händen des Herrn Werder bereits befindlichen Plane angegeben sei, ist auch dieser Punkt erledigt.

8. Der von Seite des Unternehmens gewünschte Aufschluß, ob es bei der mitgeteilten Blechdachung sein Verbleiben habe, wird dahin gegeben daß die Dachungen von Glas und nicht von Blech werden sollen.

9. Herr Cramer wünscht endlich noch Bestimmung über die Größe und Stellung der Fontainen.

Da hierüber ein Einverständnis nicht sogleich erzielt werden kann, wird dahin Vereinbarung getroffen, daß Herr Oberbaurath Voit und der Herr Unternehmer zur Verständigung über diesen Punkt sofort sich benehmen werden.

10. Herr Oberbaurath Voit wünscht von Herrn Cramer die Konstruktion des Verbindungsbalkens der Lisenen der äußeren

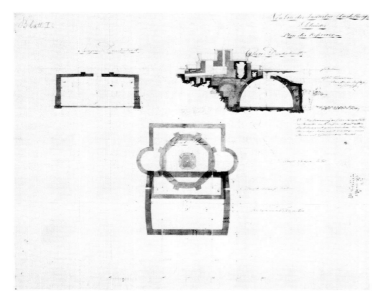
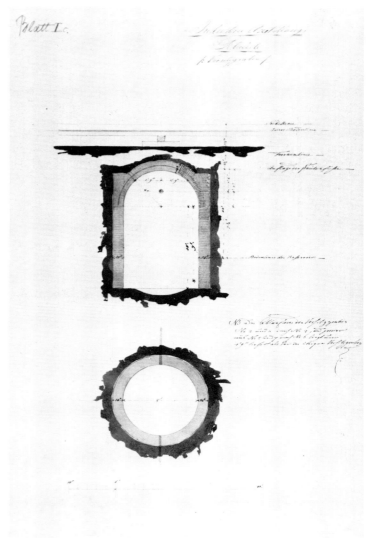
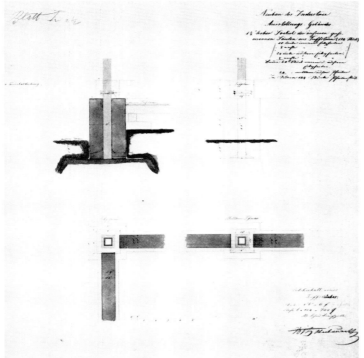
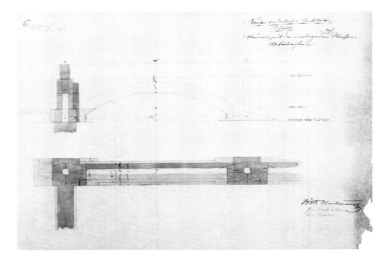

11 Glaspalast, Neubau des Industrie-Ausstellungs-Gebäudes, Plan der Reservoir, »Längen=Schnitt«, »Quer=Durchschnitt«, »Grund=Plan«. Feder über Bleistift, farbig aquarelliert, auf Zeichenpapier, 64/53,3 cm. Oben rechts: Blatt I b

12 Glaspalast, Industrie-Ausstellungs-Gebäude, Versitzgruben, Grundriß und Längenschnitt. Feder über Bleistift, farbig aquarelliert auf Zeichenpapier, 34,4/55,7 cm. Oben links: Blatt I c

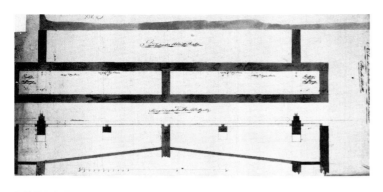

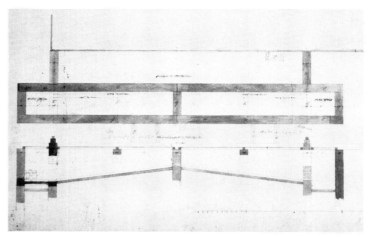

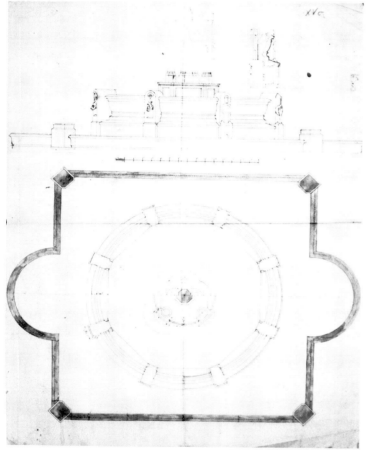

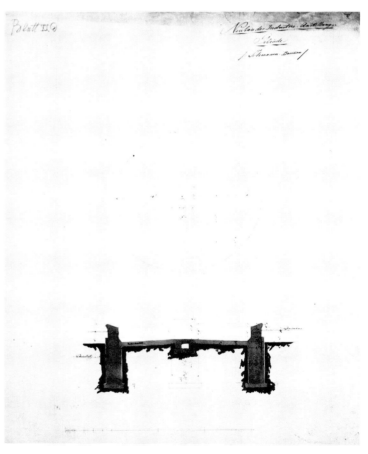

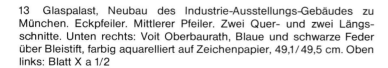

13 Glaspalast, Neubau des Industrie-Ausstellungs-Gebäudes zu München. Eckpfeiler. Mittlerer Pfeiler. Zwei Quer- und zwei Längsschnitte. Unten rechts: Voit Oberbaurath, Blaue und schwarze Feder über Bleistift, farbig aquarelliert auf Zeichenpapier, 49,1/49,5 cm. Oben links: Blatt X a 1/2

14 Glaspalast, Neubau des Industrie-Ausstellungs-Gebäudes zu München, Mauern mit den umliegenden Wasser=Abfüllrohren. Unten rechts: Voit Oberbaurath, für Klett & Comp. Ludwig Werder, Blaue und schwarze Feder über Bleistift, farbig aquarelliert, auf Zeichenpapier, 65,4/45,7 cm. Oben links: Blatt X a

15 Glaspalast, Neubau des Industrie-Ausstellungs-Gebäudes zu München. Plan der Abtritte, Grundplan der Abtritt Graben, Längendurchschnitt der Abtrittgraben Feder über Bleistift, farbig aquarelliert auf Zeichenpapier, 74/34,3 cm. Oben links: Blatt XIV a

16 Glaspalast, Grundplan der Abtrittgruben, Längendurchschnitt von Abtrittgruben, Feder über Bleistift, farbig aquarelliert auf Zeichenpapier, 79/50,1 cm. Oben rechts: Blatt XIV e

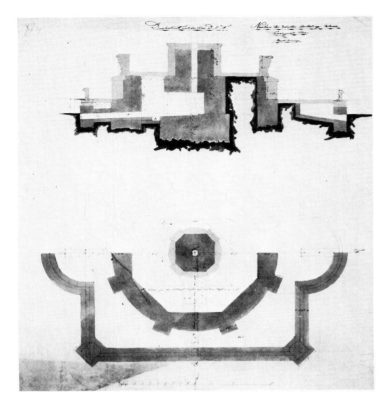
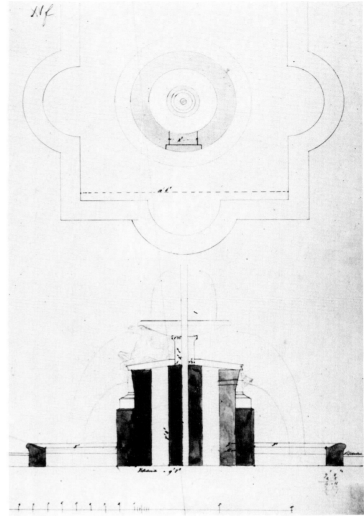
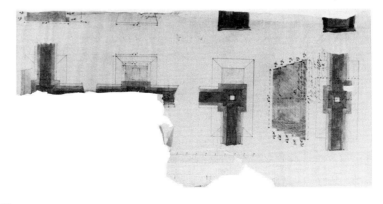

17 Glaspalast, Brunnenanlage im Grundriß und Ansicht Feder, farbig aquarelliert, auf Transparentpapier, 50,6/66,6 cm. Oben rechts: XV c

18 Glaspalast, Neubau des Industrie-Ausstellungs-Gebäudes zu München. (:Schwanen-Brunnen:), Feder über Bleistift, farbig aquarelliert auf Zeichenkarton, 53/69,1 cm. Oben links: Blatt XV d

19 Glaspalast, Neubau des Industrie-Ausstellungs-Gebäudes zu München. Fundament-Plan des Haupt-Brunnens, Durchschnitt nach der Linie D E F und Grundriß, Feder über Bleistift, farbig aquarelliert auf Zeichenkarton, 60,9/66,6 cm. Oben links: XV e

20 Glaspalast, Brunnen im westlichen Längsschiff, Grundriß und Schnitt, Feder, farbig aquarelliert auf Transparentpapier, 33,3/50,6 cm. Oben rechts: XV f

21 Glaspalast, Fundamentmauerwerke. Unten rechts: Voit, Oberbaurath, für Klett & Comp. Ludwig Werder, Feder, farbig aquarelliert, Transparentpapier auf Zeichenpapier geklebt, 60,2/24,4 cm. Stark beschädigt

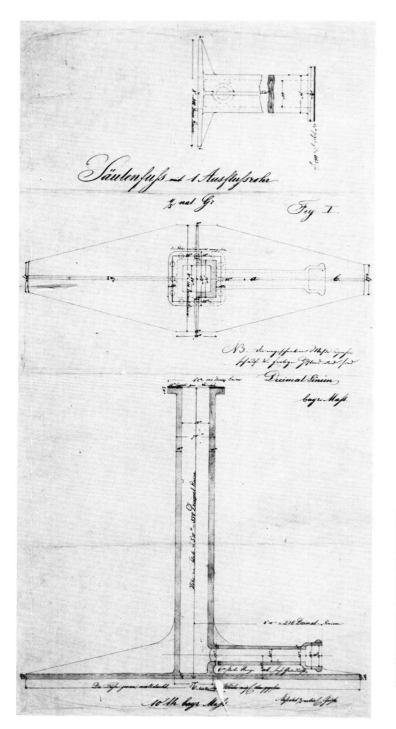
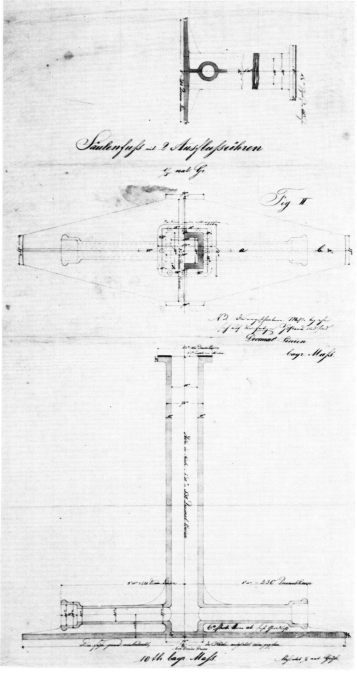

22 Glaspalast, Neubau des Industrie-Ausstellungs-Gebäudes zu München. Säulenfuß mit 1 Abflußrohr, Grundriß, Schnitt, Seitenansicht. Schwarze und braune Feder, Transparentpapier auf Zeichenkarton geklebt, 37,7/76,7 cm. Oben rechts: Blatt XIX a

23 Glaspalast, Neubau des Industrie-Ausstellungs-Gebäudes zu München. Säulenfuß mit 2 Abflußrohren. Feder, aquarelliert, Transparentpapier auf Zeichenkarton geklebt, 44,4/82,5 cm. Oben links: Blatt XIX b

Wand, dann die Contruktion des Dachträgers mit 80 Fuß Spannweite zu erhalten. Nach der Erklärung des Letzteren ist die Construction des Dachträgers mit 80 Fuß Spannweite mittlerweile bereits an Herrn Oberbaurath Voit übergeben, bedarf jedoch noch einer Verständigung.
Das andere Postulat wird noch übergeben und eine Verständigung hierwegen herbeigeführt werden.

11. Wird dahin Verabredung getroffen, daß zur Verständigung über die fortlaufenden Geschäfte zwischen dem königlichen Oberbaurath Voit und dem Herrn Unternehmer regelmäßige tägliche Zusammenkünfte und zwar, solange das Bureau des Herrn Cramer[59] im Wintergarten besteht, daselbst, dann aber in dem Bureau des Herrn Oberbaurath Voit im botanischen Garten stattfinden sollen.
Kommen bei diesen Geschäften technische Fragen vor, über die sich die genannten Herren nicht verständigen, so sollen die Herren Direktor von Schierlinger und Oberbaurath von Pauli zugezogen werden. Würde auch durch deren Mitwirkung eine Verständigung nicht erzielt, so soll der betreffende Gegenstand dem königlichen Staatsministerium des Handels und der öffentlichen Arbeit zur Entscheidung vorgelegt werden ...«[60]

Das Protokoll der Beratung verdeutlicht den Zeitdruck, unter dem sowohl Voit als auch der Unternehmer arbeiteten. Cramer-Klett schreibt: »Zur Lösung der uns gestellten Aufgabe ist systematisches Arbeiten durchaus notwendig. Unsere Erfahrung hat uns gelehrt, daß man große technische Unternehmungen nur dann durchführen kann, wenn die Zeichnungen gleich im Anfang ganz genau exakt bis in das Kleinste für den Nichtkenner unbedeutendste Detail ausgearbeitet werden ...«[61] Cramer-Klett benötigte zur Kalkulation und Disposition möglichst genaue Angaben über die Baudetails. Die Entscheidung Voits (Vereinfachung der Ornamente, möglichst Verwendung gleichgeformter Gußteile, siehe Punkt 1.5.6 der Niederschrift) zeigt dessen Bestreben, durch rationelle Vereinfachung und Standardisierung der Bauelemente die knappe Zeit bis zur Ausstellungseröffnung zu nutzen. Am 30. Dezember 1853 wurde dem Landtag eine Gesetzesvorlage zur Genehmigung vorgelegt, welche die Beschaffung der Mittel zur Herstellung des Industrie-Ausstellungs-Gebäudes sicherstellen sollte. Veranschlagt wurde eine Summe von 800000 fl, die jedoch auch die Kosten für den Erwerb des Grundstückes einschließen sollte.[62]

Am 31. Dezember waren das Fundamentmauerwerk, die Wasserreservoirs und die Versitzgruben hergestellt und die Säulenfüße in die Sockel eingemauert.[63] Gleichzeitig wurde damit begonnen, die Säulenfüße (oder Säulenstühle, wie es an anderer Stelle heißt) abzudrehen. Das heißt, um entsprechende Höhenunterschiede auszugleichen, die beim Mauerwerksbau notwendigerweise entstehen, wurden die Säulen mit einer eigens von Werder konstruierten Abdrehvorrichtung auf das gleiche Niveau ausgerichtet. Auf diese Weise wurden täglich 7 Säulenfüße fertiggestellt und einjustiert. Insgesamt waren 298 Säulenfüße abzudrehen, diese Arbeiten dürften wohl Ende Februar, Anfang März 1854 beendet gewesen sein. Am 18. Januar 1854 begann man die Baugerüste aufzustellen. Da der Bauplatz nach Fertigstellung der Fundamente mit Schutt und Kies aufgefüllt worden war, konnte man voraussehen, daß das im Februar tauende Eis zu Bodensetzungen führen würde. Daher wurden die Gerüste so leicht wie möglich ausgeführt, um sie im Bedarfsfalle unterfüttern zu können. Dies gab jedoch von offizieller Seite Grund zur Beanstandung. Daraufhin wurden die Gerüste verstärkt, obwohl auf Grund von Berechnungen und den Erfahrungen beim Bau der Getreidehalle (1853) eine hinreichende Festigkeit vorhanden gewesen wäre.[64]

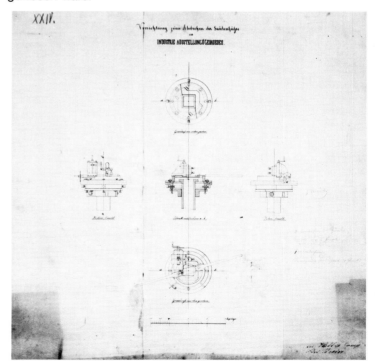

24 Glaspalast, Vorrichtung zum Abdrehen der Säulenfüße des Industrie-Ausstellungs-Gebäudes. 2 Grundrisse, 2 Ansichten und 1 Schnitt. Unten rechts: für Klett & Comp. Ludwig Werder, Feder über Bleistift, farbig aquarelliert auf Zeichenkarton, 52,8/52,9 cm. Oben links: XXIV

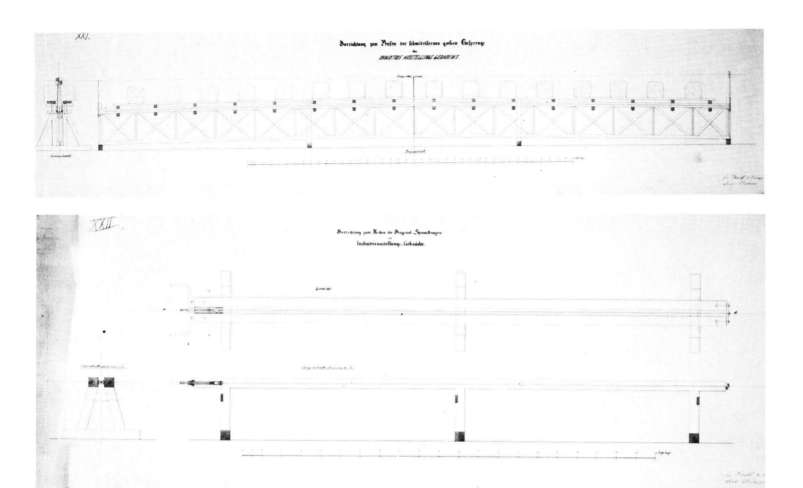

Am 1. Februar 1854 erging von der Industrie-Ausstellungs-Kommission eine Anzeige an das Innenministerium, daß mit der Grundsteinlegung des Gebäudes, das heißt mit der Errichtung der ersten Säule, am 1. März zu rechnen sein dürfe. Außerdem wurde angefragt, ob aus diesem Anlaß irgendwelche Feierlichkeiten stattfinden sollten. Pelkoven informierte am 10. Februar 1854 König Max II., der die Entscheidung über den Ablauf der Feierlichkeiten treffen sollte. Der König lehnte eine offizielle Teilnahme bei der Grundsteinlegung ab, nachdem er sich vorher erkundigt hatte, wie diese in Berlin und London durchgeführt worden war.. Am 25. Februar teilte Voit der Industrie-Ausstellungs-Kommission mit: »... daß Cramer-Klett die erste Säule des Industrie-Ausstellungsgebäudes nächsten Montag den 27. dieses Mts. Vormittag 11 Uhr aufstellen wird, und die Vorkehrungen getroffen hat, etwa 10 dergleichen noch an demselben Tage an die bestimmte Stelle zu bringen und zu befestigen. Wenn Seine Majestät der König diesem Akte beizuwohnen geruhen sollten, dürfte unmaßgeblichst außer dieser Säulenaufstellung noch ferner die Probe von der Tragkraft eines Sprenggitters vorgenommen und ein Sprenggitter von 80 Fuß Länge fertig aus den Werkstätten gebracht werden ...«[65]

25 Glaspalast, Vorrichtung zum Prüfen der schmiedeeisernen großen Gesprenge des Industrie-Ausstellungs-Gebäudes. Unten rechts: für Klett & Comp. Ludwig Werder. Feder über Bleistift, aquarelliert auf Zeichenpapier, 135,3/29,9 cm. Oben links: XXI

26 Glaspalast, Vorrichtung zum Recken der Diagonalspannstangen des Industrie-Ausstellungs-Gebäudes, Grundriß, Längenschnitt nach der Linie a-b. Unten rechts: für Klett & Comp. Lud. Werder. Feder über Bleistift, farbig aquarelliert auf Zeichenkarton, 108,3/40,4 cm. Oben rechts: XXII

27 Dachkonstruktion, Äußere Galerie, Vorrichtung zum Öffnen der Fenster, Vorrichtung zum Proben der Spanngitter. Aus: »Sechzehn Tafeln zum amtlichen Bericht ...«, Blatt VII

Die Aufstellung der ersten Säule erfolgte unter Anwesenheit der Industrie-Ausstellungs-Kommission und der Subkommissionen zum geplanten Zeitpunkt, wobei Staatsrat von Fischer als Vorstand der Kommission als offizielle Grundsteinlegung die erste Schraube einsetzte.[66] »... Die Aufstellung der ersten Säule geschah in Gegenwart des königlichen Staatsrathes von Pelkoven, Stellvertreter des königlichen Staatsministeriums und der öffentlichen Arbeiten und der Mitglieder der Industrie-Ausstellungs-Commission. Herr Staatsrath von Fischer, Präsident der Commission hielt eine Ansprache an dieselbe, worin er daraufhin aufmerksam machte, daß das Gelingen des Unternehmens um so sicherer verbürgt erscheine, als es getragen werde vom Geiste des Jahrhunderts, dem Geiste des Fortschritts und dem Drang nach materieller Vervollkommnung, so wie es auch ganz besonders die Macht und den Willen seines erhabenen Beschützers in Bayern, Seiner Majestät des Königs auf seiner Seite habe. – Die Einsetzung der ersten Schraube vollzog der Commissions-Vorstand Staatsrath von Fischer unter dem lebhaften Rufe der Versammlung: Hoch lebe der König ...«[67] Da auf dem Bauplatz der Raum sehr knapp bemessen war, mußten aus Platzersparnis zwischen der Einrüstung des mittleren Querschiffes zwei Arbeitshütten von 120 Fuß Länge und 40 Fuß Breite aus Holz errichtet werden. »... In denselben wurden die Sprengwerke hergestellt (zusammengesetzt) und die Trag- und Spranggitter abgelängt, dann die Probung über die Tragkraft derselben vorgenommen und die Diagonaldrähte, welche unter den Dachungen gegen Verschiebungen und Schwankungen des Gebäudes angebracht wurden, gereckt ...«[68] Am Tage der Grundsteinlegung dürften ferner weitere 10 Säulen errichtet und die Tragkraft eines Sprenggitters geprüft worden sein[69] (Abbildung 25). Am 6. März waren auf der Baustelle 376 Arbeiter beschäftigt, diese Zahl erhöhte sich bis Ende März auf über 600. Diese hohe Zahl von der an der Montage mitwirkenden Arbeitern erklärt die Kürze der Bauzeit, in der allein der Rohbau vollendet wurde. Sie läßt aber auch ahnen, daß der Bauprozeß bis ins Kleinste geplant sein mußte, um einen reibungslosen Ablauf zu ermöglichen.

Bereits am 11. März, also 2 Wochen später, wurde das erste Spranggitter befestigt. Am 18. März wurde damit begonnen, die hölzernen Rahmenstücke zwischen die eisernen Säulen zu setzen. Am 29. März waren bereits 247 Säulen errichtet, wovon 188 in ihrer gesamten Länge standen. 200 der insgesamt 520 Sprenggitter von 20 Fuß Länge hatte man bereits mit den Säulen verschraubt. Die Außenwände des Erdgeschoßes waren auf eine Länge von 980 Fuß eingesetzt. Von den 35 benötigten 80 Fuß langen Sprengwerken lagen 20 zur Montage bereit, von denen das erste am 1. April um 11 Uhr mit Hilfe von Kränen, die auf in Höhe der Galerien verlegten Schienen liefen, aufgezogen wurde.[70] (Abbildung 29). Am 30. März 1854 erfolgte eine Anzeige an den König: »... Der Bau des Industrie-Ausstellungsgebäudes ist soweit fortgeschritten, daß am nächsten Samstag – den 1. April Vormittags 11 Uhr das erste 80 Fuß lange Sprengwerk mittels der auf den Schienenwagen über den Gallerien stehenden Krahnen 60 Fuß hochgehoben und auf die Mittelsäulen aufgelegt werden wird ...«[71]

Um möglichst viele Arbeiter gleichzeitig beschäftigen zu können, hatte man an verschiedenen Stellen mit der Aufstellung des Gebäudes begonnen. Als erstes waren der Querbau und der östliche Flügelbau eingerüstet worden. Die Rüsthölzer des östlichen Flügelbaues wurden nach dessen Fertigstellung, um Baumaterial zu sparen, bei der Einrüstung des westlichen Flügels weiterverwendet. Die beiden Längsschiffe wurden ohne Einrüstung mit Hilfe von auf Schienen fahrenden Kränen und Plattformen errichtet. Nachdem die eisernen und hölzernen Konstruktionsteile verbunden worden waren, wurden im Taktverfahren die Wände

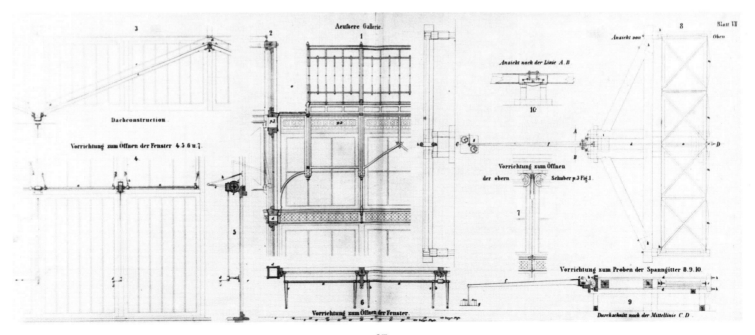

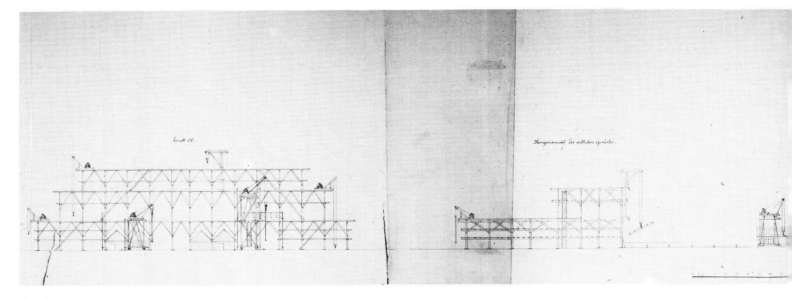

28 Glaspalast, Bewegliche und feststehende Gerüste zum Industrie-Ausstellungs-Gebäude zu München. Schnitt C D, Längenansicht des mittleren Gerüstes, Längenansicht des westlichen Gerüstes, Schnitt A B. Unten rechts: Für Klett & Comp. Ludwig Werder. Feder über Bleistift, auf Zeichenkarton. Oben links: Blatt XX

Zur Datierung der Fotografien Franz Hanfstaengls

Sämtliche während der Bauzeit des Glaspalastes aufgenommenen Fotografien zeigen eine fast menschenleere Baustelle, obwohl an dem Bau zeitweilig über 600 Arbeiter beteiligt waren. Die wenigen abgebildeten Personen dienen offensichtlich als Größenvergleich. Es ist deshalb zu vermuten, daß die Aufnahmen jeweils an einem Sonntag entstanden sind.

29 Glaspalast, Ansicht des Längsschiffes während der Montage von Südwesten. Fotografie von Franz Hanfstaengl. 26. März 1854

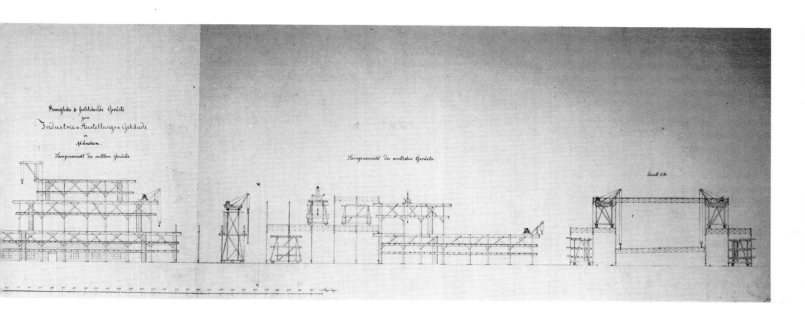

30 Glaspalast, Blick in das Längsschiff von Westen nach dem Einsetzen der ersten Sprenggitter. Fotografie von Franz Hanfstaengl. 2. April 1854

31 Glaspalast, Ansicht des Mitteltraktes von Südwesten während der Montage. Fotografie von Franz Hanfstaengl. 2. April 1854

32 Glaspalast, Ansicht mit westlichem Flügelbau von Südwesten während der Montage. Fotografie von Franz Hanfstaengl. 2. April 1854

33 Glaspalast, Ansicht von Südwesten während der Montage. Kurz vor Vollendung des Rohbaues. Fotografie von Franz Hanfstaengl. 16. April 1854

34 Glaspalast, Ansicht von Südwesten. Nach Fertigstellung des Gebäudes. Fotografie von Franz Hanfstaengl. Juni 1854. Gleicher Standpunkt wie Abb. 33

eingeglast. Dieses rationelle Verfahren ersparte zusätzliche Rüstkosten[72] (Abbildung 28).

Zu Beginn der Bauarbeiten hatte man die vertraglich festgelegten Vorschußzahlungen, da noch kein eigener Baufond vorhanden war, zunächst aus dem Kassenbestand der Eisenbahnbau-Hauptkasse für das Jahr 1854/55 entnommen. Ende Dezember hatte von der Pfordten eine Gesetzesvorlage an den Landtag vorbereitet und zur Genehmigung vorgelegt, welche die Baukosten auf 800000 fl bezifferte.[73] Am 18. Februar 1854 reichte Voit Cramer-Kletts Kostenvoranschlag weiter.[74] Auf Cramer-Kletts Bitte, anstelle der Abschlagszahlungen im Wert von 8/10 der jeweiligen Materiallieferungen oder Arbeitsleistungen eine Vorschußleistung von 550000 fl gegen Deponierung bayerischer Wertpapiere zu gewähren, entschied das Finanzministerium, außer den bereits ausgezahlten 250000 fl weitere 450000 fl anzuweisen.[75] Am 31. März sollten 300000 fl und nach Vollendung der Arbeiten die restlichen 50000 fl an Sicherheitspapieren zurückerstattet werden.

Am 1. April 1854 wurde, wie angekündigt, das erste 80 Fuß lange Sprengwerk montiert, bereits am 5. April waren die 11 Sprengwerke am westlichen Flügel aufgezogen. Am 18. April begann man mit der Verglasung des Daches auf der westlichen Seite, die schon am 11. Mai bis zum Querbau hergestellt war (Abbildung 33).[76] Der Bau machte solche Fortschritte, daß Voit bereits am 28. April 1854 melden konnte: »Der Unterzeichnete bestätigt hiermit, daß in Anbetracht der raschen Fortschritte des Industrie-Ausstellungsgebäudes nicht nur die durch höchstes Ministerial-Rescript vom 2. März des Jahres mit dem 30. April als zahlbar bezeichnete Abschlagszahlung von 200000 fl, sondern vielmehr der Betrag von 300000 fl an Fabrikbesitzer Herrn Cramer-Klett ausgehändigt werden könne, indem somit ein größerer Betrag als das bedungene Zehn Prozent der Akkord-Summe (:das ist 85815:) und zwar über 100000 fl als Caution verbleibt.«[77] Das besagt aber, daß der gesamte Rohbau, das statische Gerüst des Bauwerkes also, zu diesem Zeitpunkt (30. April) bereits erstellt war. Am 8. Mai wurde mit dem Legen der Fußböden und der Herstellung der Galerien begonnen.

Der Ausstellungsraum war von Beginn an zu klein geplant worden. Um ihn den tatsächlichen Bedürfnissen anzupassen, machte die Industrie-Ausstellungs-Kommission am 25. Mai 1854 einen Vorschlag, wie der Ausstellungsraum auf einfachste Art zu vergrößern sei. »... nemlich, daß zwischen dem Erdraum und der Gallerie ringsum eine zweite Gallerie im äußeren Schiffe des Gebäudes noch angebracht wird die einen Raum von 30400 Quadratfuß bietet. Eine solche Gallerie besteht bereits im Ost- und Westende dann im nördlichen Transepte – was wir beabsichtigen ist mithin nur die Fortsetzung desselben durch das ganze Gebäude ...« Pelkoven genehmigte am 26. Mai 1854 diesen Vorschlag.[78] Am 1. Juni waren die Galerien vollendet, am 7. Juni das Gebäude vollständig eingeglast[79] (Abbildung 34). Damit hatte Cramer-Klett bis auf kleine Nachtragsarbeiten den Vertrag fristgemäß erfüllt, das Gebäude konnte übergeben werden. »... Nach mündlicher Anzeige des Fabrikbesitzers Cramer-Klett ist derselbe bereit, das Ausstellungsgebäude dem abgeschlossenen Vertrage entsprechend, am 8. des Monats zu übergeben.

Demgemäß sind die früheren Kommissäre für den Vertragsabschluß Oberbaurath Voit, Oberpostrath Fischer zu veranlassen, mit Cramer-Klett in Unterhandlung zu treten und im Falle sich nicht Anstände ergeben, das Gebäude namens der Industrie-Ausstellung für das königliche Ärar zu übernehmen ...«[80] Die Übergabe erfolgte am 8. Juni 1854.[81] Außer einigen kleinen Nachtragsarbeiten war das Gebäude bis auf den Bau der Treppen, auf die untere Galerie, den Anstrich der Fenster und Galerien und das Polieren der Balustraden vollendet.[82]

Da sich während des Baues die Notwendigkeit ergab, Räume für landwirtschaftliche Geräte und Maschinen bereitzustellen, und außerdem eine Halle für die zum Betrieb erforderlichen Dampfmaschinen benötigt wurde, errichtete man für diese Zwecke einige Nebengebäude.[83] »... Das Maschinengebäude hat bis zum Dachgebälke eine Höhe von 30 Fuß, die 28 Fuß breiten Aufbauten an den Ecken aber überragten das Dachgebälke noch um weitere 11 Fuß; Bis auf 12 Fuß Höhe ist die Umfassungswand mit Brettern verschalt, die weitere Höhe von 18 Fuß aber mit einer Glaswand geschlossen ...«[84] Die tragende Konstruktion der Nebengebäude bestand aus Holz, das Dach besaß Schiefer- und Glaseindeckung, lediglich die Fundamente einschließlich der Maschinenfundamente waren gemauert. »... Das Gebäude soll nämlich, wie es auf dem ehrerbietigst hier angefügten Situations- und Facadenplane eingezeichnet und mit gelber Farbe angelegt ist, in dem kleinen botanischen Garten westlich vom Hauptgebäude zu diesem und der Louisenstraße errichtet und aus vorhandenen Rüsthölzern mit Sockel und theilweiser Schiefer- und theilweiser Glasbedeckung erbaut werden ...[85] (Abbildung 54). Die Genehmigung zum Bau der Nebengebäude erfolgte am 3. Mai 1854. Vom Zeitpunkt der Übergabe am 8. Juni bis zur vorgesehenen Ausstellungseröffnung am 15. Juli 1854 blieben noch fünf Wochen Zeit, um die Ausstellung aufzubauen. Trotz unvorhergesehener Schwierigkeiten wurde der größte Teil der Ausstellung pünktlich vollendet. »... Durch einmüthiges Zusammenwirken aller Beteiligten wurde es, allen Befürchtungen zum Trotz, ermöglicht, zu rechter Zeit fertig zu werden, und als am Abend des 14. Juli das Arbeitspersonal den Glaspalast verließ, war in der That die Aufstellung als vollendet zu betrachten, ein wohlgeordnetes, harmonisches, reizendes Ganzes bildend, bezaubernd durch den Reichthum von Farben und Formen, über-

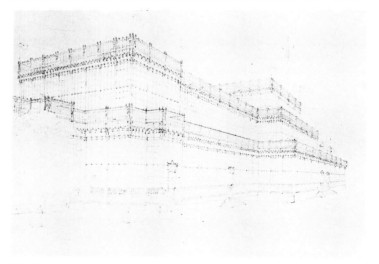

35 Glaspalast, Perspektivische Ansicht von Nordosten. Bleistift auf Zeichenpapier. 26,3/35 cm. Signatur rechts unten »Voit«

36 Östliches Hauptschiff

37 Industrie- und Gewerbeausstellung in München 1854. Südliches Querschiff mit dem »Album der Zeitgenossen« von Franz Hanfstaengl im Vordergrund. Foto Hanfstaengl

raschend und imponierend durch Großartigkeit …«[86] »… Der Eröffnungstag brach an – einer der schönsten unter seinen nächsten Vorgängern, welche mit ihren häufig wiederkehrenden Regengüssen zu günstigen Aussichten nicht berechtigten. Von der Sonne am fast wolkenlosen Himmel glänzend beleuchtet hob sich, mit den Fahnen sämtlicher an der Ausstellung sich beteiligenden deutschen Staaten reich geschmückt, das Ausstellungs-Hauptgebäude aus seiner Umgebung von in saftiges Grün gekleideten Baumgruppen in erhabener Pracht …«[87] Unter Anwesenheit König Max II. und Tausenden von Gästen und Zuschauern hielt der Staatsminister des Handels und der öffentlichen Arbeiten, von der Pfordten, die Eröffnungsansprache. Nach einer kurzen Erwiderung des Königs fand ein feierlicher Besichtigungsumzug durch die unteren Ausstellungsräume statt, den neben den königlichen »Kammer- und Hoffourieren«, Voit als Architekt, Cramer-Klett und Werder als Unternehmer und technischer Leiter anführten. Nachdem der König zu seinem eigens für diesen Zweck errichteten Thron zurückgekehrt war, wurde die allgemeine deutsche Industrie-Ausstellung des Jahres 1854 durch den Staatsminister für eröffnet erklärt. Am gleichen Tag wurden Voit und Cramer-Klett mit dem Civilverdienstorden der Bayerischen Krone ausgezeichnet.[88]

38 Westliches Hauptschiff

43 Blick von der untersten Galerie durch das Hauptschiff nach Westen, im Hintergrund der Orgelprospekt

40 Querschiff und westliches Hauptschiff

39 Blick auf den Brunnen im Zentrum, im Vordergrund Lithographien von Piloty

41 Hauptschiff vom westlichen Ende, im Vordergrund Maschinen für die Bearbeitung von Textilien

42 Wie Abb. 41, jedoch veränderter Standpunkt, im Vordergrund Maschinen für die Holzbearbeitung

44 Blick durch das mittlere Querschiff nach Süden mit dem Glaspalastbrunnen von Voit

3 Das ausgeführte Bauwerk

3.1 Form

3.1.1 Lage

Der Glaspalast liegt auf dem Terrain des ehemaligen Königlichen Botanischen Gartens in München, in westlicher Richtung etwas außerhalb des Stadtzentrums zwischen der Sophien- und der Elisenstraße. Auf diesem Gelände, welches sich von der Elisenstraße halbkreisförmig nach Norden erstreckt, und dessen Scheitel in die Arcisstraße mündet, ist das Gebäude so angeordnet, daß es die halbkreisförmige Anlage im Norden abschließt (Abbildung 45). Die Arcisstraße bildet in einer gedachten Verlängerung nach Süden die Bezugsachse zur symmetrischen Anlage des Gebäudes und der Gartenanlagen. Die Zwickel zwischen Elisen- und Sophienstraße werden durch die Art der Wegeführung auf dem Gelände abgemildert. Im Nordwesten wiederholt sich die Rundung der Sophienstraße in dem Nebengebäude, das nach der Ausstellung wieder beseitigt worden ist. Einen Bezug zwischen Gebäude und Garten stellen auch die Brunnenanlagen dar. Die drei Brunnen im Inneren des Gebäudes korrespondieren mit denen des Gartens, indem sie sich in gleicher axialer Anordnung wiederholen. Die Einteilung der Gartenanlagen ist vom botanischen Garten übernommen worden. Ihre Proportionen entsprechen dem Gebäude. Die Felder der einzelnen Rasenflächen sind in ihrer Größe so angelegt, daß sie mit der Gesamtanlage des Bauwerkes harmonisieren. Im Zusammenhang mit der plastischen Durchbildung des Baukörpers wird ein Monumentalisierungseffekt erzielt.

3.1.2 Grundrisse

Erdgeschoß

Der Grundriß des Gebäudes ist von längsrechteckiger Form mit einem in der Mitte ausgeschiedenen Querschiff. Die Enden des Längsschiffes weisen jeweils einen rechteckigen Anbau auf. Jeder dieser Anbauten hat wiederum eine rechteckige Ausbuchtung an der Stirnwand und zwei kleinere flankierende Ausbuchtungen zur Längsseite. In ihnen befinden sich Treppenanlagen (Abbildung 46). Das Längsschiff wird durch jeweils vier Eingänge zu beiden Seiten des Querschiffes erschlossen. Während die zur Mitte gelegenen Eingänge bündig mit der Außenwand abschließen, springen die an den Enden gelegenen aus der Fassadenflucht heraus. Das Querschiff hat auf jeder Stirnseite zwei nebeneinanderliegende Eingänge. Haupt- und Querschiff werden durch Säulen unterteilt. Diese sind so angeordnet, daß bis auf die Stirnseiten des Längsschiffes je zwei umlaufende Nebenschiffe und ein Hauptschiff gebildet werden. Die Anbauten der Stirnseiten weisen Säulenstellungen im Rastermaß des Gebäudes derart auf, daß sie vier Schiffe bilden. An den Ecken des Querschiffes sind im inneren umlaufenden Nebenschiff die Haupttreppenanlagen untergebracht. Die nördliche Seite des Querschiffes hat abgetrennte Büroräume, der nordöstliche Eingang führt in eine ebenfalls abgetrennte Königsloge.

Auf der Längsachse des durchgehenden Mittelschiffes liegen drei Brunnen in gleichmäßiger Anordnung. Der Hauptbrunnen steht im Mittelpunkt des sich kreuzenden Lang- und Querschiffes.

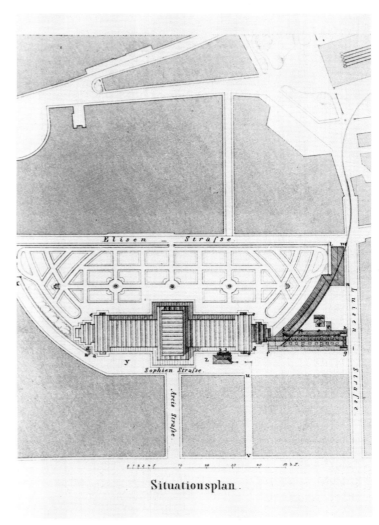

45 Glaspalast, Situationsplan, Aus: »Sechzehn Tafeln zum amtlichen Bericht . . .«, Blatt I a (Ausschnitt)

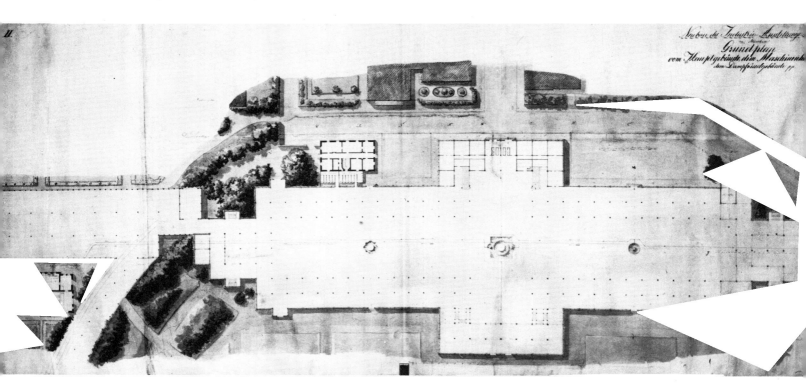

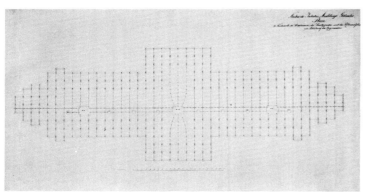

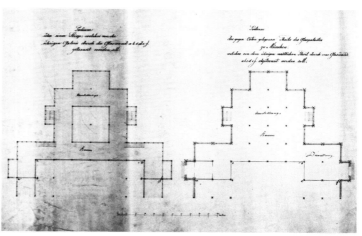

46 Glaspalast, Neubau des Industrie-Ausstellungs-Gebäudes zu München Grundplan vom Hauptgebäude, dem Maschinenhaus und dem Dampfkesselgebäude pp. Unten rechts: Voit Oberbaurath, für Klett & Comp. Ludwig Werder Feder über Bleistift, farbig aquarelliert auf Zeichenpapier, auf Leinen aufgezogen 156,5/ 65,7 cm. Oben links: Blatt II

47 Glaspalast, Neubau des Industrie-Ausstellungs-Gebäudes, Plan der Fundamente, der Wasserreserven, der Versitzgruben und des Röhrensystems zur Ableitung des Regenwassers. Blaue und rote Feder über Bleistift, auf Zeichenkarton, 137,3/66,9 cm. Oben links: Blatt I

48 Glaspalast, Neubau des Industrie-Ausstellungs-Gebäudes zu München, Grundplan der II-ten Gallerie. Feder über Bleistift, farbig aquarelliert auf Zeichenkarton, 137,3/66,7 cm. Oben links: Blatt IV

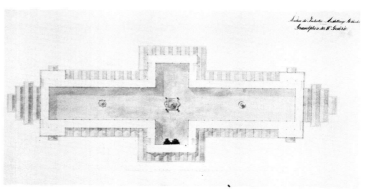

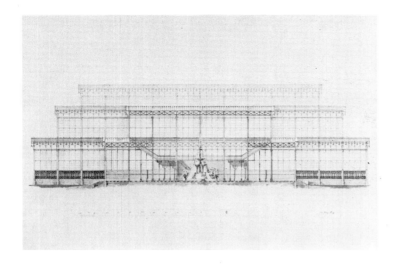

Obergeschoß

Das Gebäude besitzt zwei Galerien in verschiedenen Höhen. Die untere Galerie bildet eine Art Zwischengeschoß und umläuft, einschließlich der beiden Annexe, die äußeren Seitenschiffe des ganzen Gebäudes. Sie ist bis auf zwei Risalite an den Enden des Hauptgebäudes überdacht. Die obere Galerie befindet sich, dem basilikalen Querschnitt des Gebäudes entsprechend, über dem inneren Seitenschiff. Sie verläuft parallel zur unteren Galerie (Abbildung 48). An den Enden des Längsschiffes ist sie, der risalitartigen Ausbildung des oberen Geschoßes entsprechend, zweischiffig angelegt. Zwei zusätzliche Treppen vor jeder Stirnwand des Hauptgebäudes in der Flucht der Seitenschiffe dienen zur Erschließung der Galerie.

3.1.3 Innenraum

Das Innere des Gebäudes stellt sich als fünfschiffige Staffelhalle dar. Das Hauptschiff endet jedoch in der Höhe der inneren Seitenschiffe (Abbildungen 15, 24, 25). Der Raumeindruck wird durch die Konstruktion bestimmt, indem die umlaufenden Galerien, die Unterzüge des Daches und die tragenden Eisensäulen eine Vertikal- und Horizontalgliederung ergeben (Abbildung 108). Gegenüber den Säulen, die sich sehr schlank ausnehmen, überwiegt das horizontale Element mit einem Zug zur Breitenlagerung. Es verleiht dem transparenten Gebäude den Eindruck von Harmonie und Standfestigkeit. Dabei kommt den Gitterträgern der Dachkonstruktion und der Galerien eine besondere Bedeutung zu. Trotz ihrer Transparenz suggerieren sie eine Balkenzone und bilden ein stabilisierendes Gegengewicht zum Längenzug des Hauptschiffes.

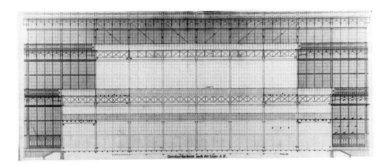

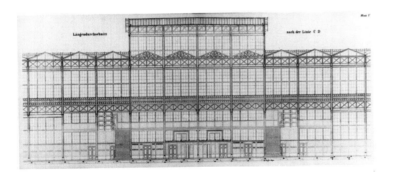

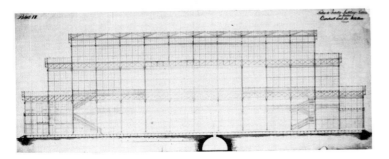

49 Glaspalast, Podium über einer Stiege, welches von der übrigen Gallerie durch die Glaswand a b c d e f getrennt werden soll. Podium des gegen Osten gelegenen Theils des Glaspalastes zu München, welches von dem übrigen westlichen Theil durch eine Glaswand a b c d e f abgetrennt werden soll. Blaue, rote und schwarze Feder, aquarelliert auf Zeichenkarton, 61,2/48,8 cm

50 Glaspalast, Querschnitt durch Mitteltrakt. Schwarze und blaue Feder, farbig aquarelliert, auf Zeichenkarton 38,4/25,1 cm

51 Glaspalast, Querdurchschnitt nach der Linie A B. Aus: »Sechzehn Tafeln zum amtlichen Bericht . . .«, Blatt IV

52 Glaspalast, Längendurchschnitt nach der Linie C D. Aus: »Sechzehn Tafeln zum amtlichen Bericht ...«, Blatt V

53 Glaspalast, Neubau des Industrie-Ausstellungs-Gebäudes zu München. Querschnitt durch den Mittelbau Transept. Blaue, schwarze und braune Feder, farbig aquarelliert, auf Zeichenpapier, 165/68 cm. Oben rechts: Blatt VII

3.1.4 Außenbau

Längsansicht

Bis auf die seitlichen eingeschossigen Annexe ist der Glaspalast zweigeschossig. Lediglich der Mittelteil zeigt ein drittes Geschoß (Abbildungen 23, 55). Das untere Geschoß ist horizontal in drei gleiche Zonen gegliedert, die wiederum durch tragende Stützen und füllende Streben entsprechend der auf auf einem Raster beruhenden Konstruktion in Achsen unterteilt sind. Eine Achse hat folgenden Aufbau (Abbildung 54): Über einem gemauerten Sockel befinden sich drei Horizontalzonen, die durch drei Vertikalstreben in vier Felder unterteilt sind. Die untere Zone ist mit Brettern verschalt und besitzt ein aufgesetztes Ziergitter aus Gußeisen, die beiden oberen Zonen sind verglast. Die abschließende Zone besteht aus einem Gesims, das in seiner Form an die Konsolgesimse mittelalterlicher Steinarchitektur erinnert.[89] Das Konsolfriesmotiv erfährt jedoch eine materialbedingte Reduktion, indem es sich auf die Ausformung der wesentlichen Kraftlinien beschränkt. Das Gesims trägt eine mit einem Geländer versehene Galerie. Fenster- und Gesimszone sind durch mit gußeisernen Platten umschlossene hölzerne Riegel getrennt.[90] Jede Achse schließt mit einem Satteldach ab.

Das zweite Geschoß entspricht im wesentlichen dem ersten. Es fehlt die mit Brettern verkleidete untere Zone. Die acht Giebelfelder im Bereich des überhöhten mittleren Querschiffes sind mit einem ornamentalen Gitter aus Schmiedeeisen ausgefacht (Abbildung 28). Es zeigt ein spiralförmig gewundenes, vielfach ineinander verschlungenes Rankenwerk mit elastisch gebogenen, abstrahierten Lilienblättern. Der bandartige Charakter der Verschlingung weist auf frühgotische Vorbilder, wie sie beispielsweise am Bamberger Dom zu finden sind. In der Ausgewogenheit und Symmetrie der Gesamtanordnung steht das Gitter jedoch unverwechselbar klassizistischen Vorbildern nahe. Das Rankenwerk führt die Kraftlinien des darunter liegenden Fachwerkträgers fort, es dient damit zur Aussteifung der Giebelfelder. Neben seiner ornamentalen Funktion erfüllt es eine statische. Technische und künstlerische Form durchdringen sich.

Das dritte Geschoß über dem Mittelbau ist quergespannt. Gegenüber dem Erdgeschoß ist es um die verbreiterte Sockelzone und um eine Glaszone in der Höhe reduziert. Die umlaufenden, auf die Konsolgesimse gesetzten Dachgitter haben ebenfalls in der Art ihrer Funktion spätmittelalterliche Vorbilder in der Steinarchitektur.

Seitenansicht

Da das Gebäude über einem quadratischen Raster errichtet ist, weisen alle Fassaden die gleichen formalen und konstruktiven Merkmale auf. Die Seitenansicht entspricht bis auf die unterschiedliche Spannrichtung der Bedachung der Längenansicht.

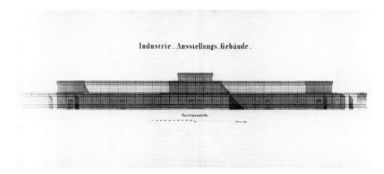

54 Glaspalast, Gartenansicht, von Süden. Aus: »Sechzehn Tafeln zum amtlichen Bericht ...«, Blatt I b

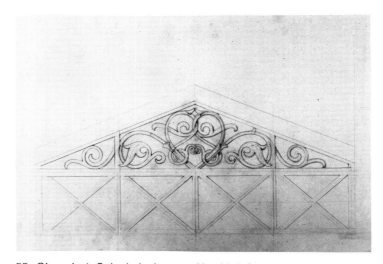

55 Glaspalast, Schmiedeeisernes Abschluß-Gitter der inneren Nord-Süd-Giebelfelder im mittleren Querschiff. Bleistift auf Zeichenpapier, 80,4/53 cm. Oben links: Blatt VIII a

57 Glaspalast, Neubau des Industrie-Ausstellungs-Gebäudes zu München. Plan der Hauptfassade Mittelbau. Schwarze, braune, blaue Feder über Bleistift, farbig aquarelliert, 168,1/66 cm. Oben links: Blatt V

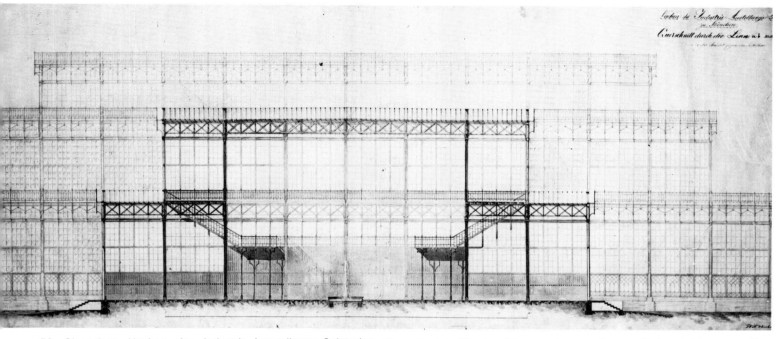

56 Glaspalast, Neubau des Industrie-Ausstellungs-Gebäudes zu München. Querschnitt durch die Linie a b, Blatt II mit der Ansicht gegen den Mittelbau. Unten rechts: Voit Oberbaurath, für Klett & Comp. Ludwig Werder. Blaue, schwarze, braune Feder, farbig aquarelliert, Zeichenpapier auf Leinen aufgezogen. Oben links: Blatt VI

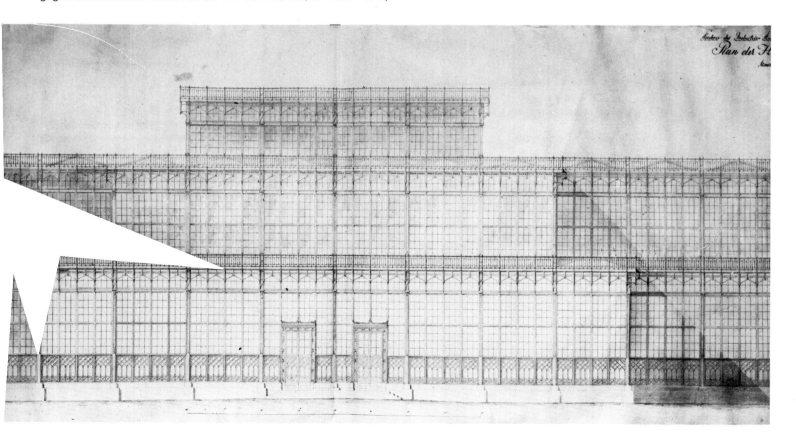

3.2 Ausstattung

3.2.1 Architekturglieder

Stützen der Außenwände

Die quadratischen Pfeiler der Außenwände besitzen auf jeder Seite eine umlaufende Rahmenblende, die unterhalb des Kapitells ein stilisiertes, zu einem Weinblatt umgedeutetes Palmettenmotiv aufweist (Abbildung 58). Das Blattkapitell zeigt eine jonisierende Form, wobei zart angedeutete klassizistische Voluten in einem Blattwerk frühgotischer Manier endigen. Darüber liegt eine mit einem Zierfries versehene Kämpferplatte. Der Fries besteht aus aneinandergereihten, auf die Spitze gestellten Quadraten mit aufgesetzten Kugeln in deren Mitte. Auffallend ist der Kontrast zwischen der starr geometrischen Ornamentik der Kämpferplatte und der freien pflanzlichen Formen der Kapitellzone, die zusammen ein spannungsvolles Erscheinungsbild ergeben. Über einen auf einem Wulst liegenden flachen Pyramidenstumpf wird der Pfeiler fortgeführt.

Säulen des Innenraums

Die Säulen des Innenraumes bestehen aus Achteckstützen mit vier an diagonalen Seiten wie Dienste vorgelegten Halbsäulen. Säulenfuß und Dienste wachsen aus einer attischen Basis mit Eckblättern und sind reich profiliert. Über einem verkröpften Schaftring münden die im Bereich der Kapitellzone degagierten Dienste, die von einem kreisrunden Querschnitt über einen mit Zierknöpfen versehenen achtseitigen in einen quadratischen Querschnitt überführt werden, in ein quadratisches Postament. Auf diesem wird die Säule weitergeführt.[91] Die formale Ausbildung von Basis und Kapitell folgt traditionellen steinmetzgemäßen Vorbildern. Degagierte Dienste treten, vor allem an Portalen, vereinzelt im 13. Jahrhundert, in verfeinerter Form im 14. Jahrhundert auf. Die hier ausgeführte Form der im Bereich der Kapitellzone degagierten Dienste stellt eine zwar historisierende, aber auch sehr originelle materialeigene Erfindung dar. Die aus gotischen Elementen gebildete Oberflächenstruktur der Säulen verdeutlicht ihre Funktion. Die Kapitelle haben jedoch nur eine gliederndekorative Aufgabe, da sie an keiner Stelle ein Gebälk oder ein Gitter tragen. (Auf einigen Übersichtsplänen angegebene volutenförmige Konsolen zwischen Kapitell und Gitterunterseite zur Motivierung der Kapitelle sind übrigens nicht ausgeführt worden). So unterbrechen die Kapitelle den Vertikalzug der Säulen, dienen der Akzentuierung der Geschoßzonen und helfen, den Breitenzug des Gebäudeinnenraumes zu betonen. Die an den inneren Säulen befestigten Tragkonsolen der – unteren – Zwischengalerie sind in ihrer Form mittelalterlichen Kragsteinen nachempfunden (Abbildung 61). Ein profiliertes winkelförmiges Glied wird durch eine auf einem gleichschenkligen Dreieck basierende Form ausgesteift. Die Dreiecksfläche ist durch zwei Kreise und eine Eckaussparung unterbrochen, die äußere Stützlinie folgt stilisierten pflanzlichen Formen.

Türen

Die Zargen der Eingangsportale weisen mehrfach profilierte Rahmenblenden auf, in denen mittig aufgereihte Zierknöpfe sitzen. Die so gebildeten Felder werden durch runde Medaillons von gleichem Profil in bestimmten Abständen rhythmisiert. Ein in der Mitte der Medaillons aufgesetzter rosettenartig stilisierter Blattschmuck verbirgt die zur Befestigung der Zargen dienenden Schraubenbolzen (Abbildung 62). Über dem Türrahmen befindet sich ein Zierfries. In einem Rahmen sind auf der Spitze stehende Quadrate mit aufgesetztem Blattschmuck aneinandergereiht, deren Zwickel mit Knöpfen ausgefüllt sind. Der Fries besitzt ein stark profiliertes Abschlußgesims, das von einem reich ornamentierten Aufsatz bekrönt wird. Dieser besteht aus einem stilisierten Blatt- und Rankengeschlinge, dessen Mitte und Enden durch eine Erhöhung in der Art von Mittel- und Seitenakroterien akzentuiert sind. Die Motive des naturalistisch gehaltenen Pflanzenschmuckes sind der deutschen Fauna entnommen und erinnern an spätmittelalterliche Vorbilder. Es lassen sich Weintrauben und Wiesenblumen unterscheiden.

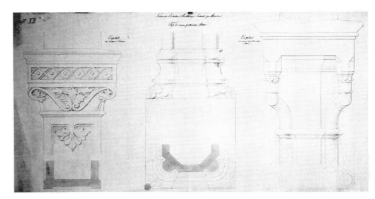

58 Glaspalast, Neubau des Industrie-Ausstellungs-Gebäudes zu München. Capitäl der äußeren Säulen, Guß der inneren freistehenden Säulen. Capitäl der inneren freistehenden Säulen. Ansicht und Schnitt. Feder über Bleistift, aquarelliert, auf Zeichenkarton, 138,1/67,8 cm. Oben links: Blatt XI

61 Glaspalast, Neubau des Industrie-Ausstellungs-Gebäudes zu München. Konsol zur Tragung des Unterzugs aus der Eingangshalle. Unten rechts: Voit. Feder über Bleistift, farbig aquarelliert, auf Zeichenpapier, 63,4/71,5 cm. Oben links: Blatt X c

59 Glaspalast, Neubau des Industrie-Ausstellungs-Gebäudes zu München. Ansicht und Durchschnitt einer Fensterwand des unteren Stockwerkes bis zur zweiten Gallerie sowie der Fundamente und der Rohrleitung. Fußboden der II-ten Gallerie. Ansicht und Durchschnitt eines Giebels des unteren Stockwerkes nach der Linie A B und C D. Fußboden der I-ten Gallerie. Innere Ansicht einer Fensterwand mit der Vorrichtung zum Öffnen und Schließen der Fenster. Vorrichtung zum Auf- und Zumachen der Öffnungen bei E. Feder über Bleistift, farbig aquarelliert, auf Zeichenpapier, 137,5/67,7 cm. Oben links: Blatt X

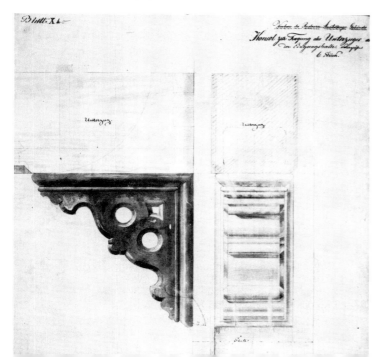

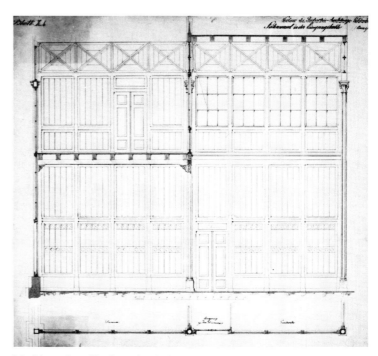

60 Glaspalast, Neubau des Industrie-Ausstellungs-Gebäudes zu München. Seitenwand in der Eingangshalle (links), Grundriß und Ansicht. Feder über Bleistift, farbig aquarelliert, auf Zeichenkarton, 69/66 cm. Oben links: Blatt X b

62 Glaspalast, Holzwand der Königlichen Loge. Eingangsthüre in das Industrie-Ausstellungs-Gebäude. Aus: »Sechzehn Tafeln zum amtlichen Bericht ...«, Blatt X

Das längliche Schlüsselschild wird durch eine umlaufende Rahmenblende und drei Kreise gegliedert. Während der oberste ein Schmuckmotiv zeigt, nimmt der mittlere die Türklinke mit Rosette auf, im unteren befindet sich das Schlüsselloch. Die drei Kreise werden in der Mitte von zwei, und an den Enden von jeweils drei kleineren Kreisen gerahmt, die wahrscheinlich zur Befestigung dienen. Die Zwischenfelder zeigen ein gitterartiges, rautenförmiges Pflanzenmotiv mit in der Mitte aufgesetzten Knöpfen. Der zugehörige Türgriff wächst aus einer von einem Blattornament gekrönten umlaufenden Perlenschnur. Die Achse besteht aus einem mit Kanneluren versehenen in sich gedrehten Achtkant, welcher schwach s-förmig gekrümmt ist. Als Griff dient ein Rundstab mit halbkugeligen Abschlüssen. Diese sind durch eine Hohlkehle mit umlaufenden, aufgesetzten Zierknöpfen akzentuiert. Die zweite Türklinke ist im Bereich des Drehpunktes mit einem Vierpaßmotiv und abschließender umlaufender Perlschnur geschmückt. Der aus einem umlaufenden Blattornament wachsende Griff endet in einer frühgotischen Formen entlehnten Blattschlinge. Sein Buckel weist zur sicheren Handhabung eine Reihe von Zierknöpfen auf. Der Griff durchdringt die Achse und endet in einem blattumkränzten Zapfen. Das zugehörige kreisförmige Schild zeigt eine sternförmig zentrische Verzierung mit umlaufender kordelartiger Rahmung (Abbildung 63). Das Türband endet in einem Knauf, bestehend aus attischer Basis mit aufgesetzter, blattumrankter Spitzkugel.

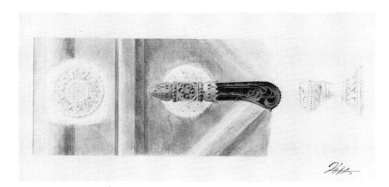

63 Glaspalast, Klinke der Eingangstür in das Industrie-Ausstellungs-Gebäude in Vorder- und Seitenansicht mit Rosette. Unten rechts: Voit. Bleistift, farbig aquarelliert, auf Zeichenpapier, 52/24,5 cm

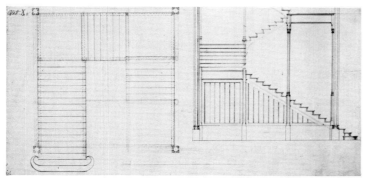

64 Glaspalast, Treppenanlage, Grundriß und Schnitt. Feder über Bleistift, auf Zeichenkarton, 76,2/36,4 cm. Oben links: Blatt X e

65 Glaspalast, Treppenanlage im Grundriß, Ansicht und Schnitt. Feder über Bleistift, farbig aquarelliert, auf Zeichenkarton, 76,4/61,3 cm. Oben links: Blatt X d

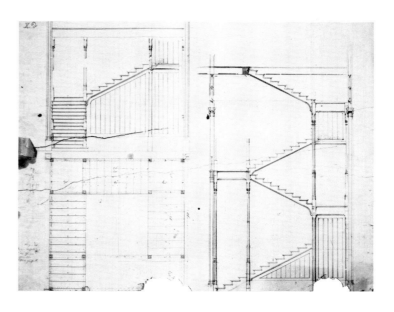

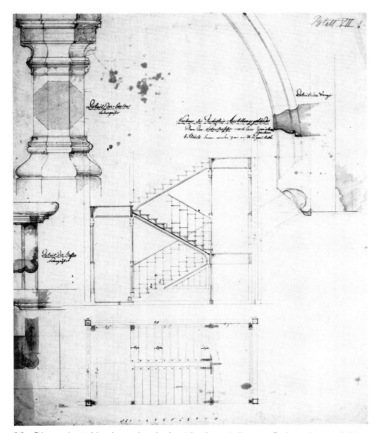

66 Glaspalast, Neubau des Industrie-Ausstellungs-Gebäudes zu München. Plan der Nebentreppe nach dem Zwischengeschoß. Detail der Säulen, Detail der Stufen, Detail der Wange. Grundriß und Ansicht der Treppenanlage. Feder über Bleistift, farbig aquarelliert, auf Zeichenpapier, 65,3/76,2 cm. Oben rechts: Blatt VII b

Königsloge

Die Holzwände der königlichen Loge werden durch pilasterartige Pfeiler über Postamenten mit Basen und korinthisierenden Kapitellen in Schmal- und Breitfelder gegliedert (Abbildung 62). Das Schmalfeld hat eine Sockelzone in Höhe des Postaments mit Rechtecksfeld, die Wandgliederung weist ein hochrechteckiges Schmalfeld auf. Die über die Kapitellzone hinausragende Rahmung wird durch aufgesetzte Knöpfe rhythmisiert. Das Breitfeld zeigt eine ganz ähnliche Gliederung, die Rechteckfläche im Sockel wird jedoch durch je ein quadratisches Feld in der Sockelzone und im oberen Bereich der Tür, zwei daran anschließende kleinere querrechteckige Felder mit Blattschmuck und ein hochrechteckiges Mittelfeld. Die Außenseite der Tür wird durch ineinandergeschachtelte querrechteckige Felder unten und hochrechteckige Felder in zwei Abschnitte gegliedert. Die anschließende Wandfläche wird durch auf fünfseitigen Postamenten stehende Dreiviertelsäulen gegliedert. Sie besitzen eine doppelte Basis mit Knopfschmuck, ein prismenverziertes Mittelteil und ein Blattkapitell. Dessen frühgotische Blattformen bestehen aus stilisierten Lilien- und Akanthusblättern, die Zwischenräume sind durch elastisch gebogenes Blatt- und Rankenwerk ausgefüllt. Die Gesamtform zeigt einen straff gerichteten Höhenzug, der den Vorbildern nicht eigen ist. Die Wandfläche selbst wiederholt die Gliederung der Tür. Die anschließende Wandfläche wird über einer Sockelzone in Basishöhe in Rechteckfelder gegliedert und durch ein eingerahmtes, aneinandergereihtes Vierblattmotiv in deren Mitte aufgelockert. Die Balken über den Dreiviertelsäulen im Eingangsbereich ruhen zusätzlich auf Konsolen, deren Winkelarme durch eine an einen Dreipaß erinnernde geometrische Form ausgefüllt sind. Die Balken haben ein profiliertes Gesims mit einer Bekrönung aus Blatt- und Rankenwerk. Seine Anordnung entspricht antikem Akroterienschmuck mit erhöhtem Mittelakroterion und je zwei Seitenakroterien. Soweit erkennbar, sind die pflanzlichen Formen der deutschen Fauna entlehnt.

Brunnen

Die Brunneneinfassung der zentralen Brunnenanlage ist von quadratischem Grundriß mit zwei flankierenden halbkreisförmigen Ausbuchtungen in der Längsachse des Gebäudes. Sie enthalten Fontainen. In den Ecken des quadratischen Beckens befinden sich jeweils über Eck gestellte Postamente zur Aufnahme von Blumenschalen aus gebranntem Ton (Abbildungen 17, 19, 67). In das Wasserbecken einbeschrieben steht ein weiteres Brunnenbecken mit kreisrundem Grundriß. Der Brunnenrand wird durch acht mit Grotesken und Rankenwerk verzierten Sockeln mit rundem Abschluß gegliedert. Aus den Mündern der Grotesken sprudeln Wasserstrahlen. Die Wände des Beckens sitzen auf einem Sockel und wölben sich schalenartig nach außen. Sie werden von einem schrägen Gesims abgeschlossen, welches als Überlauf dient.

67 Glaspalast, Springbrunnenanlage. Aquarell auf Zeichenpapier, 58,5/51,9 cm

68 Glaspalastbrunnen auf dem Weissenburger Platz in München

69 Glaspalastbrunnen auf dem Orleans-Platz (Foto 1971)

Innerer Aufbau

Im Zentrum des Brunnenbeckens steht ein kreisrunder Aufbau mit vier vorspringenden Postamenten mit Rahmenblenden, auf denen sich vier Säulen mit vier weiteren Brunnenbecken befinden. Die Säulen sind gedreht, sie haben achteckige Postamente und reichverzierte Blattkapitelle. Die Beckenschalen sind mit ornamentalem Flecht- und Blattwerk überzogen. Der sich darüber befindende achteckige Mittelpfeiler trägt vier weitere Becken, die auf Blattkonsolen sitzen und miteinander zu einer Einheit verschmolzen sind. Ähnlich den unteren Becken besitzen sie einen reichen ornamentalen Schmuck. In ihrer Mitte erhebt sich über einem achtseitigen Sockel eine flaschenförmige, mit vegetabilen Formen verzierte Säule mit einem abschließendem Schirm. Aus dessen knaufartiger Bekrönung entspringt eine Fontaine, deren Wasser sich kaskadenartig über die Schalen und Becken ergießt.[92]

Die beiden Nebenbrunnen sind einfach gehalten. Der westliche hat eine Brunneneinfassung von quadratischem Grundriß mit einer halbkreisförmigen Ausbuchtung an jeder Seite. Der östliche Brunnen hat eine kreisrunde Form. Auf zentral angeordneten Sockeln stehende Tierplastiken dienen als Wasserspeier (Abbildungen 18, 20).

3.2.3 Farbgebung

Über die wichtige Frage der farblichen Behandlung gibt es nur wenig Unterlagen. »... Zum Anstrich der Wände wurden solche Farben gewählt, welche keine Beeinträchtigung der Farben der davor zu exponierenden Gegenstände bewirken konnten, perlgrau, mattseegrün, braunroth und zwar abwechselnd, um Monotonie zu vermeiden. Die Querbalken erhielten eine holzbraune Farbe ...«[93] Etwas genauere und differenziertere Auskunft gibt ein späterer Bericht: »... gebilligt wird ferner der Vorschlag, den Anstrich in den gleichen Farbtönen wie früher – dunkelgraugrün für die Eisentheile, dunkelbraun für die Holztheile –, wieder herstellen zu lassen ...«[94] Sie entsprechen außerdem den Voitschen Farbbestimmungen, welche »Naturfarben« bevorzugen. Es werden dabei Farben verwendet, die dem Material nicht nur entsprechen, sondern die zugleich seiner Charakterisierung dienen. Eisen sollte z.B. in den »Metallfarben« blau, silber oder bronze, Holz braun oder beige angestrichen werden. Da die im Zitat genannten Farben zudem mit den farbig lavierten Plänen der Architektur-Sammlung der TU München übereinstimmen, dürften sie authentisch sein.

3.3 Konstruktion

3.3.1 Statisches Gerüst

Das statische System des Münchener Industrie-Ausstellungs-Gebäudes war ein Eisen-Skelettbau, bestehend aus gußeisernen Stützen und gußeisernen Fachwerkträgern, mit auf Zug beanspruchten Gliedern aus Schmiedeeisen. Dem Grundriß lag zur Vereinfachung der Konstruktion ein quadratisches Rastermaß zugrunde, dessen kleinste Maßeinheit 20 bayerische Fuß betrug.[95] Die Einheit von 20 Fuß, so wußte man aus den Erfahrungen der Londoner Ausstellung von 1851, wurde den räumlichen Anforderungen der Ausstellung am besten gerecht, zudem ließ sich diese Entfernung wirtschaftlich, d.h. mit geringem konstruktiven Aufwand überspannen. »... überhaupt schien es am rathsamsten, die Constructionen des Londoner Industrie-Ausstellungs-Gebäudes zum Muster zu nehmen und insbesondere die dabei in Beziehung auf Dimensionen der eisernen Constructionstheile gemachten Erfahrungen zu benützen, wobei jedoch nicht unbedingt nachgebildet werden sollte, sondern vielmehr zur Aufgabe gemacht wurde, Vereinfachungen und Ermäßigungen der Dimensionen möglichst eintreten zu lassen ...«[96] Die Stützen des Gebäudes waren auf Einzelfundamenten gegründet, die aus 11 abgetreppten Backsteinschichten bestanden, eine Gesamthöhe von 3 Fuß = 87,55 cm hatten und deren Sohle 5 Fuß 3 Zoll unter dem Erdniveau lag (Abbildung 21). Auf den insgesamt 298 Einzelfundamenten wurde je ein Säulenfuß aus Gußeisen versetzt und mit Mörtel unterfüllt, um eine möglichst gleichmäßige Druckverteilung zu erreichen. Die Säulenfüße bestanden aus einer rautenförmigen 6 ''' (6 Dezimallinien = 1,75 cm) dicken Platte mit stumpfen Ecken.

Auf dieser Druckplatte erhob sich eine insgesamt 5 Fuß 6 Zoll hohe quadratische (7/10 Zoll) Säule, die an ihrem oberen Ende eine Manschette mit 12 Löchern zur Verschraubung der Stützen aufwies und gegen die Druckplatte mit 4 Rippen verstärkt war. Für den Abfluß des Regenwassers sorgten ein oder zwei aus dem Säulenfuß führende angegossene Rohre (Abbildungen 22, 23). Das anfallende Regenwasser wurde über ein unterirdisches Röhrensystem in drei Wasserreservoirs zusammengefaßt (Abbildungen 11, 12, 14).

Ein Bauwerk aus Stein weist größere Maßtoleranzen auf als ein solches aus Metall. Man hätte in diesem Falle die Steinfundamente sehr genau nivellieren müssen, um die für das Eisenfachwerk benötigten minimalen Höhentoleranzen zu erreichen. Dieses in der Praxis sehr zeitraubende Verfahren wurde durch einen Vorschlag des Werksingenieurs von Cramer-Klett, Ludwig Werder, umgangen (Abbildung 24). Unterhalb der Manschette des Säulenfußes wurde eine aus zwei Teilen bestehende Hülse befestigt. Über diese wurde eine zweite Hülse mit Schrauben und mit Hilfe eines Nivelliergerätes in der Höhe justiert. Das Nivelliergerät wurde nun durch eine von Werder konstruierte, von Hand betätigte Abdrehvorrichtung ersetzt, die die Manschette auf das gewünschte Niveau brachte. Um die Kopfplatte des Säulenfußes durch das Abdrehen nicht unnötig zu schwächen, war diese dicker als notwendig gegossen worden.[97]

3.3.2 Säulen

Auf die versetzten Säulenfüße wurden die aus mehreren Abschnitten bestehenden Säulen montiert.[98] Nach Art der Verwendung sind mehrere Säulenausbildungen zu unterscheiden. Durch die Standardisierung kam man mit zwei Säulenquerschnitten aus. »... Die Säulen der Außenwände, so wie die freistehenden im Inneren des Baues haben viereckige Formen, die ersten ... in ihren Flächen Füllungen und die letzten ... Rundstäbe an den Ecken ...«[99] Die quadratischen Säulen hatten einen Querschnitt von 208 mm und 25 mm Wandstärke mit angegossenen

Eckverstärkungen.[100] Die Innensäulen waren auf einem regelmäßigen Achteck als Querschnitt aufgebaut, dessen Durchmesser 210 mm betrug. An vier diagonal liegenden Seiten waren Rundstäbe wie Dienste vorgelegt.[101] Durch verschiedene Längen der Säulen wurde man den unterschiedlichen Konstruktionshöhen gerecht.
a) Die Säulen der Außenwände hatten quadratischen Querschnitt und waren hohl gegossen. Ihre Kanten waren verstärkt (Abbildung 58). Sie bestanden aus zwei miteinander verschraubten Teilen, der eigentlichen Säule von 26 Fuß 51 Zoll (= 7,737 m) Höhe und einem 6 Fuß (= 1,167 m) hohen Glied, an welchem die Spanngitter befestigt wurden.[102]
b) »... Zur Bildung der Umfassungswand des Hauptschiffes aber stehen auf dem Säulenstuhl zwei Säulen da, ef von 32,51 Fuß Höhe und ein viertes Stück von 6 Fuß Höhe ...«[103]
c) »... Die Wände des Querbaues endlich bestehen aus Säulenstuhl, drei Säulen de, ef, fh und einem 6 Fuß hohen Schafttheil hi ...«[104]

3.3.3 Traggitter

Unterhalb der Dachungen und unterhalb der oberen Galerie waren die im Achsenabstand stehenden Säulen bis auf die Umfassungswände untereinander durch gußeiserne Spanngitter verbunden. Diese bestanden aus einem umlaufenden Rahmen von T-förmigem Querschnitt und waren durch 3 Ständer mit kreuzförmigem Querschnitt in 4 gleichgroße Rechtecke aufgeteilt. Diese wiederum waren durch Diagonalstreben von gleichem Querschnitt ausgesteift. Lediglich die Spanngitter, welche die obere Galerie zu tragen hatten, waren am Obergurt zusätzlich durch fischbauchförmige Rippen verstärkt[105] (Abbildungen 59, 70). Die Spanngitter waren 19,3 Fuß (5,633 m) lang und 4 Fuß hoch (1,167 m). Die am stärksten belasteten Galerietraggitter wogen 830 Pfund, trugen eine Last von 667 Pfund und die Tragkraft wurde mit einem Gewicht von 350 Zentner geprüft.
Im Amtlichen Bericht wird eine Methode der statischen Berechnung angegeben. Die beim Gußeisen auftretenden Druckkräfte (»rückwirkende Kräfte«) sind zwar rechnerisch zu bestimmen, Zugkräfte (»absolute Kräfte«) müssen jedoch immer in der Praxis nachgewiesen werden. Das kristalline Gefüge des Gußeisens kann sehr unterschiedlich ausfallen und ist deshalb durch Berechnung nie genau zu bestimmen. »... Der amtliche Bericht von 1885 gibt nur unvollständige und theilweise unrichtige Berechnungen ...«[106] Auf eine Untersuchung der Berechnungen wird deshalb verzichtet. Im Falle des Glaspalastes wurden alle Gitter zusätzlich auf ihre Widerstandsfähigkeit durch eine von Werder konstruierte Maschine geprüft, welche die in Wirklichkeit vorkommende Belastung durch Hebelwirkung erzeugte (Abbildung 27). Ihre Wirkungsweise wird im Amtlichen Bericht beschrieben: »... Es unterliegt keiner Schwierigkeit, das Gewicht zu bestimmen, welches auf die Wagschale der Vorrichtung gelegt werden muß, um ein angemessenes Übermaß der Belastung über die wirkliche auf das Traggitter wirken zu lassen, und sich dadurch gegen gewöhnliche Zufälle sicher zu stellen. Da sich die Biegung, welche ein Traggitter von den angegebenen Dimensionen und der angenommenen Qualität des Eisens unter jenem Übermaß der Belastung erleidet, im Voraus annähernd berechnen oder auch durch Versuche ermitteln läßt, und nur so groß sein darf, daß das Traggitter nach der Entlastung wieder in seine ursprüngliche Form vollständig zurückkehrt, in so fern das Eisen die vorausgesetzte Beschaffenheit hat, so gibt die bei der Prüfung durch die Vorrichtung beobachtete Biegung eines zu probenden Gitters und sein vollständiges oder unvollständiges Zurückgehen auf die ursprüngliche Form nach erfolgter Entlastung und Aufhebung der Spannung in den Schraubenbolzen, sichere Anhaltspunkte zur Beurtheilung, ob das Eisen des geprobten Traggitters die vorausgesetzte Qualität besitze oder in welchem Sinn und ungefähr auch in welchem Maße es davon abweiche ...«

Die Spanngitter wurden mit den Stützen verschraubt. Angegossene Knaggen an den Stützen sollten die Montage erleichtern (Abbildung 25). Leider sind alle noch vorhandenen Zeichnungen und Quellenangaben in diesem Punkt sehr ungenau und unvollständig. Wären die Spanngitter tatsächlich fest mit den Säulen verbunden gewesen, – als solche Verbindung ist die Verschraubung anzusehen –, hätten biegesteife Rahmen entstehen müssen. Die bei Belastung einwirkenden Biegemomente würden dann mit Sicherheit zum Bruch der Säulen geführt haben. Dieser Fall ist jedoch nicht eingetreten, Bruchschäden in den Säulen entstanden nur in Längsrichtung durch Eisbildung im Inneren. Dazu gibt es zwei Erklärungen: Nach 1900 wurden mehrere Gutachten erstellt, die den Bestand des Gebäudes sichern sollten. Laut Protokoll der Königlichen Obersten Baubehörde vom 9. März 1914[107] kam einer der Gutachter, Geheimer Hofrath Prof. Wilhelm Dietz, zu folgendem Ergebnis: »... Seinem (Dietz) Vorschlage entsprechend seien die Schrauben auch gelöst worden, bei dieser Arbeit habe man aber zufällig das Vorhandensein von Bügeln entdeckt, welche eine weitere Verbindung der Träger mit den Säulen bilden. Die Lösung dieser Bügel erscheine nicht angängig, denn sie seien in den alten Konstruktionsplänen nicht enthalten, aber offenbar gleichzeitig mit der Aufstellung des Glaspalastes angebracht worden. Den Grund hierfür können wir nicht mehr ausfindig machen, sie waren wahrscheinlich bestimmt zur teilweisen Entlastung der Knaggen, auf denen die Hauptbinder ruhen; es können aber auch noch andere Gründe für ihre Anbringung maßgebend gewesen sein. Ihre Lösung sei aber auch aus dem oben angegebenen Grunde nicht unbedingt geboten, – im übrigen aber hätten die Bügel, dank dem genialen technischen Gefühle, das alle Arbeiten des Konstrukteurs des Glaspalastes, des Ingenieurs Werder auszeichnet, eine äußerst günstige Form erhalten, sodaß man zwar nicht einen vollständigen Zweigelenkbinder, aber ein Mittelding erhalten habe, ähnlich wie bei einem eingemauerten Träger. Im übrigen sei zu berücksichtigen, daß die Konstruktion des Glaspalastes statisch vielfach unbestimmt ist, was für ihre Berechnung sehr erschwerend, für die Standsicherheit des Gebäudes aber von großem Vorteil sei, denn der Baustoff kann bei solchen Konstruktionen die günstigsten Eigenschaften gewissermaßen automatisch entwickeln, wie schon Culman seinerzeit ausdrückt habe ...«[108] ... Auch ohne Lösung der Bügel könne sich der Binder bei seiner geringen Höhe elastisch durchbiegen; einer Durchbiegung von 15 mm im Trägermittel entspreche an den Einspannstellen eine Abrückung von nur 0,7–0,8 mm, und diese werde bei der günstigen Form der Bügel keineswegs behindert. Der angestrebte Erfolg sei also durch die bisher getroffenen Maßnahmen vollauf erreicht worden. Es sei einfach ein Rahmenbinder geschaffen worden ...«

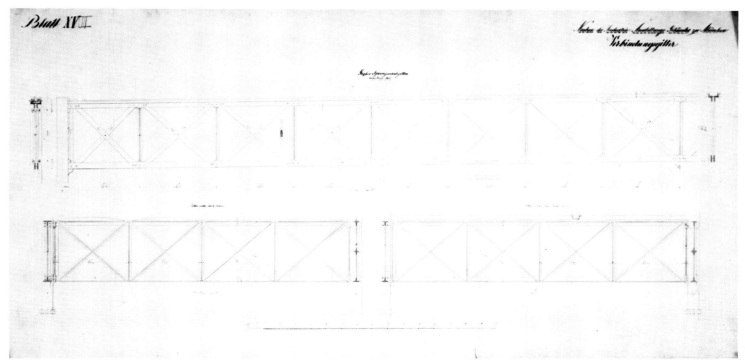

70 Glaspalast, Neubau des Industrie-Ausstellungs-Gebäudes zu München. Verbindungsgitter, Großes Sprengwerksgitter, Gitter unter der II-ten Gallerie, Gitter unter den Dachungen. Feder über Bleistift, aquarelliert, auf Zeichenkarton, 137,6/67,7 cm. Oben rechts: Blatt XVIII

Zeichnungen zu den erwähnten Bügeln waren leider nicht aufzufinden, sodaß man über ihre Form keine Aussage machen kann.

Ein weiterer Grund für die Standfestigkeit des Gebäudes ist in der Qualität des verwendeten Gußeisens zu suchen. Verwendung von Holzkohle und ein ausgesuchtes Mischverhältnis (Gattierung) der Zuschlagstoffe beim Verhüttungsprozeß mögen ein sehr gleichmäßig strukturiertes und hochwertiges Metall ergeben haben. Dies besagt jedenfalls das Prüfungszeugnis des mech.-techn. Laboratoriums der Technischen Hochschule München vom 7. Juni 1912, wobei ein Druckstab eines Sprenggitters untersucht wurde.[109] »... Das Ergebnis der angestellten Probeversuche bestätigt demnach, daß tatsächlich am Glaspalast Gußeisen von vorzüglicher Beschaffenheit verwendet wurde ...« »... Nach demselben hat sich eine wesentlich höhere Festigkeit für das Gußeisen ergeben, als von Herrn Professor Dietz in seinem Gutachten angenommen wurde ...« Und weiter in einem Bericht der MAN an das Münchener Landbauamt vom 22. Mai 1912 über die Untersuchung von Ecksäulen: »... Abrostungen oder Abblättern nach Entfernen der dünnen erdigen Schicht nicht zu konstatieren ...« »... Jede Säule sitzt sehr gut untergossen auf 2 Steinplatten, die wiederum auf gut abgebundenen, tadellos erhaltenem Ziegelmauerwerk lagern ...«

Die im Abstand von 80 Fuß stehenden Säulen des Hauptschiffes und des Mittelschiffes wurden durch 79,27 Fuß (= 23,135 m) lange und 4,28 Fuß (= 1,25 m) hohe zur Entwässerung in der Mitte um 0,6 Fuß (= 0,175 m) überhöhte Sprengwerke überspannt (Abbildung 70). »... Zwischen den zwei untern 40 ''' hohen, 5 ''' dicken schmiedeeisernen Längenschienen ... und den obern zwei Winkelschienen ... welche nach ihrer Länge aus drei Stücken, wie Blatt VIII.6 (des Atlasbandes) darstellt, mit vernieteten Bolzen zusammengesetzt sind, stehen vertikal in jedem Traggitter 17 gußeiserne Verbindungstheile ..., welche Verstärkungsnerven haben, und mit ersten durch Nietnägel befestigt sind, sodann 16 Kreuze, von welchem die stärker angegriffenen Theile aus zwei schmiedeeisernen 3,0 ''' hohen und je nach dem ihnen zukommenden Angriff verschieden (1,3/4–2,1/3 '') starke Schienen ... bestehen, sie umgreifen 3,0 ''' hohe 8½ ''' dicke Streben von Eichenholz ... welche den zweiten Theil der Kreuze bilden und mit jenen in Mitte des Kreuzes durch Bolzen verbunden, ingleichen unten mit den Längenschienen und oben mit den Winkelschienen befestigt sind. Diese Sprengwerke haben ein Eigengewicht von 50 Zentner und eine Last von 290 Zentner zu tragen, und wurden zur Prüfung ihrer Tragfähigkeit mit einem auf die ganze Länge vertheilten Gewichte beschwert, wobei sie sich um 19½ Dezimal Linien einsenkten, nach der Entlastung jedoch bis auf 1½ Dezimal Linien wieder aufstiegen (Abbildung 25). Mit dem die Kreuze des Sprengwerkes umschließenden Winkelschienen ..., deren einspringende Winkel nach unten gerichtet sind, wurden andere ..., deren einspringende Winkel nach oben gekehrt sind, vernietet, und auf diese Weise die Dachrinnen gebildet, welche durch die Steigung der Sprengwerke bis zu ihren Mitten um 6 Zoll das nöthige Gefäll erhielten. Die sämtlichen schmiedeeisernen Schienen dieser Sprengwerke wurden aus der Fabrik Borsig in Berlin bezogen ...«[110] (Abbildung 59).

Ein Teil der Umfassungswand des Querbaues ruhte unmittelbar auf Sprengwerken des Mittelschiffes. »... Die Theile ... der Umfassungswand der obersten Abstufung des Querbaues ..., welche über den Sprengwerken ... des Mittelschiffes stehen, könnten ihrer Schwere halber von diesen Sprengwerken, welche nur eine Tragkraft von 240 Zentnern besitzen, nicht allein getragen werden, da jeder dieser Theile mit einem Gewichte von 1400 Zentnern drückt, wobei das Gewicht der Wand, der Dachungen und der Druck des darauf liegenden Schnees in Anschlag gebracht ist. Aus diesem Grund müssen 1400 – 240 = 1160 Zentner auf anderweitige Art getragen werden (Abbildung 71). ... am Münchener Gebäude ... wurden die Theile der Umfassungswände über den Sprengwerken so konstruiert, daß sie selbst Howe'sche Träger bilden, indem die mittleren Säulen der Wände und je 3 zu beiden Seiten durch doppelte, in diagonaler Richtung angewendete Zugbänder ..., welche die Säulen umfassen, und unten und oben mit demselben überplattet und verschraubt sind, in Verbindung stehen...«[111] Mit Hilfe einer einfachen, von Werder konstruierten Vorrichtung wurden die Zugbänder vorgespannt, um ein Durchhängen der Konstruktion bei Belastung zu vermeiden (Abbildung 26).

3.3.4 Windverband

Das Problem der Windsteifigkeit des Eisenskelettes suchte man auf folgende Weise zu lösen: »... Einer nachtheiligen Wirkung der Stürme auf die vertikalen Wände wird durch den innigen Zusammenhang der Säulen untereinander, welchen die Spanngitter gewähren, begegnet ...« »... Um eine Verschiebung des Baues durch Windstürme zu verhüten, sind die Säulen des Londoner Glaspalastes nach der Länge des Gebäudes unter sich durch vertikal sich durchkreuzende Eisenstangen verbunden. Da solche Kreuze jedoch nicht nur ein widerliches Ansehen geben, sondern auch störend sind für die Übersichtlichkeit des inneren Raumes und der ausgestellten Gegenstände, und zudem ein Schub nach der Länge des Gebäudes nicht so leicht eintreten kann, als nach der Tiefe desselben, so wurde die Herstellung dieser Verbindung am Münchener Gebäude, in welchem nach dieser Richtung die Verbindung der Säulen durch die Spanngitter vermittelt ist, unterlassen, dagegen aber wurden durch horizontale Diagonaldrähte von 0,046 Quadratzoll Decimal-Querschnitt die Säulen und Sprengwerke des Mittelschiffes zusammen verbunden, wodurch der Schub nach der Tiefe des Gebäudes von der Süd-Westseite aufgehoben wird ...«[112] Sämtliche Dachungen und Galerien waren auf der Unterseite verspannt.[113] Beide Vorkehrungen, Verbindung der Säulen mit den Spanngittern, Verspannung mit Diagonaldrähten erwiesen sich in der Praxis hinreichend für die Standfestigkeit des Gebäudes. Hinzu kommt, daß das statische System des Gebäudes vielfach statisch unbestimmt war, d.h. das Bauwerk suchte von selbst bei Kräfteangriffen, wozu auch die Belastung durch Winde gehört, seine statisch günstigste Form, um das Kräftegleichgewicht zu erhalten.

3.3.5 Überdachung

Das gesamte Gebäude wies eine einheitliche Bedachung auf, wobei man auf das »ridge and furrow«-System Joseph Paxtons zurückgriff, da dieses sich bereits beim Londoner Crystal-Palace bewährt hatte.[114] Das System abwechselnd steigend und fallend geneigter Dachflächen war ursprünglich für Gewächshäuser entwickelt worden. Es sollte den Einfallswinkel der Sonnenstrahlen so günstig wie möglich ausnutzen. Zusätzlich konnte durch diese Form anfallendes Regenwasser schnell und problemlos abgeleitet werden. »... Die Dachungen des Münchener Gebäudes wurden zur Vermeidung schwieriger und kostspieliger Construktionen möglichst nieder und zur Erzielung der schnellen Herstellung gleich hoch und breit über das ganze Gebäude hergestellt ...«[115]

Die aus mehreren Winkelprofilen zusammengesetzten Obergurte der 80 Fuß langen Sprenggitter dienten zugleich der Aussteifung. Da man in der Eile für die Dacheindeckung kein abgelagertes Holz verwendet hatte, gab es in der Folgezeit Beanstandungen, weil die Konstruktion nicht regendicht war. Grelle Sonneneinstrahlung sollte durch hellen Ölfarbenanstrich auf der Unterseite der Glastafeln gemildert werden, zum Schutz gegen Hagelschlag dienten Gitter aus verzinktem Eisendraht, die über den Glastafeln befestigt wurden.[116]

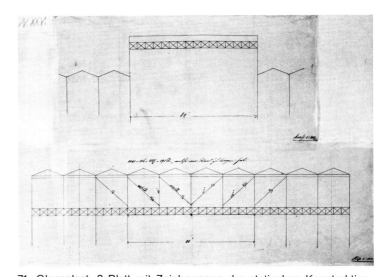

71 Glaspalast, 2 Blatt mit Zeichnungen der statischen Konstruktion. Hauptträger im Mittelschiff, Howe-Träger im Transept. Feder auf Transparentpapier, auf graues Zeichenpapier geklebt, 48,5/26 cm und 67,8/23,7 cm. Oben links: N. XXV

72 »Bahnhof in München« (1849) zeitgenössischer Stahlstich

73 »Eisenbahnhalle in München«. Innenansicht um 1850. Zeitgenössischer Stahlstich von J. Riegel nach einem Aquarell von Rudolf Gottgetreu.

Stellung des Glaspalastes in der zeitgenössischen Architektur

1 Situation der Ingenieurbaukunst in Bayern vor dem Bau des Glaspalastes

1.1 Vorgängerbauten

Auf Grund seiner gesellschaftlichen und wirtschaftlichen Struktur nahm Bayern verhältnismäßig spät an der industriellen und technischen Entwicklung teil. Eisen wurde zwar hin und wieder zur Armierung von Steinbauten verwendet, kam jedoch als reine ingenieurmäßige Konstruktion sehr spät in Anwendung. In der Anfangszeit förderte der Glaube an eine feuersichere Konstruktion die Verwendung von Gußeisen. Aus diesem Grund wurde Eisen zum erstenmal in Bayern in größerer Menge beim Wiederaufbau des von Karl von Fischer erbauten, durch Feuer zerstörten Nationaltheaters verwendet. »... Der Brand des Nationaltheaters in München 1823 wies nachdrücklich auf feuersichere Konstruktion hin. Leo von Klenze, mit dem Wiederaufbau betraut, hielt zwar angesichts der vielen brennbaren Stoffe einen eisernen Dachstuhl für sinnlos. Aber er verwendete über dem Musiksaal eine massive Decke nach dem System der Pariser Roste und trennte die hölzerne Dachkonstruktion des Zuschauerraumes von der der Bühne durch das Höherführen der Proszeniumswand. Für die Überbrückung der 12 m breiten Bühnenöffnung wurde allerdings im Zusammenhang mit gemauerten Bögen, ein fachwerkartiger Flachstabunterzug verwendet ...«[117]

Die industrielle Revolution wirkte sich fördernd auf den Handel und das damit zusammenhängende Verkehrsaufkommen aus. Neue Bauformen wurden erforderlich. Brücken, das Eisenbahnwesen mit seinen Bahnhofshallen, Markthallen und Ausstellungsgebäude waren Bauaufgaben, die durch die Grundlagen einer neuen Bautechnik und das neue Baumaterial gefördert wurden. Eine beliebte, gesellschaftlich orientierte Gebäudeart waren die aus den Gewächshäusern sich entwickelnden Wintergärten.

1.1.1 Der erste Münchener Hauptbahnhof

Eines der ersten Bauwerke dieser Reihe war die Einsteighalle des Münchener Hauptbahnhofes (1847–1849), erbaut von Friedrich Bürklein (Abbildung 72). Die Einsteighalle besaß ein halbtonnenförmiges Gewölbe mit einer Spannweite von 29 Metern und einer Scheitelhöhe von 20 Metern. Die einzelnen Bogenbinder bestanden aus langen, flach aufeinandergelegten, vermutlich mit eisernen Klammern verdübelten Brettern, die segmentförmig zugeschnitten waren.[118]

Vorläufer dieser Konstruktion wurden bereits in Frankreich im 16. Jahrhundert von dem Architekten Philibert Delorme (1510–1570) ausgeführt, der Bogendächer von 20 Metern Spannweite aus kurzen hochkant stehenden zimmermannsmäßig verbundenen Holzbohlen errichtete. Zwar ist keine dieser Konstruktionen mehr erhalten. In seinen Schriften findet sich jedoch ein Entwurf für eine Basilika, die mit einem hölzernen Bogendach von fast 49 Metern Spannweite überdeckt werden sollte.[119] Die verbesserte Konstruktion, wie sie auch von Bürklein angewandt wurde, benutzte man bis in die Mitte des vorigen Jahrhunderts. Sie wurde aber bald durch Gußeisenkonstruktionen ersetzt. Findet man bei dieser Ingenieurkonstruktion noch vorwiegend Holz als Konstruktionselement, zeigen die nächst folgenden größeren Bauten in München bereits eine weitgehende Verwendung von Gußeisen.

1.1.2 Maximiliansgetreidehalle

Markthallen in Eisenkonstruktion wurden in der ersten Hälfte des 19. Jahrhunderts in Deutschland verhältnismäßig selten gebaut. Die Maximiliansgetreidehalle in München, 1851–1853, entworfen von Stadtbaurat C. Muffat, ist ein frühes Beispiel dieser Art.[120] Das 430,50 Meter lange Gebäude bestand aus einem Mittelbau und zwei Kopfbauten aus Stein. Dazwischen erstreckten sich zwei je 562 Fuß (164 m) lange offene Eisenhallen von basilikalem Querschnitt. Das Hauptschiff hatte eine Breite von 41,66 Fuß (12,16 m), jedes Nebenschiff 20,63 Fuß (6,08 m). Der Abstand der Achsen betrug 33 Fuß (9,63 m). Die Binder über dem Mittelschiff waren Dreieckfachwerke. Sie wurden durch drei Hängesäulen in vier Felder unterteilt, die Mittelfelder steiften zwei steigende Diagonalen aus.[121] Die stärkeren Obergurte waren aus Gußeisen, die dünnen, auf Zug beanspruchten Glieder bestanden aus Schmiedeeisen (Abbildung 76). Die beiden äußeren Hängesäulen sind entsprechend dem Kräfteverlauf als Druckstäbe ausgebildet. In der Literatur irrtümlich als Nachfolger der Madeleine-Markthalle (Paris 1824) ausgewiesen, wird hier – wohl zum ersten Mal im süddeutschen Raum – der Polonceau–Träger realisiert.[122] Dies zeigen vor allem die noch vorhandenen Überreste der Halle, die z.Zt. den Stadtwerken München an der Dachauer Straße als Lagerhalle dienen. Aber auch frühe Holzkonstruktionen nutzten das Prinzip, Druck- und Zugstangen entsprechend den statischen Anforderungen verschieden stark auszubilden. Über den Polonceaubinder führten sie zu den fortgeschrittenen Konstruktionen des eisernen Fachwerks. Die

74 »Neue Schrannenhalle in München«. Innenansicht. Zeitgenössischer Stahlstich aus der Kunstanstalt des bibliographischen Instituts in Hildburghausen

Längsachse konnte in München mit 9,63 Metern verhältnismäßig groß gewählt werden, weil die zugleich als Längsträger dienenden Fensterbänder als Fachwerk ausgebildet wurden. Diagonalverstrebungen zwischen den senkrechten Fensterpfosten und unter den Pultdächern der Seitenschiffe sorgten für entsprechende Aussteifung gegen Winddruck. Das Dach hatte eine Blecheindeckung, die Fensterbänder waren verglast. Ausgeführt wurde der Bau durch die »Fabrik Cramer-Klett in Nürnberg«. Der Maschinenmeister hatte am Gelingen wesentlichen Anteil durch den Einsatz der von ihm konstruierten Materialprüfvorrichtungen, ferner durch »... Konstruierung eigener Maschinen für Anfertigung der Dachbleche und Zusammennieten der einzelnen Flächen, ferner durch Legung von Schienenwagen für die eigens konstruierten Krahne und Konstruktionswägen ...«[123]

75 Schrannenhalle, Zustand um 1980

76 Schrannenhalle, Detail, um 1980

77 München, Residenz. Wintergarten König Max II. Innenansicht. Fotografie von Joseph Albert um 1860

78 Die Eisenbahnbrücke über die Isar bei Grosshesselohe von Pauli. Getuschte Federzeichnung. Signatur: Carl August Lebschée, 29. November 1860

1.1.3 Wintergarten Maximilian II.

Etwa zu gleichen Zeit wurde der Wintergarten Maximilian II. gebaut. Er befand sich an der Südostecke der Residenz und grenzte an das Königliche Hoftheater (Abbildung 4). Die aufwendige Planung begann durch Franz Jakob Kreuter (1813–1889) im Jahre 1851. Nachdem er München 1852 verlassen hatte, übernahm Voit den Endausbau, der sich bis 1854 hinzog. Bauausführende Firma war wiederum das Unternehmen Cramer-Klett mit dem Ingenieur Ludwig Werder. Auf einem massiven Erdgeschoß mit vorgesetzten Arkaden erhob sich der aus Eisen und Glas bestehende dreischiffige Wintergarten. Die beiden Nebenschiffe maßen je etwa 5,50 m, das Mittelschiff hatte eine Spannweite von etwa 48 Fuß (14,0 m), die mit Hilfe von Polonceau-Bindern überdeckt wurde[124] (Abbildung 77). Die Außenwände waren schmucklos verglast.

1.1.4 Die Großhesseloher Eisenbahnbrücke von F.A. von Pauli

Die Planung der Großhesseloher Eisenbahnbrücke begann 1850. Sie bestand aus zwei gemauerten Widerlagern und drei Mauerpfeilern, welche die Isar bei Niederwasser um 30 Meter überragten.[125] Der Abstand der drei mittleren Pfeiler voneinander betrug 185 Fuß (53,992 m), der Abstand der Pfeiler von den Widerlagern je 97,25 Fuß (28,382 m). Nach deren Fertigstellung 1855 ruhte der Bau zwei Jahre lang. 1857 schloß man mit Cramer-Klett einen Vertrag über die Lieferung und Montage der Eisenkonstruktion. Unter der Leitung Werders wurde die Brücke im Oktober des gleichen Jahres vollendet (Abbildung 78).

Hierbei wurde eine von Pauli angeregte Sonderform des eisernen Fachwerkes verwendet, der sogenannte Fischbauchträger. Fachwerkträger sind eine zimmermannsmäßige Konstruktion und spätestens seit Palladio auch publiziert. Die Übertragung des Prinzips in Eisenkonstruktion hat den Nachteil eines ziemlich großen Materialaufwandes, da die Belastung der Druck- und Zugstäbe von den Auflagern zur Mitte des Systems stetig zunimmt. Paulis Konstruktion umgeht das Problem, indem er einen aus dem gespreizten Balken hervorgegangenen – 1834 von Laves publizierten – Vorschlag aufgreift. Zwei gekrümmte, miteinander verspannte Balken werden von ihm in ein exakt berechnetes System gebracht.[126] Es »... bilden in jeder Durchflußöffnung vier aus bogenförmigen Eisenrippen zusammengesetzte Träger den Hauptbestandtheil der Konstruktion, indem auf demselben die ganze Fahrbahn ruht. Die Form dieser Träger besteht sonach aus zwei in entgegengesetzter Richtung zusammengefügten Segmentbogen und gewahrt den großen Vorteil, daß hierdurch bei gleichem Querschnitt an allen Stellen eines Bogens ein Körper von gleichem Widerstand gebildet wird, was bekanntlich bei den Gitterbrücken nicht der Fall ist. Diese Träger sind zwischen den oberen und unteren Rippen durch senkrechte Ständer und diagonale Zugbinder ausgesteift und auf gleiche Weise sowohl unter sich als auch mit der daraufruhenden Fahrbahn so verbunden, daß sämtliche Teile der Konstruktion im kontinuierlichen Zusammenhang untereinander stehen ...«[127] Zwar erfolgte die Fertigstellung der Brücke erst nach dem Bau des Glaspalastes, die Planung dürfte jedoch schon viel früher begonnen haben. Zudem ist anzunehmen, daß Voit, dessen unmittelbarer Vorgesetzter Pauli war, die Voruntersuchungen bekannt waren.[128]

1.2 Frage nach den Vorbildern in München

Konstruktion
Bauaufgabe

Bayern nahm erst verhältnismäßig spät an der industriellen und wirtschaftlichen Entwicklung des 19. Jahrhunderts teil. Der Bau des Industrie-Ausstellungsgebäudes von 1854 bedeutete den Schritt in ein absolutes »Neuland«. Man konnte lediglich auf die theoretischen Erfahrungen des Londoner Vorbildes, des Crystal Palace von 1851 zurückgreifen. Neue Bauaufgaben wie die Maximiliansgetreidehalle und der Wintergarten König Max II. schufen die Grundlagen für Kenntnisse im Bau mit dem neuen Werkstoff. Erfahrungen, die Voit in der Zusammenarbeit mit dem Unternehmen Cramer-Klett und besonders dessen leitendem Ingenieur Ludwig Werder sammelte, ermöglichten erst die Durchführung eines für die damalige Zeit so gewaltigen Unternehmens, wie es der Bau des Industrie-Ausstellungs-Gebäudes darstellte. Eine weitere Voraussetzung war die verfeinerte Kenntnis der Technologie in der Rohstoffherstellung und der theoretischen Beherrschung der Eisenkonstruktionen.

79 Anwachsen der Dimensionen

SCHRANNENHALLE
1852

WINTERGARTEN
KÖNIG MAX II.
1853

GLASPALAST
SPRENGWERK
1854

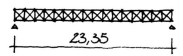

EISENBAHNBRÜCKE PAULIS
1857

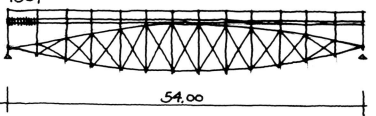

1.3 Bedeutung des Glaspalastes in der bayerischen Architekturgeschichte des 19. Jahrhunderts

1.3.1 Konstruktion

1.3.1.1 Anwachsen der Dimensionen

Bezeichnenderweise verwendete Bürklein beim Bau der Einsteighalle des Münchener Hauptbahnhofes, einer früheren ingenieurmäßigen Konstruktion im süddeutschen Raum, für die Überwölbung einer Halle kein Eisen. Die Bogenbinder von über 29 m Spannweite bestanden aus einer Holzkonstruktion. Der Grund hierfür mag in der wirtschaftlichen Struktur Bayerns zu suchen sein. Es gab bis dahin wenig eisenverarbeitende Betriebe entsprechender Größenordnung. Man hatte zudem zu wenig Erfahrungen mit Eisenkonstruktionen und hätte die Bauausführung ausländischen Unternehmen anvertrauen müssen.
Jedoch nach 1850 wandelte sich das Bild. In der zunächst nur auf den Eisenbahnbau spezialisierten Fabrik Cramer-Kletts wuchs ein Unternehmen heran, welches sich rasch in die an sie gestellten ingenieurmäßigen Bauaufgaben hineinfand. Die ersten Bauten mit Eisenkonstruktionen, Maximiliansgetreidehalle und Wintergarten Maximilian II. wiesen noch die vergleichsweise bescheidene Spannweite von 12,16 m bzw. 14,0 m auf. Aber erste Erfahrungen wurden dabei gewonnen. Mit der Vervollkommnung der Berechnungsmethoden für Fachwerkträger wurden 1854 bereits 23,35 m beim Bau des Glaspalastes überspannt. Rasch erfolgte nun ein Anwachsen der Dimensionen. Der Fischbauchträger Paulis hatte bereits die beträchtliche Länge von 54,0 m. Diese spezielle Fachwerkkonstruktion ist jedoch wegen ihrer beidseitig gewölbten Form schlecht beim Hallenbau verwendbar. Sie fand deshalb hauptsächlich Anwendung bei Brückenkonstruktionen (Abbildung 79). In der Folgezeit wurde das Material bis zur Grenze seiner Belastbarkeit ausgenutzt. Diese Grenze wuchs jedoch mit der zunehmenden Verbesserung der Technologie der Metallgewinnung.

1.3.1.2 Rationalisierung der Konstruktion

Carl Culman hatte 1851 die Methode, ebene Fachwerkträger grafisch zu bestimmen, so weit vervollkommnet, daß die einzelnen Stäbe eines Fachwerkes annähernd berechnet und dimensioniert werden konnten. Erstmals in der Baugeschichte war es möglich, Teile einer Konstruktion rechnerisch so fest wie nötig, aber so dünn wie möglich, d.h. mit dem geringsten Materialaufwand zu planen. Ein Unsicherheitsfaktor war und blieb jedoch bis zur Jahrhundertwende die mangelnde Technologie, ein homogenes, stets gleichwertiges Eisen herzustellen. Probebelastungen und Prüfmaschinen, wie die von Werder benutzte, mußten letzten Endes entscheiden über die Zuverlässigkeit der Konstruktion. »... Die Theile ... der Umfassungswand der obersten Abstufung des Querbaues ... (des Industrie-Ausstellungs-Gebäudes), welche über den Sprengwerken ... des Mittelschiffes stehen, könnten ihrer Schwere halber von diesen Sprengwerken ... nicht allein getragen werden ...« »... am Münchener Gebäude ... wurden die Theile der Umfassungswände über den Sprengwerken so konstruiert, daß sie selbst Howe'sche Träger bilden, indem die mittleren Säulen der Wände und je drei ... zu beiden Seiten durch doppelte, ... in diagonaler Richtung angewendete Zugbinder ... in Verbindung stehen ...«[129] Die gewichtssparende Konstruktion wurde möglich, weil man die Zugfestigkeit des Eisens auszunutzen verstand. »... Das Eisen hat ... die dritte bislang ungenutzte statische Kraft, die Zugfestigkeit in die Baukunst eingeführt ... Wie effektiv das auf Zug beanspruchte Eisen eingesetzt werden konnte, zeigte aber schon das 19. Jahrhundert in Gewölbezugbändern, die massige Strebepfeiler überflüssig machten ...«[130] Die Zugfestigkeit war die neu erkannte materialgemäße Eigenschaft des Eisens. Sie erreichte in Hängewerken, Hängebrücken und Netzwerken ihre höchste Ausnutzung und Vollendung.[131]

1.3.1.3 Ökonomie des Materialeinsatzes

Beim Glaspalast waren die Verstärkungen des Obergurtes der großen Spanngitter zugleich als Dachrinnen ausgebildet. Die hohl gegossenen Säulen dienten als Rohre zum Abfluß des Regenwassers. In der traditionellen Baukunst hatte jedes einzelne Bauglied seine bestimmte Aufgabe zu erfüllen. Dachrinnen besaßen keine tragende Funktion, Säulen konnten nicht das Regenwasser ableiten. In der neuen Bauweise kann ein einzelnes Bauglied sehr gut mehrere Aufgaben übernehmen. Die Verknüpfung traditioneller Bauglieder mit verschiedenen Funktionen zu einem einzigen Neuen, ebenfalls alle diese Funktionen erfüllenden, kommt hier zum Ausdruck. Die Folge ist geringerer Material- und Arbeitsaufwand, also eine ökonomischere Bauweise. Deutlicher noch zeigt sich die durch die Eisenkonstruktionen bewirkte Minderung der Masse, wenn man die Gewichte einiger Spannwerke, bezogen auf den Quadratmeter, miteinander vergleicht. Zum Vergleich werden zunächst einige Konstruktionen in Stein angeführt. Die Kuppel des Pantheons in Rom wiegt etwa 7000 kg/Quadratmeter. Gotische Gewölbekonstruktionen kommen bereits mit 500 kg/Quadratmeter aus. Moderne Stahlbetonschalen haben ein Gewicht von etwa 150 bis 200 kg/Quadratmeter.[132] Das entsprechende Gewicht eines Sprengwerkgitters des Münchener Industrie-Ausstellungs-Gebäudes berechnet sich folgendermaßen:

Gewicht des Gitters	50 Zentner
Gewicht des darauf ruhenden Glasdaches, der Dachrinnen, des Schnees	280 Zentner
Gewicht der anderweitig zufälligen Belastung	10 Zentner
Gesamtgewicht	340 Zentner

Hierzu muß der mit 224 Zentnern angenommene Schneedruck abgerechnet werden, damit beträgt das Gewicht der Konstruktion 116 Zentner oder 5800 kg.[133] Die Einzugsfläche eines Gitters beträgt 80 Fuß mal 20 Fuß, umgerechnet 136,30 Quadratmeter. Damit ergibt sich ein vergleichbares Maß von 42,55 kg/Quadratmeter. Schädlich vergleicht einige weitere Eisenkonstruktionen und kommt zu dem Ergebnis »... Gewichte um 50 kg/Quadratmeter waren sicher selten. Die Mehrzahl dürfte zwischen 100 und 150 kg/Quadratmeter gelegen haben ...« Zwei Dinge werden aus diesen Vergleichen sichtbar. Der Glaspalast liegt an der äußersten Grenze der damaligen Konstruktionsmöglichkeiten, die Eigenschaften des Materials waren restlos ausgenutzt. Im Vergleich zu den Steinbauten ist die Materialersparnis imponierend genug.[134] »Das Leichterwerden der Konstruktion kündigte neue statische Probleme an. Die Stabilität gegen Wind, früher wegen der großen Massen in den meisten Fällen automatisch gegeben oder leicht erreichbar, erforderte nun besondere Maßnahmen. Das 19. Jahrhundert kam eben erst mit dieser Frage in Berührung, bleibt aber skeptisch.«[135] Beim Glaspalast behalf man sich auf folgende Weise: »... (Es) wurden durch horizontale Diagonaldrähte von 0,049 Quadratzoll Decimal-Querschnitt die Säulen und Sprengwerke des Mittelschiffes zusammen verbunden, wodurch der (Wind-) Schutz nach der Tiefe des Gebäudes von der Süd-West-Seite aufgehoben wird ...«[136] Auf diese Art wurde mit äußerst geringem Materialaufwand das Problem der Windaussteifung beim Münchener Ausstellungs-Gebäude gelöst.

1.3.1.4 Neue Konstruktionsformen

Hervorstechende Eigenschaft der neuen Bauweise ist die Leichtigkeit und Transparenz der Konstruktion. Sie wird hervorgerufen durch die Wahl des Baumaterials und der Baumethode. Die Wand ist nicht mehr länger hüllende und tragende Masse zugleich, sie wird in ihre einzelnen Funktionen aufgeteilt. Errichtet wird das tragende Skelett, reduziert auf seine nur statisch wirksamen fabrikmäßig vorgefertigten Teile. Die notwendige Wandausfachung kann membranartig, mit beliebigem Material erfolgen, denn sie hat keine tragende Funktion mehr zu erfüllen. Die Form der Wandöffnungen kann beliebig gewählt werden, wenn sie nur im durch die Skelettbauweise vorgegebenen Raster bleibt.
Sind die verwendeten Fachwerk- und Stützenformen im Grunde nicht neu, da sie aus dem Holz- und Steinbau abgeleitet werden, so ist jedoch die biegesteife Verbindung von Stütze und Träger eine originale Erfindung des 19. Jahrhunderts. Skelettbauweise und der damit verbundene zweistielige Rahmen weisen in die Architekturgeschichte des 20. Jahrhunderts und wohl auch darüber hinaus.

1.3.1.5 Industrielle Produktion

Erst ein Unternehmen wie Cramer-Klett mit seiner Technologie und seinen quantitativen wie qualitativen Produktionsmöglichkeiten konnte die Grundlage schaffen für einen Bau wie den Glaspalast. Grundelemente der Industrialisierung und auch ihre Probleme sind hier in der Frühphase schon so vorgebildet, daß in der Folgezeit keine grundsätzlichen Verbesserungen möglich sind. »... Der Eigenbau hat einer allgemeinen Industrialisierung des Bauwesens Schrittmacherdienste geleistet. Er hat, sporadisch nur und nicht als geschlossenes System, vom Ansatz her aber vollständig, die dem Bauen entsprechenden Elemente industrieller Technologie entwickelt: Vom Zerlegen des Produktes in großformatige Teile, deren fabrikmäßiger Vorfertigung und mechanisierter Montage über die Vereinheitlichung von Massen und Formen zum Zwecke der Serienproduktion bis zur veränderten Organisationsform des Baubetriebes ...«[137]

80 Schloßbrücke in Berlin, Schinkel

81 Treppenanlage Schloß Pommersfelden

82 Schloßbrücke in Berlin, gußeisernes Geländer

83 Gußeiserner Pavillon der Fürst Salm'schen Eisengießerei, Wien, im botanischen Garten 1854. Fotografie von Franz Hanfstaengl

1.3.2 Form

1.3.2.1 Neue Formelemente

Das Neue der Eisenkonstruktion ist weniger in der Form der einzelnen Bauglieder zu sehen, als mehr in einer umfassenden Gesamtschau des Baukörpers. Die Reduktion der Struktur auf die wesentlichen Kraftlinien ermöglicht erst die Leichtigkeit und Transparenz der Bausubstanz. Sie ist im hohen Maße im Glaspalast durchgeführt. Fenster sind nicht mehr länger wie in der traditionellen Bauweise aus der Wandscheibe geschnitte Öffnungen, sie werden zu einer zwischen die Stützen des Skeletts gespannten Membrane. Die beliebige additive Reihung der einzelnen Elemente bricht mit der klassischen Tradition, die auf Ebenmaß und Ausgewogenheit ausgerichtet ist. Zwar ist dieses Problem beim Glaspalast nur angedeutet, da die Baumasse relativ klein ist, zudem durch Vor- und Rücksprünge eine Gliederung erhält, in der Folgezeit kommt es jedoch deutlich zum Ausdruck. Die Möglichkeiten der stützenfreien Überspannung großer Räume ist eine weitere Eigenschaft der Eisenkonstruktion, die beim Glaspalast ebenfalls noch bescheiden angewendet wird, in der Folgezeit aber stark anwachsen wird.

1.3.2.2 Ornamentaler Eisenguß und der Ingenieurbau

Bereits seit der Spätgotik stellte man in Deutschland Gebrauchsgegenstände und Geschützrohre aus Eisenguß her. Die im 17. Jahrhundert aufkommenden mit Reliefschmuck verzierten Ofenplatten aus Gußeisen sind als kunstgewerbliche Leistung bemerkenswert. Aber auch Gitter jeglicher Art wurden bald aus Gußeisen angefertigt. Das älteste bekannte Gitter dieser Art wurde 1714 an der St.-Pauls-Kathedrale in London aufgestellt. Ein schönes und frühes Beispiel in Deutschland ist das Brüstungsgeländer des obersten Treppenhausumgangs im Schloß Weißenstein in Pommersfelden. Es entstand 1718. Da die gußeisernen Gitter einfacher und billiger herzustellen waren als die bisher üblichen aus Schmiedeeisen, ersetzten sie diese in der Folgezeit weitgehend. Es entstand hierbei eine dem Gußeisen durchaus gemäße eigene körperhafte Formensprache, wie das von Karl Friedrich Schinkel entworfene Geländer für die Schloßbrücke in Berlin zeigt (1824).

Die Anwendung des eigentlichen »künstlerischen« Eisengusses setzte jedoch erst gegen Ende des 18. Jahrhunderts ein. In Norddeutschland wurden schon 1782 vollplastische Figuren und wenig später plastische Gebilde aller Art hergestellt (Einsiedel in Lauchhammer). 1796 wurde in Gleiwitz die erste preußische Eisengießerei eröffnet. 1804 entstand die königliche Eisengießerei Berlin. Vor allem während und nach den Befreiungskriegen erfolgte der Aufschwung der Eisengießereien. »Gold gab ich für Eisen« war die Devise, um den Krieg gegen Napoleon zu finanzieren. Der künstlerische Eisenguß wurde zu solcher Vollkommenheit entwickelt und derart virtuos gehandhabt, daß allerfeinste Schmuckstücke aus Eisen gegossen wurden. »Fer der Berlin« war ein in der ganzen Welt bekanntes Gütezeichen. Es gab Eisenkreuze, Denkmäler für die Gräber der Gefallenen. Die Entwürfe dazu lieferte zumeist Karl Friedrich Schinkel. Bedeutendstes Beispiel ist das 1819–1821 in gotischen Formen errichtete Kreuzbergdenkmal in Berlin. Aber auch auf den Entwurf gußeiser-

84 Kreuzbergdenkmal in Berlin, Schinkel

ner Gebrauchsgegenstände, auf Möbel und Schmuck hatte Schinkel entscheidenden Einfluß. Bevorzugt wurden von ihm klassizistische Ornamente verwendet, Akanthus, Perlstab, Volute, aber auch gotische Motive, Spitzbögen, Fischblasen, Rosetten wurden als Vorbilder benutzt. Beispiele zeigt das Märkische Museum in Berlin.

Auch im Bauwesen fand der Eisenguß – neben dem Zinkguß – Verwendung. Da das Gußeisen in seiner kristallinen Struktur am ehesten dem Stein entspricht, wurden zumeist steinmetzgemäße Formen in Eisen gegossen. Ganze Architekturglieder, Basen, Säulen, Kapitelle, Gesimse und figürliche Plastik fertigte man aus Gußeisen. Die leichte Formbarkeit des in großen Mengen erzeugten Roheisens kam diesem Bestreben entgegen. Schon in diesem Frühstadium wurde Gußeisen bereits in Repräsentativbauten an bevorzugter Stelle verwendet, wie die Treppenhäuser im Palais der preußischen Prinzen Karl (erbaut 1827–1828) und Albrecht (erbaut 1830–1832) zeigen. Beide wurden von Karl Friedrich Schinkel geplant, der die Anregung hierzu wahrscheinlich von seiner Englandreise (1826) mitbrachte.

Frühe Beispiele des Eisengusses in Bayern sind die Kandelaber vor dem Nationaltheater in München (Abbildung 4). Zusammen mit anderen Eisengußerzeugnissen der königlichen Hüttenwerke wurden sie 1922/23 in einer Ausstellung des polytechnischen Vereins gezeigt.[138] Die für den Glaspalast verwendeten Gußeisenteile wurden in den Hüttenwerken Bergen, Sonthofen und Wasseralfingen hergestellt. Sie sind charakteristisch für die in dieser Frühphase des Ingenieurbaus zurückhaltende Verwendung schmückender gußeiserner Ornamente. Der auf der Industrie-Ausstellung in München von 1854 gezeigte gußeiserne Pavillon der Fürst Salm'schen Eisengießerei, Wien, deutet jedoch bereits die kommende Entwicklung an, die im Gegensatz zur rationalen Klarheit des Ausstellungs-Gebäudes steht und vom Ingenieurbau wegführt[139] (Abbildung 66).

Bereits beim Glaspalast sind die beiden Möglichkeiten vorgebildet, ornamental behandelte Gußeisenformen im Ingenieurbau zu verwenden. Im allgemeinen findet man hier ornamentierte Architekturglieder verhältnismäßig selten, da der Stabcharakter der Eisenkonstruktion der Plastizität der Gußeisenformen widerspricht. Gußeiserne Ornamente werden deshalb vorzugsweise an Architekturgliedern eingesetzt, die am ehesten körperlich ausdeutbar sind und deshalb auch eine materialgemäße Umdeutung traditioneller Formelemente vertragen, wie Basen, Kapitele, Leibungen und Gesimse. Im Steinbau waren Säule mit Base und Kapitell eine handwerklich gefertigte Einheit, wenn auch in getrennten Stücken gemeißelt. Der Eisenbau jedoch verlangte eine fertigungstechnisch bedingte Trennung in konstruktiv wirkende Stütze und hüllende Kunstform. Am Glaspalast wurde die Dekoration in natürlicher Weise aus der Konstruktion entwickelt. Die Gußeisenhülsen zum Kaschieren der Montageflansche an Fuß und Kopf der Säulen erhielten mit Hilfe traditioneller Formen eine Ausdeutung in Säulenbasis und Kapitell. Sie waren deutlich als Hülsen erkennbar, sie waren aber darüber hinaus schmückendes Beiwerk. Die zweite, am Glaspalast verwirklichte, einem struktiv dekorativen Denkvorgang entspringende Möglichkeit, Eisen im Ingenieurbau zu verwenden, stellten die pflanzlichen Motiven folgenden schmiedeeisernen Ausfachungen der Giebelfelder des mittleren Querschiffes dar. Sie sind ein frühes Beispiel ornamentierter oder zum Ornament umgedeuteter Stabwerke und finden sich, allerdings später, im Werk Violett-le-Ducs (Entwurf für ein Rathaus, 1872) bis hin zum Jugendstilfachwerk (Victor Horta im Maison du Peuple, Brüssel, 1896 bis 1899).

Wie die noch erhaltenen Entwürfe Voits zum Glaspalast zeigen (Skizze zum Brunnen, schmiedeeisernes Giebelfeld, Basen, Kapitelle der Säulen, Türdrücker), verwendete er auf die sparsame ornamentale Ausschmückung des Gebäudes besondere Sorgfalt (Abbildungen 55, 58, 61, 62, 63 67). Die Vorlage unmittelbarer Vorbilder ist hierbei auszuschließen. Man kann eine materialgerechte, eigenschöpferische Umdeutung mittelalterlicher und pflanzlicher Formen annehmen.[140] Dies bezeugt auch eine Stelle im Briefwechsel zwischen Voit und Sulpiz Boisserée: »... Jedenfalls kann man die alten Vorbilder nur zu Studien und als Motive gebrauchen, die Aufgabe bleibt immer im Geist des 13. und 14. oder selbst auch des 15. Jahrhunderts unseren jetzigen Bedürfnissen und Gewohnheiten gemäß zu componieren ...«[141] Auch lag Voit der mittelalterliche Formenschatz (dem damaligen Wissensstand entsprechend) frei verfügbar vor. Er lieferte die Vorzeichnungen zu einem Kunstgeschichtsatlas.[142]

Die sparsam, aber wirkungsvoll eingesetzten ornamentalen Formen, die auf ihre Kraftlinien reduzierten Konsolgesimse, die Gotizismen der Säulenausbildung dienen zur Verdeutlichung ihrer Oberflächenstruktur. Die Anrufung der gotischen Formenwelt stellt sich als künstlerische Überhöhung, als »sakrale Weihe« eines weitgehend durch ökonomische Zwänge bestimmten Bauwerks dar.

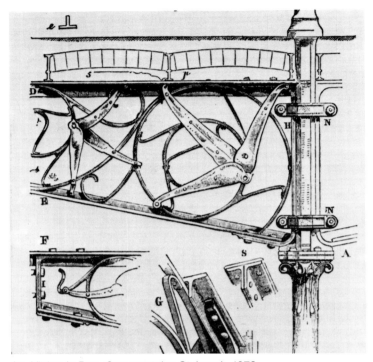

85 Violett-le-Duc, Ornamentales Stabwerk, 1872

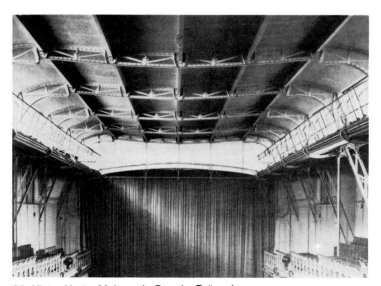

86 Victor Horta, Maison du Peuple, Brüssel

2 Situation der Ingenieurbaukunst im Ausland vor dem Bau des Glaspalastes

2.1 Übersicht

2.1.1 Konstruktionsformen

2.1.1.1 Der Balken

Der Balken, entweder aus Stein oder Holz, ist ein elementares Konstruktionsmittel der traditionellen Bauweise. Das kristalline Gefüge des Gußeisens hat etwa die gleichen statischen Eigenschaften wie Stein. Durch das Gußverfahren ist es jedoch leichter zu formen. Es läßt sich deshalb besser in eine statisch nutzbare Form bringen. Entsprechend dem Kräfteverlauf bei Belastungen wirkt es sich günstig aus, den Querschnitt eines Balkens im oberen und unteren Bereich zu verstärken. Verwendet wurde der gußeiserne Balken in England seit 1767.[143] Die gußeisernen Schienen der Hüttenbahnen, die bereits ein schwaches Profil aufwiesen, wurden zunächst als Deckenverstärkung eingebaut. Später wurden spezielle Profile entwickelt, die dem heutigen Doppel-T-Profil nahekommen. Sie besaßen jedoch entsprechend den Eigenschaften des Gußeisens unten einen breiteren Flansch als oben, da die Druckfestigkeit des Materials die Zugfestigkeit bei weitem übersteigt. Die Gußeisenprofile wurden noch bis in die Mitte des 19. Jahrhunderts benutzt. Sie erreichten Spannweiten zwischen 6 bis 8 Metern, im Brückenbau sogar bis zu 12 Metern.

Die Verwendung von Schmiedeeisen bedeutete einen großen Fortschritt, da man nun die dem Material innewohnende Zugkräfte viel besser ausnutzen konnte. Schmiedeeiserne Flachstäbe, die man ab 1800 verwendete, besitzen als Tragbalken einen statisch ungünstigen Querschnitt. Wie beim Gußeisen ist auch hier das Doppel-T-Profil das günstigste. Jedoch dauerte die praktische Entwicklung bis zur Mitte des 19. Jahrhunderts, da erst ein geeignetes Walzverfahren gefunden werden mußte. Widersprüchliche Meinungen bestehen darüber, wann zum erstenmal gewalzte Profile an einem Bauwerk verwendet wurden. »... Man wird ... die Mitte der vierziger Jahre als Entstehungszeit für das gewalzte Doppel-T-Profil ansetzen müssen ...«[144] Die Verbesserung der Technologie des Walzverfahrens machte in der Folgezeit rasche Fortschritte. In Deutschland entstanden die ersten Doppel-T-Profile 1857, 1867 wurde in Paris ein Träger von 1 Meter Höhe und 10 Meter Länge gezeigt. »... Die Einführung des Doppel-T-Eisens bildete eine wichtige Epoche in der Geschichte des Bauwesens, da mit ihr ganz neue Konstruktionen hervorgerufen wurden und überhaupt die Prinzipien der Bauwissenschaft vielfach eine andere Richtung angenommen haben. Mit ihr begann recht eigentlich erst das eiserne Zeitalter des Bauwesens ...«[145]

Gleichzeitig mit dem Walzprofil wurde der zusammengesetzte Blechträger entwickelt. Er besteht aus einem Steg, an dem mit Hilfe von Winkelprofilen ein Ober- und Untergurt befestigt wird (durch Nieten, Schrauben, Schweißen). Sorgt man für geeignete Aussteifung gegen Ausknicken der Konstruktion, erhält man Träger von bedeutender Tragfähigkeit bei sehr geringen Eigengewicht. Blechträger sollen in England im Hochbau schon um 1820 verwendet worden sein. Ihr eigentliches Anwendungsgebiet ist jedoch der Brückenbau. Mit einer Weiterentwicklung des einfachen Blechträgers, dem Kastenprofil, wurde in England 1846 – 1850 die Britannia-Brücke über die Menai-Straße errichtet. Der Konstrukteur, Robert Stephenson, überspannte stützenlos die Mittelöffnung von 140 Meter Länge.

2.1.1.2 Der zusammengesetzte Balken

Verdübelter Balken

Vorformen des zusammengesetzten Balkens wiesen schon frühe Holzkonstruktionen auf. Ein vergrößerter (Holz-) Querschnitt besitzt größere Trageigenschaften. Leider ist Holz jedoch nicht in beliebigen Stärken verfügbar. Man hilft sich mit dem Übereinanderlegen zweier oder mehrerer Balken. Der statische Widerstand gegen Belastungen wird aber nur verbessert, wenn beide Balken sich bei einer Biegebeanspruchung nicht gegeneinander verschieben können. Man verhindert dies im Holzbau durch Verzahnung oder Verdübelung, wobei beide Balken durch eiserne Bolzen oder Bänder fest miteinander verbunden sein müssen. Da man frühzeitig erkannte, daß die Tragfähigkeit zusammengesetzter Balken stark wächst, je weiter Ober- und Untergurt voneinander entfernt sind, wählte man die verbindenden Dübel möglichst hoch, sodaß beide Balken sich nicht mehr berührten. Sie verliefen im parallelen Abstand. Allerdings konnte man beide Balken nicht beliebig voneinander entfernen, da sich dann die verbindenden Bolzen bogen und die Zugkraft des Eisens die Druckkraft des Holzes überstieg. Es lag nun nahe, diese Grundform (Anfang des 19. Jahrhunderts) in den Eisenbau zu übertragen. Sie ist einer der Ursprünge für das Ständerfachwerk, wie es in vereinfachter Form beim Glaspalast zum Tragen der Galerien verwendet wurde.

Gesprengter Balken, unterspannter Balken, Fischbauchträger

Gesprengter Balken, unterspannter Balken und linsenförmiger Balken sind ebenfalls Konstruktionen, die das Zimmermannshandwerk vorgeprägt hat. Zwar sind ihre konstruktiven Ansatzpunkte unterschiedlich, ihre Umsetzung in die Eisenkonstruktion zeigt jedoch folgende Gemeinsamkeiten auf: Deutliche Trennung von Zug- und Druckgliedern, rationelle Ausnutzung des Materials. Der gesprengte Balken war bereits im Mittelalter bekannt. Ein gerader Balken als Unterzug wird mit einem darüberliegenden segmentartig gekrümmten Obergurt durch Versatz und Eisenbolzen zu einer konstruktiven Einheit verbunden. Der gekrümmte vorgespannte Obergurt wird nur auf Druck beansprucht, kann also stark belastet werden. Als Eisenkonstruktion wurde er hauptsächlich in Gestalt der »Pariser Roste« verwendet. Für große Spannweiten eignet er sich wenig, da dann die Höhe des Systems stark zunimmt und zudem die gekrümmte Seite oben liegt.

Von weitaus größerer Bedeutung für den Eisenbau erwies sich der unterspannte Balken. An sich eine reine Eisenkonstruktion, geht er jedoch unmittelbar aus dem gesprengten Balken hervor. Er besteht aus einem durchlaufenden geraden Obergurt und einer in der Mitte der Stützweite befindlichen Hängesäule. Diese ist durch einen Schmiedeeisenstab oder Draht mit den Balkenenden verspannt. Der Obergurt wird auf Druck beansprucht, die Zugkräfte übernimmt das Zugband auf der Unterseite. Biegespannungen werden weitgehend eliminiert. Der Querschnitt kann dadurch sehr dünn gehalten werden. Es ist dies eine sehr wirtschaftliche Konstruktion, da das Material gemäß seinen Eigenschaften eingesetzt werden kann. Mit verhältnismäßig geringem Querschnitt können beträchtliche Spannweiten überbrückt werden. Von grundlegender Bedeutung ist die Erkenntnis, daß hier ein elementares Fachwerksystem, bestehend aus zwei einfach statisch bestimmten, d.h. unverschieblichen Dreiecken, vorliegt. Eine Vielzahl der späteren Fachwerksysteme läßt sich durch Addition von diesem Prinzip ableiten. Grundlagen für diese Entwicklung bilden die Erkenntnisse von Wiegmann, Emy und Polonceau. In einfachster Form wurden diese Träger seit 1835 verwendet. Frühe Beispiele für zusammengesetzte Formen in München waren die Schrannenhalle und der Wintergarten König Maximilian II.

Eine Sonderform des zusammengesetzten Balkens ist der Fischbauchträger, der aus zwei linsenförmig gekrümmten, fest miteinander verbundenen Balken besteht. Diese werden in der Mitte durch Pfosten und Streben ausgesteift. Träger dieser Art besitzen keine mittelalterlichen Vorbilder. Da die Gurte der Momentlinie folgen, bleibt der Kraftfluß konstant. Der Querschnitt der Gurtbögen wird optimal genutzt. Konstruktionen dieser Art sind also erst möglich, nachdem eine genügend weit entwickelte Theorie in die Praxis übertragen werden kann und quantitativ nutzbar wird. Erst nachdem die Holzausführung dieses Systems durchgebildet war (Laves um 1835), wurde sie in Eisen umgesetzt und vorwiegend im Brückenbau verwendet. Erste Brücken dieser Art entstanden vor 1850 in England durch I.K. Brunel. Ein hochentwickeltes frühes Beispiel ist Paulis Eisenbahnbrücke über die Isar bei Kleinhesselohe. Sämtliche oben beschriebenen Konstruktionen sind von grundsätzlicher Bedeutung für die Entwicklung der Fachwerkbinder.

2.1.1.3 Bogenbinder

Gußeiserne Bogenbinder

Gußeiserne Bogenbinder haben ihre Vorläufer im Steinbau. Da Stein und Gußeisen in ihren statischen Eigenschaften – hohe Druckfestigkeit, geringer Widerstand gegenüber Zugbelastung – übereinstimmen, können die aus dem Steinbau bekannten Elemente direkt übernommen werden. Frühe Beispiele finden sich in englischen Brückenkonstruktionen (Coalbrookdale 1775–1779), aber auch in Deutschland und Frankreich. Halbkreisbögen aus Gußeisen dienen in der Frühzeit des Eisenbaues zum Überdachen von Hallen (Dianabad, Wien 1841–1843, Bibliothek St. Geneviève, Paris 1844–1850, Trinkhalle des Kurgebäudes in Bad Kissingen). Da das Material jedoch keine wesentlichen Vorteile gegenüber dem Steinbau besitzt, wurde der gußeiserne Bogenbinder seit der Mitte des 19. Jahrhunderts mit dem Aufkommen der wirtschaftlichen Schmiedeeisenkonstruktionen nicht mehr verwendet.

87 Palmen-Haus in Kew von Richard Turner

Schmiedeeiserne Bogenbinder

»… Grundlegendes Konstruktionsglied der schmiedeeisernen Bogenbinder blieb bis gegen Mitte des Jahrhunderts der einfache Flachstab …«[146] Zugbinder oder Mauerwerksstreben nahmen den seitlichen Schub auf, sodaß mit diesen halbkreisförmigen Bindern Spannweiten bis zu 25 Meter und mehr überbrückt wurden. Viele der frühen englischen und französischen Gewächshäuser sind nach diesem Prinzip gebaut. (Kew Gardens, London). Bis 1850 jedoch war diese Konstruktion noch nicht statisch ausgereift, d.h. sie wies keine unverschiebbaren geometrischen Formen auf. Lediglich die Elastizität des Materials sorgte für die Standfestigkeit der Konstruktion. Erst nach 1850 wurden die Erkenntnisse des Fachwerkbaues bei dem schmiedeeisernen Bogenbinder angewendet. Parallel laufende Bögen wurden durch Streben ausgesteift und ermöglichten den Bau stützenloser Hallen mit großer Spannweite.

Hölzerne Bogendächer

Die Konstruktion des ersten Münchener Hauptbahnhofes (1848) zeigt, daß aus flachen Bohlen zusammengesetzte Bogenbinder, die schon im 16. Jahrhundert bekannt waren, bis zur Mitte des 19. Jahrhunderts angewendet wurden.

Kuppeln

Kuppeln sind im wesentlichen eine dem Steinbau gemäße und dort vorgebildete Bauform. Da sie sich jedoch in tragende und hüllende Elemente gliedern lassen, kann man das tragende Gerüst sehr gut in Metall ausformen. In der Frühzeit wurde das Gerippe aus Gußeisen gebildet. Hier wird das Material zwar statisch besser genutzt als beim Bogendach, jedoch stand auch hier das große Gewicht der Konstruktion einer Weiterentwicklung im Wege. Ab 1850 wurde deshalb nur noch Schmiedeeisen verwendet.

2.1.1.4 Hängewerkkonstruktion

Hölzerne Hängewerke

Hölzerne Hängewerke sind Sprengwerke, deren horizontale Schubkräfte durch Balken oder Zugstangen aufgehoben werden. Einfachste Form ist das Sparrendach, das jedoch auf Grund der Abmessungen der Holzbalken nur begrenzt einsatzfähig ist. Zusammengesetzte Konstruktionen, oft virtuos gehandhabt, überspannten größere Räume. Das berühmte Dach der Moskauer Manege von Bétancourt (Spannweite 45,70 m, gebaut 1817) stellte den Höhepunkt dieser Konstruktionsform dar.

Eiserne Hängewerke

Eiserne Hängewerke übernehmen in der Frühzeit, d.h. bis zur Mitte des Jahrhunderts die im Holzbau vorgegebenen Details. Der einzige Vorteil blieb zunächst die bessere Ausnutzung des Materials, Druckstäbe bestehend aus Gußeisen, Zugstäbe aus Schmiedeeisen. Empirisch suchte man die Grenzen des Materials zu ergründen, was gerade in der Anfangszeit zu Einstürzen führte (Magdalenenmarkt, Paris 1824). Ein spätes Beispiel der Hängewerke war die Maximiliansgetreidehalle in München. – All diese Konstruktionen sind Vorläufer des in Eisen umgesetzten Fachwerks.

2.1.1.5 Eiserne Fachwerkbinder

Binder nach Wiegmann, Emy, Polonceau

Um 1840 wurde in Deutschland und Frankreich fast gleichzeitig, aber voneinander unabhängig, ein Bindersystem entwickelt, das die Vorteile des Hängewerkes mit dem des unterspannten Balkens vereinigte. Drei Konstrukteure waren an dieser Entwicklung beteiligt: R. Wiegmann, A.R. Emy und C. Polonceau, wobei Wiegmann in der theoretischen Durchbildung dieser Binderform und der konsequenten Verwendung von Eisen seinen Kollegen weit voraus war. Wiegmann bildete die Konstruktion am reinsten aus. Ein- oder mehrfach unterspannte Balken werden zu einem satteldachförmigen Binder gefügt, die untere Zugstange liegt höher als die Auflager. Jedes einzelne Feld für sich betrachtet stellt einen unverschiebbaren Dreiecksverband dar. Die Vorteile des neuen Binders sind: Das Problem der Schubkraft wird auf eine elegante Art gelöst. In den Knotenpunkten (dort wo mehrere Stäbe zusammentreffen), können große Lasten angreifen, da sie von dort unmittelbar in die Zugstangen übergehen. Wiegmann schlägt auch schon eine Berechnungsmethode des Binders vor, indem er den Gleichgewichtszustand der Kräfte untersucht, die in den Stäben eines Knotens auftreten. Diese Methode gewinnt starken Einfluß auf die Berechnung anderer Fachwerke. Sie ermöglicht die Berechnung der einzelnen Stäbe eines Fachwerkes, die Querschnitte der Fachwerksglieder können optimal bemessen werden. Vergleichende Berechnungen zeigen, daß diese Dachbinder gegenüber anderen Konstruktionen den Vorteil des geringsten Gewichtes aufweisen. Seine Wirtschaftlichkeit, seine konstruktiven Eigenschaften und seine Vielseitigkeit in der Gestaltung, ließen den Wiegmann-Polonceau-Binder zu einem beliebten Konstruktionsmittel werden. In Frankreich wurden Markthallen mit Spannweiten bis zu 40 m mit Hilfe dieses Binders errichtet. Die ersten Eisenkonstruktionen in München, die Schrannenhalle und der Wintergarten König Max II., wurden mit diesem System überdacht.

Strebenfachwerke, Ständerfachwerke

Gleichzeitig mit dem Wiegmann-Polonceau-Binder wurden Fachwerk-Konstruktionen entwickelt, die den parallel zusammengesetzten Balken als Ausgangspunkt nahmen. Wenn Ober- und Untergurt einer Konstruktion durch in dichter Folge angeordnete, diagonal sich kreuzende Stäbe verbunden werden, entsteht der Gitterträger. Statisch gesehen ist dieser jedoch nichts anderes als ein zusammengesetzter Vollwandträger, mit dessen Vor- und Nachteilen. Eine gewisse Gewichtsersparnis und seine Transparenz ließen ihn jedoch für Brückenbauten ideal erscheinen, wo er auch vorwiegend verwendet wurde.
Größere Bedeutung für den Hochbau erlangte das Ständerfachwerk. Diese Konstruktion verwendete man bereits im 16. Jahrhundert für den Brückenbau. Um 1830 wurden in Nordamerika Holzbrücken nach diesem System gebaut. Ober- und Untergurt sind durch Hängesäulen und sich diagonal kreuzende Druckstreben zu einem statischen Fachwerksystem verbunden. Es lag nun nahe, die auf Zug beanspruchten Glieder – in diesem Falle die Hängesäulen – durch Schmiedeeisen zu ersetzen. Dies geschah 1840 durch William Howe. Nach ihm wurde der Träger benannt, obwohl er in den folgenden Jahren durch andere Ingenieure weiterhin vereinfacht und verbessert wurde. Die Konstruktion wurde 1846 erstmals ganz in Eisen ausgeführt, in der Folgezeit aber auf verschiedene Weise abgeändert und mehr im Brücken- als im Hochbau verwendet.[147] Die großen Sprengwerke des Glaspalastes sind ebenfalls leicht modifizierte Träger dieser Art gewesen. Äußerst ökonomisch und geschickt geschah hier die Ausbildung der oberen Umfassungswand des mittleren Querschiffes als Howe'sche Träger.

2.1.2 Bauaufgaben

Die industrielle Revolution um 1785, ausgehend von England, bedingte eine völlige Umgestaltung der Wirtschafts- und Gesellschaftsordnung. Maschinelle Erzeugung von Gebrauchsgütern in Großbetrieben, Konzentration der Bevölkerung auf industrielle Ballungsgebiete brachten Probleme des Verkehrs und des Handels mit sich. So wurden die Voraussetzungen für neue Bauaufgaben geschaffen: Der Eisenbahnbau mit Brücken, Werkhallen und Einsteighallen, dazu der sich ausweitende Handel mit Markthallen, Warenhäusern und Ausstellungsbauten. Allen Bauformen war gemeinsam, daß sie weite Räume stützenlos überspannten und große, überdachte, variable Freiräume bildeten. Vorzugsweise die neuen Eisenkonstruktionen waren geeignet, diese Bedingungen am besten zu erfüllen.

88 Coalbrookdale-Brücke über den Severn

89 Paris, Pont des Arts, 1801 – 1803

90 Hängebrücke über die Menaistraße von Th. Telford

91 Avon-Brücke bei Bristol (I.K. Brunel, 1836)

2.1.2.1 Eisenbahnbauten

Besonders die Eisenbahn als aufstrebendes, leistungsfähiges Transport- und Verkehrsmittel förderte durch ihren immensen Bedarf an Brücken, Bahnhöfen und Fabriken die Entwicklung von Eisenkonstruktionen. In den Maschinenfabriken als Eisenbahnzulieferanten wurde der Grundstein gelegt zu den ersten Produktionswerkstätten für Hochbaukonstruktionen. Ein typisches Beispiel hierfür ist die Entwicklung des von Theodor von Cramer-Klett in Nürnberg gegründeten Unternehmens.[148]

Brücken

Die ersten gußeisernen in England entwickelten Brücken übernahmen die aus der Antike bekannten Konstruktionsprinzipien der steinernen Rundbogenbrücken. Das früheste Beispiel ist die Brücke über den Severn bei Coalbrookdale 1777–1779. Sie mißt etwa 30 m und besteht aus gußeisernen halbkreisförmigen Bögen. Die 1796 erbaute Brücke über den Wear bei Sunderland überspannte bereits 72 m. Sie bestand aus durchbrochenen keilsteinförmigen gußeisernen Segmenten. Ihren Höhepunkt erreichte diese Konstruktionsart in dem nicht ausgeführten Projekt der London Bridge von Thomas Telford (1801). Diese Brücke hätte die Themse mit 200 m frei überspannt. Kleinere Brücken wurden auf dem Kontinent gebaut. In Deutschland entstand 1796 die Brücke von Laasan (19 m Spannweite), in Frankreich 1801–1803 der Pont des Arts und 1806 der Pont d'Austerlitz (Paris). Gußeiserne Brücken dieser Art wurden jedoch nur so lange gebaut, als die Herstellung größerer Mengen von Schmiedeeisen oder Stahl Schwierigkeiten bereitete.

Zukunftsträchtiger war das Prinzip der Hängebrücken unter Verwendung schmiedeeiserner Ketten. Eine erste Konstruktion dieser Art war ein Fußgängersteg von etwa 21 m Länge über den Fluß Tees (1741). 1813 wurde eine Brücke von 110 m Länge über den Tweed geschlagen. Die Brücke über die Menai-Straße (1818–1826) von Telford maß bereits 176 m, und 1836 konstruierte I.K. Brunel eine Brücke über den Avon bei Bristol mit einer Länge von 214 m. Ähnliche Brückenkonstruktionen entstanden in der Folge auch auf dem europäischen Festland und in anderen Erdteilen.

Große Bedeutung erlangten Brücken, die aus dem Strebenfachwerk und dem Ständerfachwerk entwickelt wurden. Dem Strebenfachwerk liegt ein amerikanisches Patent zugrunde (1820). Waagerechte Bohlen werden durch sich diagonal kreuzende Bretterscharen verbunden. Dieses Prinzip ließ sich in einfacher Weise auf den Eisenbau übertragen. Die erste eiserne Brücke dieser Art war die Royal Canal Bridge in Dublin (1845). In Deutschland entstanden 1850–1857 die Weichselbrücke Dirschau, die Nogatbrücke Marienberg, die Rheinbrücken bei Köln 1856 und Kehl 1858. Die Übertragung der Holzkonstruktion in Eisen reduzierte die Stärke der Diagonalstäbe auf ein Minimum. Sie wirkten nun wie ein Gitter (»Gitterträger«) und ließen die Brücken transparent und leicht erscheinen.

Auf das Ständerfachwerk wurde bereits eingegangen. In der Art von Howe-Trägern und in leicht geänderter Form fand es Anwendung vorzugsweise in Amerika. Da das Material jedoch ungleich belastet wurde, benutzte man das Ständerfachwerk meist für kleine Spannweiten. Es wurde jedoch Grundlage für die Entwicklung der Fischbauch- und Parabelfachwerkträger. Insgesamt hatte der Brückenbau entscheidenden Einfluß auf die Entwicklung der Eisenkonstruktionen.

Bahnhöfe

Die erste öffentliche Eisenbahnlinie wurde 1825 zwischen Stockton und Darlington in England eröffnet. Rasch folgten weitere Linien, in England wie auf dem Kontinent. Es entstanden die Bahnhöfe mit ihren überdachten Einsteighallen. Eine der ersten Bauten dieser Art war die Crown Street Station in Liverpool, 1830 errichtet von Forster und Stephenson. Eine parallel zu den Schienen liegende Halle von 10 m Spannweite war mit hölzernen Satteldachbindern überspannt. Diese Holzkonstruktion, eventuell gekoppelt mit mehreren inneren Stützreihen, wurde in der Folge oft verwendet. Zwischen 1835 und 1839 entstand mit der Euston-Station in London ein neuer Typ. Die hölzernen

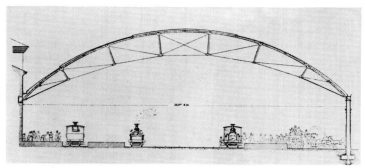

93 Lime Street Station, Liverpool, Richard Turner 1849

94 Münchner Hauptbahnhof, um 1880

Dachbinder wurden durch eiserne ersetzt. Die dünnen Stäbe der Eisenkonstruktion ergaben bereits die für spätere Hallen charakteristische räumliche Wirkung. Es wurden Spannweiten bis zu 18 Meter überbückt. Auch Hallen dieses Typs fanden oft Verwendung.

Ein in die Zukunft weisender Sonderfall war der Bahnhof an der Barriére du Maine, 1840 in Paris. Ein aus eisernen Flachstäben bestehender Bogenbinder überwölbte eine Halle von 37 Meter. Auf Grund konstruktiver Schwächen (das statische System war vielfach unbestimmt), stürzte der Bau jedoch kurz nach der Errichtung ein. Die Halle des Gare de l'Est in Paris, 1847–1852, bestand aus 29 m langen Bogenbindern. Diese waren zwar schon als Gitterträger ausgebildet, zusätzliche Spannglieder verunklarten jedoch die Konstruktion und deren räumlichen Eindruck. Zukunftsweisend war auch die Lime-Street-Station, Liverpool, 1849. Ein sichelförmiger Gitterträger von 46,80 Meter Länge überspannte die Einsteighalle. Beim Neubau des Münchener Hauptbahnhofes um 1880 verwendete Heinrich Gerber eine ähnliche Konstruktion für die Einsteighalle.

95 Les Halles Centrales, Paris 1853

2.1.2.2 Markthallen

Das Anwachsen der Großstädte im frühen 19. Jahrhundert und die damit verbundenen Probleme der Nahrungsmittelversorgung erforderten den Bau überdachter Warenumschlagplätze. Es entstanden die als reine Zweckbauten angesehenen Markthallen, meist von basilikaler Grundform. Eisen fand frühzeitig in der Dachkonstruktion Verwendung. Bereits um 1820 gab es in Paris Hallen mit schmiedeeisernen Satteldächern. 1826 entstand der St. John's Market in Liverpool, zwischen 1835 und 1838 die bereits 1824 entworfene Markthalle der Madeleine in Paris. Die Eleganz dieses grazilen Bauwerkes beruhte auf der zweckmäßigen Verwendung des Materials. Um 1831 entstanden in London die offenen Hallen des Hungerford-Fischmarktes (Ch. Fowler). Gußeiserne vollwandige Balken, beidseitig auf zwei Säulenreihen auskragend, stützten sich gegenseitig in der Mitte. Da die Konstruktion aus Gußeisen nicht materialgerecht war, blieb sie ohne Nachfolge. Erst der Stahlbetonbau griff dieses Konstruktionsprinzip wieder auf. Einen Höhepunkt in der Entwicklung der Markthallen als Bauform stellten die Halles centrales in Paris dar, erbaut zwischen 1853 und 1878. Pavillons aus Eisen und Glas waren entlang einem mit Glas überdachten Straßensystem zu einer großzügigen Anlage verbunden. Da keine großen Spannweiten auftraten, hielt sich ihre Konstruktion in konventionellem Rahmen. Verkehrstechnische Probleme, die von Anfang an bestanden, veranlaßten nach 1970 ihren Abbruch.

2.1.2.3 Läden, Passagen, Warenhäuser

Läden, Passagen sind aus der Antike bekannte Bauformen. Eine Erfindung des 19. Jahrhunderts ist das Warenhaus (Schinkel, Projekt für ein Kaufhaus Unter den Linden, 1827). Der Übergang vom handwerklich auf Bestellung gefertigten Einzelgegenstand zum Massenprodukt, die Anfertigung von Gebrauchsartikeln auf Vorrat und das Anwachsen des Angebots erforderte große Verkaufsräume. Es bildete sich ein Gebäudetyp aus, der um einen glasüberdachten Lichthof in mehreren Etagen galerieartig angeordnete umlaufende Verkaufsräume enthielt. Sowohl Läden als auch Passagen als Warenhäuser brachten jedoch in der Konstruktion keine wesentlichen Neuerungen. »... München besaß bis zum Kriege nur eine glasbedeckte Passage, die Schüsselpassage oder den Schüsselbazar, zwischen der Kaufingerstraße und der Fürstenfeldstraße unweit der Frauenkirche...«[149] Da Bautypen dieser Art im süddeutschen Raum zudem selten vorkamen, wird auf eine nähere Behandlung verzichtet.

2.1.2.4 Gewächshäuser, Wintergärten

Bekannt war schon in der Antike, daß Pflanzen unter künstlichen günstigen Umweltbedingungen sehr gut gedeihen. Nach Plinius, Seneca und anderen Autoren verwendeten bereits die Römer beheizte, mit Gipsspatplatten bedeckte Räume zum Gemüseanbau.[150] Vorläufer der Gewächshäuser in unserem Sinne, allerdings in sehr vereinfachter Form, entstanden vereinzelt im 16. Jahrhundert. Die von den Entdeckungsreisenden mitgebrachten tropischen Pflanzen benötigten Räume zum Überwintern. Eine weitere Verbesserung bedeutete die Herstellungsmöglichkeit und Verwendung größerer Glastafeln, mit denen Gewächshäuser und Orangerien ab 1700 ausgestattet wurden.[151]

Aber erst ab 1800 werden die mit Gewächshäusern zusammenhängenden Probleme systematisch untersucht. John Claudius Loudon veröffentlichte 1817 in England eine grundlegende Abhandlung über Gewächshäuser. Er schlug Konstruktionen aus Eisen vor, die viel schwächer sein konnten, als die bisherigen Holzkonstruktionen und dadurch die Verschattungsflächen auf ein Mindestmaß reduzierten. Loudon entwickelte das »ridge-and-furrow« System, eine sägeschnittförmig gefaltete, verglaste Dachfläche, welche die Sonneneinstrahlung am günstigsten ausnutzt. Gleichzeitig veröffentlichte Loudon eine Sammlung von bisher ausgeführten Gewächshausformen. Günstig erwiesen sich nach Süden gerichtete verglaste Wände, die senkrecht zum Einfallswinkel der Sonnenstrahlen standen. Sie wurden geneigt oder viertelkreisförmig angeordnet und lehnten sich an die gemauerte Rückwand, da sie so zugleich die Funktion des Daches übernehmen konnten.[152] Loudons Vorschläge bildeten die Grundlage für den Bau von Gewächshäusern, die nun in der Folgezeit vor allem in England, aber auch auf dem Festland in rascher Folge und großer Zahl entstanden. Da gerade sie von entscheidender Bedeutung für den Ingenieurbau des 19. Jahrhunderts waren, seien einige charakteristische Beispiele herausgegriffen: Verbreitet waren in England halbhüftige Anlagen, wie bereits von Loudon vorgeschlagen. Gefalzte, zu einem Viertelkreis gekrümmte Träger stützten sich gegen eine gemauerte Rückwand und bildeten mit den Längsstreben und der Verglasung ein ökonomisches statisches System. Reines Zweckdenken hatte eine ihrer Verwendung gemäße Form entstehen lassen. Um 1830 findet man die Verdoppelung dieses Systems zur Halle, deren Querschnitt aus zwei Viertelkreisen besteht und vollständig verglast ist. Diese Form weist über den reinen Zweckbau hinaus auf kommende Glas- und Eisenkonstruktionen und die ihnen innewohnenden architektonischen Möglichkeiten hin.

Hervorgehoben seien die Bauten Joseph Paxtons, eines gelernten Gärtners, der sich zunächst mit Verbesserungen von Gewächshäusern befaßte und zusammen mit dem Architekten Decimus Burton 1837 bis 1840 das Great Conservatory in Chatsworth errichtete. Auf einer rechteckigen Grundfläche von 84,45 m mal 40,25 m erhob sich ein riesiges Glasgewölbe, dessen Querschnitt aus einem mittleren überhöhten Halbkreisbogen und zwei seitlich anschließenden Viertelbogen bestand. Die Halbkreisbogen stützen sich auf hohe Gußeisensäulen, die das Regenwasser ableiteten. Zwar bestand das statische Gerüst des Gebäudes noch vorwiegend aus Holz, jedoch waren die Grundlagen für weitere technische Entwicklungen gelegt.[153] 1850 errichtete Paxton das Victoria-Regia-Haus in Chatsworth, zeitlich und konstruktiv ein direkter Vorläufer des Crystal Palace in London. Eine rechteckige, auf einem quadratischen Raster aufgebaute Halle wurde von einem Dach im »ridge-and-furrow« System überdeckt. Quergelegte Unterzüge ermöglichten eine weitgehend stützenfreie Konstruktion. Das Material bestand aus Gußeisen und Glas. Die einzelnen Bauelemente waren bereits standardisiert, da das Gebäude in kurzer Zeit errichtet werden mußte. Beim Bau zahlreicher Gewächshäuser konnte Paxton weitere Erfahrungen sammeln. Er war mit den technischen Möglichkeiten der Zulieferer, Glasfabrikanten, Gießereien etc. vertraut. Die Detailausbildung in der neuen Technik, vorfabrizierte Bauelemente und Konstruktionsmethoden waren ihm bekannt. Hinzu kamen wertvolle Erkenntnisse in der Zusammenarbeit mit den Fabrikbesitzern und Ingenieuren. All dies zusammen, mit der Geschicklichkeit und dem Mut des ausführenden Bauunternehmers waren günstige Voraussetzungen für den Bau des Crystal Palace in London.

Die um die Mitte des 19. Jahrhunderts entstehenden Wintergärten sind nicht an der ingenieurmäßigen Entwicklung beteiligt. Sie stellen im Grunde eine gesellschaftlich bedingte Sonderform des Gewächshauses dar. Bekanntes Beispiel ist der 1848 von Hector Horeau in Paris gebaute Jardin d'Hiver.[154]

2.1.2.5 Ausstellungsbauten

Die industrielle Revolution mit ihren auf Vorrat produzierten maschinell hergestellten Massenprodukten war die Grundlage für das im 18. Jahrhundert sich entwickelnde Ausstellungswesen. Erste Industrie-Ausstellungen fanden 1756 und 1757 in London statt. Die erste größere Ausstellung war in St. Cloud bei Paris 1795, die folgende fand 1798 statt. Deutschland begann 1817, es folgten Ausstellungen in München 1818 und 1819, in Stuttgart 1820, wieder in München 1821, 1822 und 1823, in Dresden 1824 und 1826. In Berlin wurde 1827 die erste preußische Gewerbe-Ausstellung durchgeführt, eine weitere 1844, die ihrer Bedeutung nach die erste allgemeine deutsche Industrie-Ausstellung war. 1851 wurde in London die erste internationale Weltausstellung abgehalten. Viele dieser Ausstellungen fanden in bereits vorhandenen Gebäuden statt. So die von 1795 im Schloß St. Cloud bei Paris, und die von 1844 im Zeughaus in Berlin. Die Pariser Ausstellung von 1839 und 1844 wurden in eigens errichteten vielschiffigen Hallen in Holzkonstruktionen abgehalten, die jedoch als Notbehelf angesehen wurden. Der rasch wachsende Platzbedarf für die Exponate und deren besondere Anforderungen verlangte einen neuen Gebäudetyp, der schnell zu errichten und wieder abzubrechen, lichtdurchlässig und leicht war, – Anforderungen, die am ehesten in der neuen Glas–Eisen–Bauweise zu verwirklichen waren. Über diese Bauweise, vorgebildet und erprobt an den Gewächshäusern, führte ein direkter Weg zum Crystal Palace in London und allen Folgebauten.

2.2 Der Crystal Palace in London und das Problem des Vorbildes

2.2.1 Form

Der ursprüngliche Entwurf Joseph Paxtons für den Crystal Palace sah eine dreigeschossige, fünfschiffige Halle von basilikalem Querschnitt über einer Grundfläche von 1848 Fuß Länge und 408 Fuß Breite vor.[155] Die in Chatsworth vorgebildeten, flach ausgeführten Dachflächen im »ridge-and-furrow« System verliefen parallel zur Längsachse. Durch in den inneren Seitenschiffen angebrachte Galerien im ersten und zweiten Obergeschoß wurde der Innenraum optimal ausgenutzt. Der so entstandene Raum entspringt einem reinen Zweckdenken. Der basilikale Querschnitt vermag bei geringstem Einsatz materieller Mittel die größtmögliche Fläche zu bedecken und ausreichend zu belichten (Abbildung 96). Das ausgeführte Bauwerk wies zusätzlich in der Mitte ein Querschiff auf, dessen Bedachung aus hölzernen halbkreisförmigen Rundbogen bestand. Diese waren im »ridge-and-furrow« System verglast, wie es bereits im großen Gewächshaus von Chatsworth vorweggenommen wurde. Als Begründung für diese Zäsur wurde angegeben, daß durch sie die Vernichtung einer Baumgruppe verhindert werden sollte, die tatsächlich für die Bauer der Ausstellung innerhalb des Gebäudes bestehen blieb. Auch dieses Querschiff ist somit rational begründet, – zweckbedingt. Außerdem waren entgegen dem ursprünglichen Plan zusätzlich an der Nordseite des Gebäudes einige Erfrischungs-

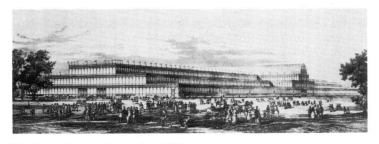

96 Crystal Palace in London, 1851

räume und Nebenräume vorgelagert. Das Gebäude besaß einen Haupteingang in der Querschiff-Südwand und zwei Eingänge an den Längsseiten. Ein Hauptausgang lag auf der Nordseite, die übrigen 12 Ausgänge waren über die Längsseiten und die Südfassade verteilt. Die Galerien wurden durch 10 zweiläufige Treppen erschlossen.

Auch an das Münchener Industrie-Ausstellungs-Gebäude von 1854 wurden ähnliche Anforderungen gestellt wie an den Crystal Palace. Ein vorhandenes Grundstück sollte unter voller Ausnutzung der Fläche, aber mit Schonung der vorhandenen Baumgruppen überbaut werden. Auch hier wurde auf ein Hallensystem mit basilikalem Querschnitt zurückgegriffen. Zusätzlich wurde aber versucht, die ohnehin viel kleinere Raummasse durch Vor- und Rücksprünge zu gliedern und überschaubarer, dem menschlichen Maßstab gemäßer zu gestalten. Mit dem Querschiff und den zwei wie Risalite ausgebildeten Endpavillons ergaben sie eine Form, die Assoziationen an barocke Schloßarchitekturen hervorruft. Der Baukörper des Münchener Industrie-Ausstellungs-Gebäudes wurde also nicht aus einer rein rationalen Denkweise geformt, man versuchte ihn durch aus der klassischen Baukunst entlehnte, übersetzte Elemente zu gliedern und durchzugestalten.

2.2.2 Konstruktion

Das statische Gerüst des Crystal Palace war ein Skelettbau aus gußeisernen Stützen und Fachwerkträgern, die aus Gußeisen, Schmiedeeisen und Holz bestanden. Das gesamte System basierte auf einem quadratischen Raster von 24 engl. Fuß (= 7,32 m) oder einem vielfachen davon. Abgeleitet wurde dieses Maß aus der kleinsten verfügbaren Baueinheit, den Glastafeln für die Bedachung. Mit den handelsüblichen Tafeln konnten Dächer mit einem Achsmaß von 8 Fuß ohne Verlust eingedeckt werden. Auf Einzelfundamenten aus einem Betongemisch waren hohle gußeiserne Säulenfüße mit Auslässen für das Regenwasser versetzt.

Abgerichtete, hohl gegossene Eisensäulen wurden darauf mit Schrauben befestigt. Eigens für den Bau entwickelte standardisierte Zwischenstücke in Trägerhöhe mit klauenartigen Ausladungen ermöglichten eine schnelle, sichere Montage der Gitterträger. Obwohl diese verschiedene Spannweiten zu überbrücken hatten (24 Fuß in den Galerien, 48 Fuß in den Nebenschiffen, 72 Fuß im Hauptschiff), kam man mit einer einzigen Trägerhöhe von 3 Fuß aus, wodurch die Montage vereinfacht wurde. Lediglich die Träger des tonnengedeckten Querschiffes besaßen eine doppelte Höhe von 6 Fuß, da sie zusätzlich den Tonnenschub aufzunehmen hatten. Die 24 Fuß breiten Galerien wurden ausnahmslos mit gußeisernen Fachwerken überspannt. Sie besaßen vertikale Druckstäbe in den Drittelpunkten und waren durch Diagonalstreben ausgesteift. Alle besaßen die gleichen äußeren Abmessungen. Die unterschiedliche Belastung als Dachträger und als Galerieträger wurde nur durch die Materialstärke berücksichtigt. Die Dachträger wogen 1064 engl. Pfund, die Galerieträger 1344 engl. Pfund. Die 48 Fuß (14,64 m) langen Gitterträger für die Nebenschiffe und die 72 Fuß (21,96 m) langen für das Hauptschiff waren aus Stäben zusammengesetzt. Für die Zugglieder verwendete man Schmiedeeisen, die Druckstäbe bestanden aus Gußeisen oder Eichenholz. Die Knotenpunkte hatten einen Abstand von 8 Fuß. Die 6 Fuß hohen Träger im Anschluß an das Querschiff waren als Fachwerk mit doppelten Diagonalen ausgebildet, die Querschnitte entsprechend ihrer höheren Belastung verstärkt. Das halbtonnenförmige Dach bestand aus hölzernen Bogenbindern. Diese waren aus einzelnen Segmenten zusammengesetzt, durch eiserne Bänder verstärkt und mit Diagonalstreben untereinander abgesichert. Der Fußboden des Erdgeschoßes bestand aus 1½ Zoll-Brettern, der der Galerien aus 1¼ Zoll starken Holzbohlen, deren Längsachsen in den Drittelpunkten durch mit schmiedeeisernen Stangen unterspannte Holzbalken abgestützt werden mußten.

Windsteifigkeit des Gebäudes wurde durch horizontale und vertikale Diagonalverstrebungen erreicht. Die Obergurte der Dachgitter erhielten jeweils U-förmige, aus 3 Brettern zusammengesetzte Rinnen. Darüber lagerten rechtwinklig und parallel zur Hauptachse des Gebäudes unterspannte hölzerne Balken mit Rinnenquerschnitt – die Paxton-Rinnen. Die Unterspannung sorgte neben der statischen Verbesserung für den Ablauf des Regenwassers. Je zwei nebeneinanderliegende Rinnen nahmen die schräg nach oben laufenden, den Firstbalken frei tragenden Sprossen der Verglasung auf. Das tonnenförmige Dach war auf die gleiche Weise eingeglast, lediglich die Firste waren stärker ausgebildet, der Scheitel des Bogens durch einen flachen Streifen aus Bleiblech unterbrochen. Sämtliche äußeren Zwischenräume des Stützsystems wurden durch je zwei hölzerne Halbsäulen in Felder von gleicher Breite unterteilt. Formal waren die Holzsäulen den Gußeisenstützen angeglichen. Den oberen Abschluß eines jeden Feldes bildeten gußeiserne, aus zwei Teilen zusammengesetzte Bögen und ebenfalls gußeiserne durchbrochene Platten, die die Binderkonstruktion verdeckten (Abbildung 97). Die Felder des Erdgeschoßes waren mit Brettern verschalt, alle übrigen Felder verglast. Regelbare Ventilationsöffnungen befanden sich in Brüstungs- und Oberlichthöhe. Auf der Außenseite angebrachte Leinwand diente als Lichtschutz und sollte Beschädigungen durch Hagelschlag verhindern.

Die Bedingungen für den Bau des Münchener Glaspalastes waren nahezu identisch mit denen des Crystal Palace in London: Ein Ausstellungs-Gebäude war gefordert, das mit möglichst geringem Kostenaufwand eine große variable Ausstellungsfläche überdecken sollte. Die Bauzeit war ebenfalls äußerst knapp bemessen. Nach Ende der Ausstellung sollten auch hier die Bauteile des niedergerissenen Gebäudes anderweitig verwendet werden. So war es naheliegend, die in London gemachten Erfahrungen zu nutzen und dem Vorbild des Crystal Palace zu folgen. Jedoch wurde das System des Münchener Gebäudes im Sinne einer ökonomischen Bauweise vereinfacht, die Bauglieder wurden konsequenter durchgebildet, um Material zu sparen.

Auch das Münchener Industrie-Ausstellungs-Gebäude wurde in Skelettbauweise errichtet. Auf Einzelfundamente aus Ziegelmauerwerk versetzte man Stützen, die zusammen mit den Gitterträgern das statische System ergaben. Im Gegensatz zum Crystal Palace lag dem Münchener Grundriß ein quadratischer Raster von 20 Fuß zugrunde, sämtliche Träger waren 4 Fuß hoch. Durch diese Maßnahmen ergaben sich folgende Vorteile: Die gußeisernen 20 Fuß langen Träger unter den Galerien hatten zwar eine größere Höhe (4 Fuß gegenüber 3 Fuß beim Crystal Palace). Da die statischen Momente jedoch besser genutzt werden konnten, waren die Profilquerschnitte in München kleiner.

Dies bewirkte eine Verringerung des Eigengewichtes. Hatten die Londoner Träger ein Eigengewicht von 1344 engl. Pfund, wogen die Münchener nur 830 Pfund. Es ergab sich also eine beträchtliche Gewichtsersparnis. Zudem mußte der hölzerne Galeriefußboden nicht durch schmiedeeiserne Zugstangen unterstützt werden. Auch dies bedeutete eine Kosteneinsparung, da Schmiedeeisen in der Herstellung teuer war. Die Gitterträger des Hauptschiffes im Crystal Palace messen 72 Fuß, in München überspannten sie 80 Fuß. Ihr Eigengewicht mit 50 Zentner (München) war deshalb höher (London 39 Zentner). Zusätzlich bildeten die Obergurte der Münchener Träger mit den schmiedeeisernen Dachrinnen eine konstruktive Einheit, was sich zwar ungünstig auf das Gewicht auswirkte, die statische Festigkeit jedoch erhöhte.

Die Hauptregenrinnen des Crystal Palace bestanden aus Holzbohlen. Senkrecht zu ihnen liefen die mit schmiedeeisernen Stäben unterspannten hölzernen Nebenrinnen, die die parallel zur Längsachse des Gebäudes laufenden Glasdächer trugen. Diese Nebenrinnen entfielen in München ganz, da sich das abwechselnd steigende und fallende Dachsystem direkt auf die senkrecht zur Längsachse ausgerichteten Dachträger stützen konnte. Das mittlere Querschiff benötigte im Gegensatz zu London kein höheres Traggitter, weil die zugehörigen Umfassungswände als Howe'sche Träger ausgebildet waren. Diese Vereinfachung der Konstruktion war in London wegen des Tonnendaches nicht möglich.

Da die Träger in München mit den Säulen verschraubt waren, glaubte man ohne vertikale Windverbände auszukommen. Zudem wurden die Londoner Diagonalstreben als häßlich empfunden. Lediglich in der Horizontalen verwendete man diagonal verspannte dünne Drähte, die kaum sichtbar waren. Diese Art des Windverbandes erwies sich als völlig ausreichend, da in den Gußeisensäulen nie Querrisse aufgetreten sind. Um starke Sonneneinstrahlung zu verhindern, mattierte man die Glastafeln der Dacheindeckung von unten mit Ölfarbe. Der gelegentlich auftretende Hagelschlag sollte durch auf dem Dach angebrachte Gitter aus verzinktem Eisendraht abgehalten werden. Beim Crystal Palace hatte man hierzu über die Dachungen gespannte grobe Leinwand verwendet. Bei der Ausfachung der Wände wurde in München weitgehend auf schmückendes Beiwerk verzichtet. Man verwendete Holzrahmen, die teilweise mit Holz verschalt, teilweise verglast wurden. Ventilationsöffnungen wurden jeweils im Bereich der Oberlichter angebracht, um Zugerscheinungen auszuschalten. Das große gußeiserne Gitter im Querschiff des Crystal Palace fand in München keine Entsprechung.

2.3 Stellung des Glaspalastes

Allgemein gilt das Münchener Ausstellungs-Gebäude als Folgebau des Crystal Palace. Beide Bauten entstanden unter vergleichbaren Bedingungen. Die in beiden Fällen zur Bedingung gemachte kurze Bauzeit schloß eine konventionelle Bauweise aus, sodaß man zu einer Konstruktion aus Gußeisen und Glas greifen mußte. Sowohl Paxton als auch Voit standen zwei durch längere Zusammenarbeit vertraute Unternehmen zur Verfügung: Fox und Henderson & Co in England, Cramer-Klett in Nürnberg. Beide Firmen hatten ihre ersten Erfahrungen im Eisenbahnbau gesammelt. Ihre leitenden Ingenieure, Charles Fox und Ludwig Werder, beide mit sicherem Instinkt für die Ausbildung technischer Details, waren wertvolle Helfer für die Lösung konstruktiver Aufgaben. Ihre organisatorische Erfahrung sorgte für einen reibungslosen Ablauf der Bautätigkeit und fristgemäße Erstellung des Gebäudes.[156]

Inwiefern unterscheidet sich der Glaspalast nun von seinem Londoner Vorbild? Zwar werden Grundlagen der Konzeption des Crystal Palace übernommen, wie die Verwendung eines Rastersystems, Verwendung normierter Bauteile. Beim Münchener Gebäude findet jedoch eine Umformung und eine schöpferische Weiterentwicklung statt, im Sinne einer Vereinfachung und folgerichtiger Durchbildung verschiedener Bauglieder, verbunden mit einem durch Materialersparnis erzielten ökonomischen Gewinn. Werden bereits beim Crystal Palace neue, dem Material innewohnende Funktionsverschmelzungen angewandt, – die hohl gegossenen Säulen des Stützensystems dienen zugleich als Abflußrohre für das Regenwasser –, geht dieses Bestreben in München noch weiter. Auch die Münchener Säulen sollten gleichzeitig den Abfluß des Regenwassers ermöglichen.

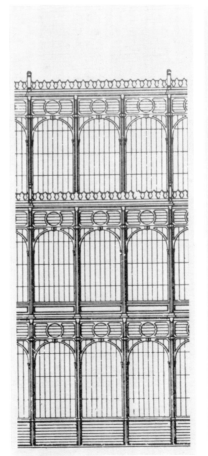

97 Crystal Palace in London, Rasterachse

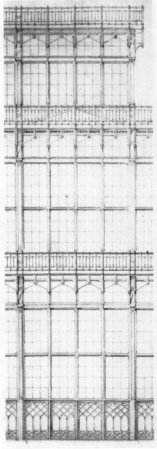

98 Glaspalast in München, Rasterachse

Die Gitterträger waren konsequenter durchgestaltet, da die als Regenrinnen ausgebildeten Teile auf den Obergurten zugleich eine tragende Funktion erfüllten. Die Umfassungswände des mittleren Querschiffes waren als Howe'sche Träger ausgebildet. Die hier auftretenden Kräfte wurden also mit äußerst geringem Materialaufwand abgefangen. Die Dachform folgte dem Londoner Vorbild, diente aber nun, der Größe und der Neigung der einzelnen Dachflächen entsprechend, eindeutig dem Zweck, anfallendes Regenwasser schnell abfließen zu lassen. Auch sind, zumindest in der Begründung zur Windsteifigkeit des Gebäudes, bereits Ansätze zum zweistieligen Rahmen zu finden.[157]

Der wesentlichste Fortschritt des Münchener Ausstellungs-Gebäudes zeigt sich jedoch in der Sichtbarmachung des strukturellen Gefüges nach außen (Abbildung 98). Füllende und tragende Stützen des Crystal Palace sind formal unterschiedslos gleich behandelt. Die Fassade stellte sich als eine kleingliedrige Achsfolge vor, die zusammen mit der ornamentalen, aus konventionellen Bauformen abgeleiteten Behandlung der Gitterträgerzone keine Rückschlüsse auf das strukturelle Gefüge des Bauwerkes erlaubte. Im Gegensatz hierzu steht die Ablesbarkeit der statischen Struktur des Münchener Ausstellungs-Gebäudes. Durch die formale Behandlung der Außenhaut werden tragende von nichttragenden Stützen deutlich erkennbar unterschieden. Die Zone der Gitterträger wird durch die Ausbildung in der Außenwand hervorgehoben. Die Struktur des statischen Gefüges wird, im Gegensatz zum Crystal Palace, nicht verborgen, sondern ausdrücklich zur Schau gestellt. Sie bleibt für den Betrachter erkennbar.

Diese Sichtbarmachung des statischen Gefüges ist das eigentlich Neue, das den Münchener Glaspalast von seinem Londoner Vorbild abhebt und in einer modern anmutenden Gesinnung weit in die Zukunft weist. Sie bedeutet die konsequente Loslösung eines Bauwerkes mit architektonischem Anspruch von einem überkommenen Formenkanon der traditionellen klassischen Baukunst. Dieser Baugedanke, die unverhüllte Ablesbarkeit der Struktur, wird in München in einem frühen Stadium klar und deutlich formuliert. Er bleibt jedoch vorzugsweise auf die kurze Zeitspanne bis etwa 1860 beschränkt. Der größer werdende Einfluß der bürgerlichen Kultur und ein neues Standesbewußtsein lassen die funktionelle Klarheit einer rationalen Ingenieurbaukunst in der Folgezeit zugunsten eines überkommenen reicheren Formenprinzips zurücktreten. So bleibt das Münchener Industrie-Ausstellungs-Gebäude ein Einzelfall seiner Epoche. Erst kurz nach der Jahrhundertwende entstehen wieder Bauten (Gropius, Bauhaus), die eine ähnlich konsequente Haltung in der architektonischen Gesinnung zeigen.

3 Situation der Ingenieurbaukunst in Bayern nach dem Bau des Glaspalastes

3.1 Konstruktive Aufgaben

Die Industrie-Ausstellung von 1854 schuf die Grundlage für eine kommende wirtschaftliche Entwicklung Bayerns. Aufstrebende Industrieunternehmen waren in zunehmendem Maße an der Entwicklung und Lösung neuer technischer Aufgaben beteiligt. Bayern lieferte vor allem wesentliche Beiträge zur Weiterentwicklung des Brückenbaus.

3.1.1 Der Gerberträger

Ein Träger, der über mehrere Stützenfelder läuft, ist wirtschaftlich, da er durch die günstige Ausnutzung der Biegemomente schwächer dimensioniert werden kann als ein von Feld zu Feld gespannter Träger. Er ist jedoch sehr empfindlich gegen in der Praxis nicht zu vermeidende Stützensenkungen, die leicht zum Einsturz führen können. Genauere statische Erkenntnisse hatten bereits vor 1850 eine Lösung des Problems angedeutet. Gelenke, angebracht an den Stellen, wo der Träger am geringsten belastet wird, in den Nullpunkten der Momentlinie also, sollten nur für eine bessere Standsicherheit sorgen. Es mag an der Ungewöhnlichkeit dieses Vorschlages gelegen haben, daß er erst nach 1860 wieder aufgegriffen wurde. 1866 jedenfalls meldete Heinrich Gerber ein »System für Träger mit freischwebenden Gelenkstützpunkten« zum Patent an, den später nach ihm benannten Gerber-Träger.[158] Krag- und Koppelträger waren so aneinandergereiht, daß in jedem zweiten Stützenfeld Gelenke angebracht wurden. Dies wirkte sich zusätzlich positiv auf die Standsicherheit der Konstruktion aus. Gerber wandte sein Patent zum erstenmal 1866 beim Bau der Straßenbrücke über den Main bei Hassfurt an, deren freie Mittelöffnung 130 Meter betrug. Aus Sparsamkeitsgründen bildete er die Brückenform, vom Fach-

99 Brücke über den Firth of Forth

werkträger abgeleitet, so aus, daß alle Stäbe ein gleiches Widerstandsmoment aufweisen sollten. Die dem Verlauf der Momentenlinie folgenden Gurtbögen erzeugten jedoch ein unruhiges Erscheinungsbild der Brücke, welches ästhetisch unbefriedigend wirkte. Grundsätzlich eignet sich das System Gerbers jedoch für Vollwand- und Fachwerksträger jeder Art. Sehr weitgespannte Brücken wurden nach diesem System errichtet. Eine der kühnsten dieser Art ist die Brücke über den Firth of Forth, zwischen 1863 und 1890 von John Fowler und Benjamin Baker in England entworfen und gebaut.[159] Beide Hauptöffnungen der Brücke weisen eine freie Stützweite von je 524 Metern auf. Auch im Hochbau fand der Gerber-Träger Verwendung. Bahnhöfe und Ausstellungshallen wurden damit überdacht.

3.1.2 Der Dreigelenkbogen

Zur gleichen Zeit arbeitete der Bauingenieur Schwedler an einem Dreigelenksystem für Bogenbinder.[160] Die mechanischen und elastischen Eigenschaften einer Eisenkonstruktion verlangen eine bewegliche und verschiebbare Ausbildung der Auflager. Diese Bedingung ist bei Trägern mit gerader Hauptachse leicht zu erfüllen.[161] Bei bogenförmigen Trägern treten jedoch auf Grund der geometrischen Form Kämpferdrücke auf, die schräg nach unten führen. Sie können nur durch Zugbänder oder entsprechend verstärkte Fundamente aufgenommen werden. Da beide Lager unbeweglich ausgebildet sein müssen, treten innerhalb der Konstruktion bei Belastung Spannungen auf, die keine genaue Berechnung ermöglichen. Die Konstruktion ist statisch unbestimmt. Schwedler umging das Problem durch Einfügen eines dritten Gelenkes.

1863 errichtete er ein 33 Meter weit gespanntes Dach über dem Retortenhaus der Imperial-Continental-Gas-Association in Berlin. Die Konstruktion bestand aus zwei Fachwerkbogen und besaß ein scharnierartiges Gelenk in der Firstspitze.[162] Das Firstgelenk wurde vermutlich eingeführt, um den Zusammenbau auf der Baustelle zu erleichtern. Dadurch konnte das Montagegerüst entfallen.

Dieses dritte Gelenk deutet jedoch die weitere Entwicklung an: Es wird zu einem konstruktiven Element umgebildet. Beide Trägerhälften werden damit beweglich und sind statisch bestimmt. Rechnerisch sind sie genau zu erfassen. Als Schwedler 1865 einen Schuppen für den Dampfhammer des Bochumer Vereins errichtet, ist die Konstruktion ausgereift, die verwendeten Gelenke sind dem Material entsprechend ausgebildet. Außerdem verwendete Schwedler in diesem Falle eine Sonderform des Bogenbinders, die Stütze und Träger zu einer Rahmenkonstruktion vereinigt. Auch diese Form sollte sich als entwicklungsfähig zeigen. Sie erwies sich besonders zweckmäßig bei Gebäuden, deren Außenflächen weitgehend verglast sind. Schon 1860 benutzte Voit eine ähnliche Konstruktion bei der Planung für die Neubauten im Königlichen Botanischen Garten.[163]

Schwedlers Dreigelenkbogen findet bis zum Ende des 19. Jahrhunderts vorzugsweise beim Bau von Bahnhofshallen in ihrer klassischen Form Verwendung. Zu welchen Leistungen dieser ausgereifte und theoretisch vollkommene Baugedanke fähig war, zeigt jedoch am deutlichsten die für die Pariser Weltausstellung von 1889 errichtete Galerie des Machines. Geplant von dem Architekten Dutert und dem Ingenieur Contamin wurde eine Aus-

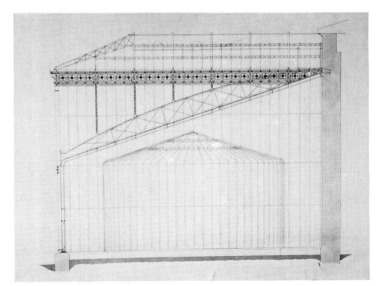

100 Schnitt durch das Gewächshaus im botanischen Garten München, August v. Voit um 1860

101 Galerie des Machines, Paris 1889

stellungshalle von 115 m Breite und 43 m Höhe überspannt. Die auf den vergleichsweise zierlich ausgebildeten Gelenken ruhenden gewaltigen Stahlgitterträger verliehen dem riesigen Gebäude etwas Schwebendes. Sie stellten einen radikalen Bruch mit überlieferten Bauformen dar, da sie die Gesetze der Tektonik zu negieren schienen.

3.2 Bauaufgaben

In den folgenden Jahren findet der neue Werkstoff Eisen nur zögernd Verwendung. Die sich langsam wandelnde wirtschaftliche Struktur Bayerns und mangelnde Erfahrung sind hinderlich für eine schnelle Verbreitung. Eisenkonstruktionen findet man vorwiegend nur im Eisenbahnbau.

3.2.1 Brücken, Bahnhöfe

Zwei wesentliche Brückenbauten aus der Anfangszeit sind die bereits erwähnte Großhesseloher Brücke von Pauli (1857) und die Mainbrücke bei Haßfurt von Gerber (1867). Neben diesen beiden Brücken errichtete man zahlreiche kleinere Brücken, die durch das sich rasch vergrößernde Eisenbahnnetz nötig wurden. Die meisten dieser Brücken konstruierte das Zweigwerk der Firma Cramer-Klett in Gustavsburg, unter der Leitung Gerbers, da es sich auf den Brückenbau spezialisiert hatte. Zwischen 1859 und 1862 entstand die Rheinbrücke Mainz-Kastel mit einer Gesamtlänge von 1036 m. Bis 1861 wurden 53 Straßen- und Eisenbahnbrücken nach dem System Paulis gebaut, 1863 zwei Straßenbrücken über die Donau bei Deggendorf und Kehlheim. 1864 entstanden Bahnbrücken bei Kitzingen, Einersheim und Emskirchen.

- 1866 Bahnbrücke über die Künzig bei Gelnhausen Straßenbrücke über den Main bei Unnersdorf
- 1866 entstand der Steg über den Pöllat-Wasserfall bei Hohenschwangau
- 1867 wurden neben der Haßfurter Brücke 10 Brücken der Bahnlinie München-Ingolstadt gebaut und eine weitere Straßenbrücke über die Pegnitz in Bamberg
- 1867/69 wurde von dem gleichen Unternehmen der Bau der großen Bahnhofshalle in Zürich übernommen.[164]

In der Zeit zwischen 1868 bis 1877 wurden die übrigen Hauptwege des Schienennetzes der Bayerischen Staatsbahnen verlegt. Sie machten den Bau vieler weiterer Brücken erforderlich. Die gleichzeitig entstehenden Bahnhofsbauten sind ohne Einfluß auf die weitere Entwicklung. Der Münchener Hauptbahnhof erhielt erst 1883 eine neue Einsteighalle. Unter der Leitung Gerbers entstand eine vierschiffige Anlage, die mit Sichelträgern von je 35 m Spannweite überdeckt wurde.[165] Gegen Ende des Jahrhunderts trat die Verwendung von Gußeisen zugunsten des Schmiedeeisens zurück, da ein verbessertes und vereinfachtes Herstellungsverfahren für dessen Verbreitung sorgte.

3.2.2 Gewächshäuser im botanischen Garten Wintergärten

Die Zahl der in der Zeit nach der Münchener Industrie-Ausstellung entstanden Gewächshäuser und Wintergärten ist nicht abzuschätzen. München bildete keine Ausnahme. Beide Bautypen sind durch bemerkenswerte Beispiele vertreten, durch die Gewächshäuser im Königlichen Botanischen Garten und durch den Wintergarten König Ludwig II. über dem Königssaal der Residenz. August von Voit plante und leitete die Neubauten im Königlichen botanischen Garten in den Jahren 1860 bis 1865, nachdem er sich auf einer Studienreise nach Berlin und in andere norddeutsche Städte im Frühjahr 1860 mit den technischen Problemen vertraut gemacht hatte.[166] Der botanische Garten lag in der westlichen Hälfte des Grundstücks, das im Norden von der Karlstraße, im Süden von der Sophienstraße, im Osten und Westen von der Arcis- und Luisenstraße begrenzt ist. An der Nordseite, parallel zur Karlstraße stand der in Backstein errichtete Museumsbau, an den sich auf der Südseite die Gewächshäuser anlehnten. Diese erhoben sich über einer Terrasse, in deren Kellergeschoß sind die Heizungs- und Nebenräume befanden. Die Gewächshäuser bestanden aus einem Palmenhaus in der Mitte und je einem nach Westen und Osten anschließenden Kalt- und Warmhaus. Dem Hauptgebäude auf der Südseite vorgelagert und abgesenkt, um eine Verschattung zu vermeiden, befanden sich zusätzlich je ein kleines Kalt- und Warmhaus und ein Aquarium für die Wasserpflanzen. Um Schwitzwasser zu vermeiden, waren die Verglasungen der Hauptgebäude doppelt ausgeführt und die tragenden Teile der Konstruktion nach außen gelegt worden.

Das Palmenhaus wurde über einem quadratischen Grundriß errichtet. Über einem andeutungsweise ausgebildeten flach geneigten Walmdach erhob sich eine stützenlose Kuppel von 50 Fuß (etwa 14,55 m) Durchmesser. Die erforderlichen Stützen bestanden aus Gußeisen, die als Gitterträger ausgebildeten Hauptsparren der Kuppel waren aus Schmiedeeisen und Eisenblech zusammengesetzt. Anschließend nach Osten und Westen befanden sich zwei kleinere Räume, die auf einem rechteckigen Grundriß mit nach außen abschließendem Viertelkreis aufgebaut waren. Zusammen mit dem Kuppelbau bildeten sie eine räumliche Einheit. Links und rechts symmetrisch zu diesen angeordnet schlossen sich das große Warmhaus und das große Kalthaus an. Sie bestanden jeweils aus einem mit einem Pultdach versehenen niederen Baukörper mit einem Querpavillon an den Enden, der mit einem Satteldach gedeckt war. Den Abschluß bildeten zwei auf einem Halbkreis aufgebaute kleinere Räume, die wieder ein radial angeordnetes Pultdach bedeckte (Abbildung 102). Auch hier waren alle Hauptsparren als zusammengesetzte Gitterträger ausgebildet, das um 18 Grad geneigte Pultdach ging durch Krümmung ohne Unterbrechung in die Wand über. Da sämtliche Außenwand- und Dachflächen verglast waren, konnte das einfallende Sonnenlicht gut ausgenutzt werden. Drahtgitter und ein Geflecht aus feinen Holzstäben sorgten für Schutz gegen Hagelschlag.

Der Wintergarten König Ludwig II. entstand zwischen 1867 und 1869 über dem nordwestlichen Trakt des Festsaalbaues der Münchener Residenz (Abbildung 104). Er war von den königlichen Gemächern im Nordwesten direkt zugänglich und überdeckte die gesamte Dachfläche bis zum Mittelbau in Form einer Halbtonne. Ein kurzer Quertrakt in der Mitte von gleichem Querschnitt gab den Blick nach Süden in den angrenzenden Innenhof frei. Die Konstruktion bestand aus durchgehenden Gitterträgern in der Form eines Halbbogens, die von einer Tochterfirma Cramer-Kletts geliefert und montiert wurden. Die gesamte Dachfläche war auf der Innenseite verglast. Matten, vermutlich aus Holzstäben, schützten gegen starke Sonnenstrahlen und Unwetter. Öffnungen im Scheitel des Gewölbes sorgten für Frischluft (Abbildung 103). Die üppige gärtnerische Gestaltung wurde von Carl von Effner geplant.[167]

102 Gewächshäuser im Königlichen botanischen Garten, München

103 München, Residenz. Wintergarten König Ludwig II. Innenansicht nach Osten. Fotografie von Joseph Albert um 1870

104 München, Residenz. Hofgartenfront mit dem aufgesetzten Wintergarten König Ludwig II. Fotografie von Joseph Albert um 1870

105 Glaspalast, Ansicht von Südosten. Photographie Verlag Carl Teufel
um 1890

Die kulturpolitische Bedeutung des Glaspalastes

1 Die politische Situation zur Zeit der Industrie-Ausstellung

Die zur Zeit der Napoleonischen Kriege verhängte Kontinentalsperre hatte sich, trotz ihrer Nachteile, fördernd auf die wirtschaftliche Tätigkeit in weiten Teilen der deutschen Staaten ausgewirkt. An vielen Orten entstanden kleinere Betriebe, die Ersatz für fehlende Gebrauchsgüter zu schaffen suchten. Nach dem Sturz Napoleon und der Aufhebung der Kontinentalsperre wurde jedoch der deutsche Markt mit englischen Produkten überschwemmt. Da diese Waren billig angeboten wurden, England zudem ausländische Waren mit Einfuhrzöllen belegte, stockte der deutsche Warenabsatz. Viele der neu gegründeten Produktionsstätten mußten deshalb schließen. Während auch Frankreich, Rußland und Österreich Einfuhrzölle erhoben, waren die Klein- und Mittelstaaten Deutschlands noch damit beschäftigt, ihre inneren Zollschranken zu beseitigen. 1819 wurde die Gründung eines Deutschen Handels- und Gewerbevereins beschlossen, aber erst 1834 trat der Große Deutsche Zollverein unter preußischer Führung zusammen. Er war die Vorstufe sowohl zur politischen Einigung als auch zur Industrialisierung Deutschlands. Bis zur Jahrhundertmitte waren hier lediglich zwei größere Industriezentren entstanden, in Rheinland-Westfalen und im Königreich Sachsen. In Bayern waren zu dieser Zeit Betriebe mit mehr als 10 Arbeitern selten. Größere Fabriken gab es nur in Augsburg, Nürnberg und München bei Maffei, Ertl und Mannhardt. Mit den Fabrikgründungen entstand zugleich ein städtisches Proletariat, das sich aus Fabrikarbeitern, Tagelöhnern und Gewerbetreibenden zusammensetzte. Die zwar nicht liberale, aber freiheitliche Regierung unter König Ludwig I. wurde nach den Unruhen von 1830 und dem Hambacher Fest 1832 in eine reaktionäre umgewandelt. Wachsende Unzufriedenheit des Kleinbürgertums führte in Verbindung mit dem Proletariat zur Märzrevolution des Jahres 1848. König Ludwig I. dankte am 20. März zugunsten seines Sohnes Maximilian ab. Bayern war bis zu diesem Zeitpunkt ein vorwiegend agrarisch strukturierter Staat geblieben.

2 Die Industrie-Ausstellung als politisches Manifest König Maximilian II.

Die Londoner Weltausstellung 1851 hatte die Überlegenheit englischer Fabrikerzeugnisse erwiesen. Dazu kam die Vorrangstellung französischer kunstgewerblicher Produkte. Bayerns Industrie und Gewerbe konnte, bedingt durch seine wirtschaftliche Struktur und die reaktionäre Zeit vor der Märzrevolution, keinem Vergleich standhalten. Unter der wohlwollenden Zustimmung König Max II. wurde 1850 zwar ein »Verein zur Ausbildung der Gewerke« gegründet,[168] hochwertige Industrieprodukte und gewerbliche Artikel mußten jedoch aus England und Frankreich bezogen werden. Dagegen gab es in Bayern eine große Zahl Arbeitsloser, für die Arbeitsplätze zu schaffen waren. Es war deshalb ein Anliegen König Max II., Industrie und Gewerbe zu fördern, um diese Mißstände zu beseitigen. Auch förderte der König in besonderem Maße Wissenschaft und Technik. Namhafte Wissenschaftler wurden aus allen Teilen Deutschlands nach München berufen. Die Fortschrittsgläubigkeit und das erwachsende nationale Bewußtsein suchten nach einem gemäßen Ausdruck. Der Leistungsvergleich der für 1854 anbefohlenen Industrie-Ausstellung sollte als Herausforderung und Ansporn für die heimische Industrie und das Handwerk dienen. Für den Ausstellungs-Bau wählte man die »modernen« Materialien Eisen und Glas, um den Stand einer industriellen Entwicklung zu symbolisieren. Fortschrittlichkeit und Aufgeschlossenheit des politischen Systems sollte dem Bürgertum sinnbildlich vor Augen geführt werden.

3 Der Glaspalast als Bedeutungsträger

Form

Gegenüber seinem Londoner Vorbild, dem Crystal Palace, dessen vergleichsweise riesige Dimensionen sich ins Unendliche verlieren, ist das Münchener Ausstellungs-Gebäude ein reich gegliedertes, palastartiges Gebilde. Mit seinem Mittelbau und den Endrisaliten erinnert der Umriß an die Architekturen barocker Schloßbauten. Das gefällige Äußere ist bemüht, ästheti-

106 Eisenwerk Hirschau, zeitgen. Lithographie v. A. Podesta

schen Ansprüchen zu genügen. Das, obwohl mit geringen Mitteln entstandene, formal aufwendige Gebäude, repräsentiert ein neues Bewußtsein des Staates. Lieblingsidee König Max II. und des Staates war der Trias, d.h. ein Zusammenschluß der Klein- und Mittelstaaten Deutschlands unter der Führung Bayerns, um ein Gegengewicht zu Preußen und Österreich zu schaffen. Die palastartige Form des Gebäudes assoziiert den Machtanspruch absolutistischer Herrscher barocker Prägung. So ist das Bauwerk in seinem äußeren Erscheinungsbild als ein Symbol für die Regierungsgewalt König Max II. zu sehen. Das Rasterschema des Grundrisses, die starre Stützenordnung, die streng axiale Symmetrie der Anlage, die harmonisch gegliederte Fassade sind Sinnbild des idealen Staates, sind Sinnbild für Ordnung und Harmonie.

Material

Als repräsentatives Bauwerk wird der Glaspalast in den neuen Baumaterialien Eisen und Glas errichtet. Dies kennzeichnet die aufgeschlossene, fortschrittliche Haltung des Staates, ist aber auch als Anreiz für eine in den Anfängen stehende Industrie zu sehen. Wissenschaft und Forschung wurden von König Max II. gefördert und zu einer Blüte gebracht, deren Folgen von weitreichender Bedeutung waren.

Stil

Der sparsam verwendete Schmuck bleibt auf diejenigen Architekturglieder beschränkt, die sich wegen ihrer körperhaften Form hierzu am ehesten anbieten: Säulenfüße, Kapitelle, Wandausfachungen, Gesimse, Leibungen. Es werden vorwiegend mittelalterliche Motive verarbeitet. Sie entsprechen den Forderungen, das »... Formenprinzip der altdeutschen, sogenannten gothischen Architektur, und beim Ornament die Anwendung deutscher Thier- und Pflanzenformen ...« zum Vorbild zu nehmen.[169] Auffallend ist die innerhalb einer Hintergrundfläche sparsame Anordnung zart ausgebildeter Ornamente, ist die strenge Symmetrie. Wie eine »geheime klassizistische Ordnung« wird so die Folie gebildet für die der gotischen Formenwelt entnommenen gleichsam gefilterten ornamentalen Strukturen. So entstehen auf der Basis des Klassizismus charakteristische neue Mischformen. Die klassizistische Grundtendenz ist Ausdruck für Ordnung und Harmonie. Die aus der traditionellen Steinarchitektur abgeleiteten Formen der Säulen und Wandausfachungen sind der rheinischen Hoch- und Spätromantik entlehnt. Die verwendeten gotischen Formelemente wurden ohnehin als national empfunden und sind Ausdruck vaterländischer Gesinnung.

Ausstattung

Die Innenausstattung des Glaspalastes tritt, dem Zweck einer Ausstellungshalle entsprechend, sehr zurück. Wichtiges raumgliederndes Element sind die drei Brunnen. Mit ihren Fontänen dienen sie nicht nur der Kühlung und der Lufterfrischung, sie sind Schmuck und Festpunkte zugleich. Die Art der Anordnung korrespondiert mit der Außenanlage und lehnt sich an barocke Vorbilder an. Sie stellen ein Symbol der Ordnung dar.
In der Gestaltung ihrer Schalen, in den Details finden sich Anklänge an mittelalterliche Formen als Zeichen deutsch-nationaler, vaterländischer Gesinnung. Die Verwendung schmückender gußeiserner Ornamente an den Architekturgliedern geschieht äußerst maßvoll. Wohl spielt hierbei der geringe Bauetat und auch der Zeitdruck beim Bau des Gebäudes eine gewisse Rolle. So bestimmt Voit, daß »... das Geländer der Gallerie, um Modellkosten zu ersparen, ganz dasselbe wie das im Äußeren des Gebäudes werden kann ...« Es ist aber auch das Bestreben zu einer weiteren Vereinfachung im Sinne einer Reduktion auf die wesentlichen konstruktiven Glieder des Bauwerkes, und damit die Verdeutlichung der Struktur des Innenraumes zu erkennen. Dies ist als das Zeichen einer Huldigung an den Fortschritt, an den »modernen« Ingenieurbau und seine filigrane Struktur ausdeutbar. So wurden lediglich Architekturglieder mit gußeisernen Ornamenten versehen, die sich durch ihre Körperlichkeit hierzu am ehesten anbieten: Säulen, Türleibungen, Wandausfachungen. Die zum Verbergen der konstruktiv bedingten Knoten notwendigen gußeisernen Hülsen werden in der Form von Säulenfuß und Kapitell ausgeformt. Sie sollen, aus der Bautradition abgeleitet, sinnbildhaft die stützende Funktion der Säule verdeutlichen. Die verwendeten spätgotischen Formen, die der deutschen Pflanzen- und Tierwelt entlehnten stilisierten Formelemente sind wiederum Zeichen deutsch-nationalen Empfindens.

4 Die Industrieausstellung, der Glaspalast und die Entwicklung der Industrie in Bayern

Die Regierung König Ludwig I. hatte vor allem das Kunstgewerbe in den staatlichen Manufakturen gefördert. Die zaghaften Anfänge privater industrieller Unternehmen scheiterten in der reaktionären Phase der Regierung nach 1832. Der Versuch König Maximilian II., mit der Industrie-Ausstellung 1854 das Zeichen für einen Neubeginn zu setzen, konnte keinen unmittelbaren Erfolg zeigen. Der wirtschaftliche Rückstand gegenüber dem Ausland, Norddeutschland eingeschlossen, war groß. Es fehlten sowohl das Kapital als auch die Rohstoffe für einen industriellen Aufschwung.
Charakteristisch für diese Zeit sind die Bestrebungen des Theodor Cramer-Klett, dessen Lebenswerk bestimmend wurde für die Entwicklung der bayerischen Industrie sowie der Finanz- und Verkehrspolitik im 19. Jahrhundert.[170] Theodor Cramer, geboren 1817 in Nürnberg, übernahm nach einer Bankausbildung 1847 die Fabrik seines Schwiegervaters Johann Friedrich Klett als kaufmännischer Leiter. Die Firma Klett & Co. hatte bis dahin Eisengußwaren hergestellt. 1848 konnte man den gelernten Kunstschlosser und Leiter der königlichen Wagenbaustätte in Nürnberg, Ludwig Werder, für die technische Oberleitung des Betriebes gewinnen. Als günstig erwies sich für das junge, aufstrebende Unternehmen die Auflösung der staatlichen Eisenbahnbauanstalt im Jahre 1849. Die meisten Folge-Aufträge konnte Cramer-Klett übernehmen. Hoch- und Brückenbauten folgten, Dampfmaschinen wurden gebaut. Bis zu diesem Zeitpunkt wurden, wie in Manufakturen üblich, Produkte nur nach dem vorhandenen Bedarf erzeugt. Als Neuerung führte Cramer-Klett ein, seine Produkte auf Vorrat herzustellen. Der finanzielle Gewinn erfolgte jedoch erst beim Verkauf der Ware. Dazu kam die Be-

reitstellung der teuren Produktionseinrichtungen. Das damit zusammenhängende Problem der Kapitalbeschaffung war nur mit Hilfe von Banken zu lösen.

Die bestehenden staatlichen Banken gaben jedoch, vor allem Gewerbetreibenden, nur zögernd Kredit. Deshalb gründete Cramer-Klett 1853 eine Privatbank, die Darmstädter Bank, um finanziell unabhängig zu sein. Nach der Gründung verschiedener Tochtergesellschaften setzte ab 1868 eine rege industrielle Tätigkeit ein. Es erfolgte ein rascher Übergang zum kapitalistischen Finanzgeschäft mit den Merkmalen einer Industrie- und Handelsbank. Weitere Bankgründungen in München, an denen Cramer-Klett beteiligt war, erfolgten 1871: Merck, Christian & Co., umgewandelt 1879 in Merck, Fink & Co., und 1880: Münchener Rückversicherungsgesellschaft. Auch die Süddeutsche Boden-Creditbank und die Maschinenfabrik Augsburg-Nürnberg AG zählen zu seinen Gründungen. Nach Verleihung der Freiherrnwürde 1876, starb Theodor von Cramer-Klett 1886 in München.

5 Der Ingenieurbau

Das Verhältnis von Architekt und Ingenieur aus der Sicht Voits

Bis zum Ende des 18. Jahrhunderts gab es keine Trennung zwischen Baukunst und Bautechnik. Der Baumeister war Architekt und Ingenieur in einer Person. Durch den technischen Fortschritt entstanden neue Bauaufgaben. Neue wissenschaftliche Erkenntnisse in der Statik, neue Baustoffe, neue Gebäudetypen für Handel und Verkehr und Fabrikanlagen erforderten ein Wissen, das ein Fachmann allein nicht mehr überblicken konnte. Die hieraus resultierende Trennung von Architekt und Ingenieur war außerhalb Bayerns schon lange zuvor durchgeführt worden. Auch Voit befürwortete diese Aufteilung an vielen Stellen, da man »… eine ganz ungetheilte Lebenszeit nöthig hat, um ein tüchtiger Ingenieur oder ein durchgebildeter Landbaumeister zu werden …«[171] Voits Vorschlag war, daß Baubeflissene sich Kenntnisse in allen Zweigen der Baukunst aneignen, in deren Ausübung jedoch sich nur einem Fach widmen sollten.[172]

Wie Voit sich die Zusammenarbeit von Architekt und Ingenieur vorstellte, zeigte beim Bau des Glaspalastes die Beteiligung Ludwig Werders. Ludwig Werder (1808–1885) erlernte das Schlosserhandwerk. 1832 bis 1840 arbeitete er bei dem Münchener Feinmechaniker Mannhardt, dessen Unternehmen unter anderem die Eisenbinder für die Walhalla bei Regensburg mit Werder als Werkmeister lieferte. Als er 1848 bei der Firma Klett & Co. die technische Leitung übernahm, besaß er bereits Erfahrung auf dem Gebiet des Hochbaus und in der Organisation größerer Unternehmen. Sowohl die Erfahrung des Architekten Voit in gestalterischer und technischer Hinsicht, als die des Ingenieurs Werder in technischen und organisatorischen Belangen ermöglichten den für die damalige Zeit in Bayern ungewöhnlichen Bau. Architekt und Ingenieur erarbeiteten gemeinsam, jeder auf seinem Gebiet, die Lösung einer Bauaufgabe. Werders Ausbildungsweg kennzeichnet die mangelhafte Ausbildungsmöglichkeiten von Technikern in Bayern vor 1848. Durch König Ludwig I. wurde hauptsächlich die Kunst gefördert, jedoch wurden schon Bestrebungen sichtbar, die Ausbildung im Bauwesen zu verbessern und den technischen Unterricht der Entwicklung anzupassen. Unter König Max II. wurde nach dem Bau des Glaspalastes eine Ausbildungsreform eingeleitet.

Entwicklungsstand der Statik, Prüfmethoden

Bis zur Mitte des 19. Jahrhunderts hatte Deutschland hauptsächlich theoretische Anregungen zum Eisenbau geliefert. Neben den Untersuchungen über Fachwerkbinder durch R. Wiegmann 1836 und den nach 1850 beginnenden Überlegungen Paulis, lieferten J. W. Schwedler und K. Culmann 1851 wichtige Beiträge zur Theorie des eisernen Fachwerks. Das Fachwerk sollte in der Folgezeit zur bestimmenden Konstruktionsform für Binder aller Art werden. Bereits im Glaspalast wurden Fachwerkträger in einfacher, zusammengesetzter Form zur Überdeckung der Hauptschiffe und Galerien verwendet. Die Umfassungswände des mittleren Querschiffes waren als Howe'sche Träger ausgebildet. Die mangelnde Materialkenntnis und das inhomogene Gußeisenmaterial der Anfangszeit machten es erforderlich, die verwendeten Bauteile vor dem Einbau Probebelastungen auszusetzen. Prüfmaschinen wie die Werdersche wurden noch bis zur Jahrhundertwende benutzt, um Aufschluß über fehlerhafte Stellen in den Gußteilen zu erhalten. Der wirtschaftliche Aufschwung der sechziger Jahre gestattete eine häufigere Verwendung des neuen Materials. Theoretische Kenntnisse konnten in die Praxis umgesetzt werden. Dies wirkte sich wiederum günstig auf die weitere Entwicklung aus. Der Dreigelenkbogen Schwedlers 1863, der Gerberträger 1866, die theoretischen Arbeiten von Culmann, Ritter, Cremona und anwachsende Dimensionen sind Zeugen einer raschen Entwicklung des Ingenieurbaus in Theorie und Praxis.

107 »Das Innere vom Industrie-Ausstellungs-Gebäude in München«

108 Glaspalast, Innenansicht von der Zwischengalerie im Westen.
Fotografie von Joseph Albert

Schluß

Die industrielle Revolution, die in England schon vor 1800 begonnen hatte, führte im Laufe des 19. Jahrhunderts zur Industrialisierung Europas. Durch neue Produktionsmöglichkeiten und neue Bauaufgaben wurden Voraussetzungen und Grundlagen für eine neue Bautechnik geschaffen.
Die Erzeugung industrieller Massenprodukte führte zu einem Anwachsen von Handel und Verkehr. Dies erforderte die Bewältigung neuer Bauaufgaben: Hallen jeglicher Art, Brückenbauten. Allen diesen Bauformen war die Forderung nach weit überspannten Räumen gemeinsam. Die Möglichkeit, den Baustoff Eisen in großen Mengen herzustellen und die quantitative Beherrschung der Statik führten zu Lösungen, die im Gegensatz zu den Formgesetzen der klassischen Architektur standen. Bauaufgabe und Bautechnik beeinflußten sich wechselseitig. Die quantitative, rechnerisch erfaßbare Beherrschung der Baustatik führte im Eisenbau zu einer Verdichtung der strukturellen Kräfte, zu elementaren Kraftlinien und zu einer äußersten Ökonomie des Materialeinsatzes. Nicht mehr so fest wie möglich, sondern so fest und sicher wie gerade nötig wurden die Konstruktionen durchgeführt. Gedanken dieser Art – Trennung in tragende und hüllende Bauglieder – wiesen bereits steinerne Bauformen des Mittelalters auf. Das wesentlich Neue der Eisenbauweise war jedoch die Ausnutzung der Zugkraft, einer dem Eisen innewohnenden spezifischen Eigenschaft, die letzthin zu neuen strukturellen Bauformen führte. Vor allem in der Frühzeit des Eisen- und Ingenieurbaus entstand eine rational begründete und auf architektonische Urformen zurückzuführende Bauweise, deren Vorläufer in ihrer Sachlichkeit bereits in der vorklassizistischen Revolutionsarchitektur zu finden sind.
In England, wo zunächst der Bau von Gewächshäusern neue architektonische Strukturformen erzeugte, führte über wenige Zwischenglieder ein direkter Weg zum Londoner Crystal Palace von 1851. Das technische Können und die Erfahrung der beteiligten Unternehmer und Ingenieure wuchsen von Aufgabe zu Aufgabe. Entscheidend trug auch die Zusammenarbeit von Architekten und Ingenieuren zum Gelingen solch ungewohnter, riesiger Bauvorhaben bei. In Deutschland, wo die industrielle Entwicklung ein halbes Jahrhundert später einsetzte, konnte man auf diese Erfahrungen zurückgreifen. In Zeitschriften und Publikationen hatte man an der Entwicklung regen Anteil genommen. Wichtige theoretische Überlegungen und Anregungen zur Statik gingen von Deutschland aus. Durch den Eisenbahnbau und dessen Zuliefererbetriebe etablierten sich Unternehmen, die mit ihrem technischen Können, ihren Produktionsstätten und ihrer Erfahrung erst so große Bauvorhaben wie den Glaspalast durchzuführen vermochten. Übernommen wurden Produktionsmethoden und die damit zusammenhängenden Probleme, die im Laufe der Zeit nichts von ihrer Aktualität verloren haben und auch nicht wesentlich verbessert werden konnten. Sämtliche, der industriellen Produktionsweise innewohnenden Merkmale waren bereits vorgebildet. Kennzeichnend ist die Zerlegung in große, vorfabrizierte, normierte Bauteile, die eine rasche Montage ermöglichen. Durch beliebige Addition der Rasterachsen entsteht ein flexibler, weitgehend stützenfreier Grundriß. Das Bauen im Taktverfahren wurde vorgeprägt. Technische und gestalterische Probleme nahmen bereits einen solchen Umfang an, daß sie nur noch in Zusammenarbeit von Architekt und Techniker gelöst werden konnten.
Wurden diese Voraussetzungen schon in England entwickelt, so geht der Münchener Glaspalast in der konsequenten Anwendung der von der Industrie gelieferten Mittel darüber hinaus. Seine Modernität zeigt sich in der unverhüllten Darstellung und Verdeutlichung des konstruktiven Gefüges. Tragende und hüllende Glieder sind erkennbar voneinander unterschieden. Es ist dies der Anfang eines Weges, der von der traditionellen Baukunst mit ihren formalen Problemen wegführen sollte, zu einem neuen ästhetischen Verständnis der Ingenieurbaukunst mit ihren eigenen Gesetzmäßigkeiten. Der Glas- und Eisenbau ist in dieser Form typisch für einen bestimmten Zeitabschnitt der Architekturgeschichte des 19. Jahrhunderts. Ein Bau wie der Glaspalast ist eine singuläre Erscheinung im deutschsprachigen Raum. Er bleibt dort auch ohne unmittelbaren Nachfolger.
Das Repräsentationsbedürfnis des Staates verlangte nach einer Bauform, die in ihrem Umriß Anklänge an barocke Schloßanlagen aufwies. Die Fortschrittsgläubigkeit der Zeit, insbesondere der Glaube an die Technik, das Streben nach materieller und ästhetischer Ökonomie begünstigten eine Architektur, deren sachliche, rationale Formensprache neu war. Die Ausbildung der

109 Etienne-Louis Boulée, Entwurf für ein Kenotaph Newtons, 1784

einzelnen Bauglieder zeigte durchaus Anklänge an die zeitgenössische Architektur. Man verwendete mittelalterliche Formen, da sie als national empfunden wurden. Auch der basilikale Querschnitt des Gebäudes verwies auf klassische Beispiele. Bei aller Modernität zeugt die Verwendung und Umdeutung klassischer Formen also von einer Kontinuität der Bautradition. Allerdings blieb die revolutionäre Entwicklung der Eisenkonstruktion ohne sichtbaren Einfluß auf die Architektur. Durch die mit der industriellen Revolution einhergehende Umstrukturierung der Gesellschaft wurde das Gewicht auf das Bürgertum verlagert. Der wachsende Wohlstand der sechziger Jahre, das erwachende Selbstbewußtsein des Bürgerstandes verlangte nach einem Repräsentationsbedürfnis, welches die Ingenieurbaukunst nicht befriedigen konnte. Eine Weiterentwicklung der Ingenieurbaukunst fand abseits dieser offiziellen bürgerlichen Architektur statt, in Ausstellungsgebäuden, in Fabrikhallen. Ihre neuen Erkenntnisse und Gestaltungsprinzipien wurden jedoch oft in den Dienst der bürgerlichen Architektur gestellt. Sie wirkten sich in indirekter Weise auch auf diese befruchtend aus. Die funktionelle Klarheit der statischen Struktur des Glaspalastes sollte erst anfangs des 20. Jahrhunderts ihre Nachfolger finden.

112 Freiherr von der Pfordten, 1811 – 1880

113 Ludwig Werder, 1808 – 1885

110 Walter Gropius, Adolf Meyer, Fagus-Werke in Alfeld, 1911 – 1914

111 Der Glaspalast von Südwesten, um 1900

Der Glaspalast in den Jahren 1854 bis 1931

Zur Nachgeschichte des Bauwerkes

Der Glaspalast war als temporäres Gebäude geplant und errichtet worden. Nach Beendigung der Industrie-Ausstellung von 1854 sollte er abgebrochen oder in Teilen als Gewächshaus weiterverwendet werden. Durch einen Antrag des Ministerpräsidenten Ludwig Freiherr von der Pfordten vom 16. September 1854 wurde die Frage nach dem endgültigen Verwendungszweck des Gebäudes erneut aufgegriffen. August von Voit beauftragte man mit der Ausarbeitung eines Gutachtens. Er sollte die Kosten zusammenstellen, die beim Abbruch des Glaspalastes anfallen würden, gleichzeitig aber auch die Summe ermitteln, die für einen Weiterbestand des Gebäudes nötig war. Am 8. November 1854 legte Voit sein Gutachten vor. Die Kosten für den Abbruch wurden mit 200000 fl angegeben. Außerdem enthielt das Gutachten mehrere Vorschläge, wie man das Gebäude erhalten und weiterverwenden konnte. Auch Münchener Bürger, die gegen einen Abbruch des Gebäudes waren, beteiligten sich an der Diskussion. Es wurden Vorschläge gemacht, das Gebäude als Kaufhaus, als Viktualienmarkt oder auch als Wintergarten mit Badebetrieb, nach dem Vorbild des Wiener Sophienbades, einzurichten und damit der Stadt zu erhalten.

Auf eine persönliche Anfrage König Max II. vom 28. November 1854 über die Weiterverwendung des Gebäudes wurde eine Kommission gebildet, der u.a. Fr. W. von Thiersch, Liebig, von der Pfordten und Voit angehörten. Die Beratungen am 8. Februar 1855 brachten keine Entscheidung, außer daß der Glaspalast vorläufig als Provisorium bestehen bleiben sollte. »... Zur Zeit vermag sich ... der ... Unterzeichnete ... nur in so weit auszusprechen, daß allseitig die Ansicht besteht, das Gebäude wenn nur immer möglich zu erhalten ...«[173] Am 1. Februar 1855 wurde der Glaspalast der Regierung von Oberbayern als Staatsgebäude zur Verwaltung unterstellt. Die Beratungen gingen weiter. Auf Grund verschiedener Sachverständigen-Gutachten kam man bald zu dem Schluß, daß die Wiederverwendung des Gebäudes zu einem Gewächshaus nur eine Notlösung darstellen würde. In diesem Sinne verfaßte Voit im April 1855 folgendes Gutachten: »Das Industrie-Ausstellungsgebäude hat gegen den ursprünglichen Plan weder in Form noch Ausdehnung die geringste Änderung durch die Ausführung erlitten. Alle Protokolle der zur Beratung über die Benützung des Industrie-Ausstellungsgebäudes zu einem Gewächshaus niedergesetzten Commission sprechen sich übereinstimmend mit diesen Formen und Dimensionen aus. Hofgärtner Weinkauf erklärte sich erst vor zwei Tagen noch mit einer Zeichnung zu einem aus den Theilen des Industrie-Ausstellungsgebäudes zusammengesetzten Gewächshaus einverstanden. Gleichwohl ist der ergebenst Unterzeichnete überzeugt, daß, wenn auch ein zukünftiges Gewächshaus durch diese Theile zusammengesetzt, demungeachtet weder an Form noch Dimensionen ein vollkommen entsprechendes Gewächshaus damit erbaut werden kann; Eine Ansicht, welche jedoch aus dem vorliegenden Gutachten nicht geschöpft, sondern welche vielmehr aus den Plänen und Beschreibungen anderer Gewächshäuser sich gebildet hat. Voit«[174]

Es wurde bereits auch bald der Gedanke ausgesprochen, das Gebäude zu belassen, da der Abbruch einen unverhältnismäßig geringen Erlös erbracht haben würde. Stellvertretend für die Meinung, das Gebäude als »Kunstwerk« zu erhalten, steht die Befürwortung von der Pfordtens: »... Für die Erhaltung des Gebäudes sprechen architektonische, ästhetische und selbst finanzielle Gründe. Dieses Gebäude, eine Zierde der Stadt München und in Beziehung auf die Architektonik ein wahres Kunstwerk, würde Künstlern zum Studium dienen können; weder Einheimische noch Fremde würden sich mit der Vernichtung eines so vollkommen gelungen Werkes, welches mit Recht allgemeine Bewunderung erregt, befreunden; solche Vernichtung würde gewiß allseitige Vorwände hervorrufen und in der That als ein Akt des Barbarismus betrachtet werden können ... ... Mit der Zeit würden sich aber sicher noch andere Zwecke für die Verwendung des Gebäudes finden, ja sich von selbst darbieten. Für die Erhaltung des Gebäudes spräche auch der Umstand, daß die Kosten des Abbruchs leicht ebensoviel als der Erlös aus dem Verkaufe der Bestandtheile des Gebäudes betragen könnten ...«[175] Gerade letzterer Gedanke ergab gewisse Schwierigkeiten, da von Seiten der Stadt Einwände kamen: »... So sehr alle Commissionsmitglieder die Erhaltung des Glaspalastes als einen Kunstbau wünschen, so ratlos sind sie in Hinsicht einer Verwendung, die demselben gegeben werden könnte ...«[176] Vor allem wurde auf die unzulängliche Beheizungsmöglichkeit des Gebäudes hingewiesen. Von der Pfordten, der auf eine Entscheidung drängte, wurde nun beim König vorstellig. »... Es konnte ... leider bis jetzt eine angemessene Verwendung des Industrie-Ausstellungsgebäudes nicht ermittelt werden, während der Fortbestand desselben ohne eine solche Verwendung nur dazu dienen wird die Angriffe gegen die königliche Regierung wegen des finanziellen Mißglückes dieser Ausstellung ... fortwährend zu erneuern ...«[177] Nachdem ein Angebot der niederländischen Regierung eingegangen war, das Gebäude durch Kauf zu erwerben, entschied sich König Max II. für den Weiterbestand des Glaspalastes. »Ich zöge vor, daß der hübsche Bau, der bisher bei verschiedenen Anlässen geeignete Verwendung finden konnte, München erhalten bliebe. Wenn also nicht das Interesse des Staates den Abbruch mit überwiegenden Gründen und gebieterisch fordert, so ist das Anerbieten der niederländischen Regierung abzulehnen. Vorderriß, den 25. Oktober 1856 Max«[178]

Der Kommentar von der Pfordtens erfolgte am 31. Oktober 1856. »... ist auch die persönliche Ansicht und der Wunsch des treu gehorsamst Unterzeichneten darauf gerichtet, daß das Industrie-Ausstellungsgebäude, eine Zierde der Stadt München und in Beziehung auf Architektonik ein wahres Kunstwerk ... erhalten bleibe ...«[179] Letzte Zweifel wurden durch die Erkenntnis beseitigt, daß sich das Gebäude tatsächlich zur Durchführung größerer Veranstaltungen eignete. »... Das Ausstellungsgebäude wurde nämlich seit dieser Zeit zu so vielfachen und verschiedenartigen Zwecken benützt, daß die Verwendbarkeit desselben im Allgemeinen keinem Zweifel mehr unterliegen kann ...«[180] Damit war der Bestand des Gebäudes bis zur Jahrhundertwende unangefochten gesichert. 1872 unterstellte man den Glaspalast dem Innenministerium. Wurden zwar hin und wieder neben anderen Veranstaltungen Bilderschauen durchgeführt, ließen die ab 1889 regelmäßig jährlich stattfindenden Kunstausstellungen

das Gebäude zu einer Institution werden. Einbauten, Stellwände, abgehängte Decken sorgten für eine beliebige, allen Zwecken gerecht werdende Aufteilung des Innenraumes, sodaß sich das Gebäude als Kunstausstellungszentrum bald großer Beliebtheit erfreute. Hinweise auf eine eventuelle Einsturzgefahr führten zwischen 1900 und 1913 zu einer Untersuchung mit ausführlichen statischen Gutachten und zu einer gründlichen Sicherung der baulichen Substanz des Gebäudes. Auch in früheren Jahren waren laufend Ausbesserungsarbeiten durchgeführt worden, da die besondere Konstruktion des Glaspalastes dies erforderlich machte. Obschon das Gebäude in seiner baulichen Substanz gesichert war, mehrten sich nach 1900 kritische Stimmen, die den Abbruch des Ausstellungs-Gebäudes verlangten.

»Der Glaspalast ist nach dem einstimmigen Urteil aller Sachverständigen ein völlig veraltetes Gebäude für derartige Zwecke. Es ist absolut unzeitgemäß, stimmungslos, unelegant in seiner Ausstattung, bei kühlem Wetter naß und kalt, im Sommer sehr heiß, kurz und gut, auch hygienisch in hohem Grade zu beanstanden. Die verbrauchte Luft in diesem nicht zu ventilierenden Glaskasten ist ihnen ja allen bekannt ... niemand wird diesem Veteran nachweinen, wenn er endlich einmal ins Grab sinkt.«[181] Dagegen legten die ausstellenden Künstlerkorporationen großen Wert darauf, das Gebäude zu erhalten. Der Gutachterstreit über den Glaspalast brach nun nicht mehr ab. Je nach Interessenlage sprach man sich für oder gegen seine Erhaltung aus. Theodor Fischer schrieb 1915: »... Es ist bedauerlich, denn daß der Glaspalast aus verschiedenen Gründen (Reparaturkosten) nicht mehr lange stehen bleiben kann, darüber ist man sich in maßgebenden Kreisen klar ...« Gleichzeitig veröffentlichte Fischer das Projekt für ein neues Ausstellungsgebäude.[182] Der Krieg unterbrach die Diskussion. 1918 warf Wilhelm Hausenstein erneut die Frage nach einem Kunstzentrum auf. »... Was soll mit ihm (dem Glaspalast) geschehen? Das Innere des Glas-Eisen-Hauses ist ohne Zweifel relativ zweckmäßig und sympathisch. Die Außenseite ist allerdings keine architektonische Zierde ... Es wäre kein Unglück, wenn ein Symbol abbebender Zeiten durch ein Symbol kommenden Schaffens verdrängt würde ...«[183] Inzwischen sollte der Glaspalast nicht abgebrochen, sondern in ein neu zu schaffendes, ausgedehntes Bausystem eingeplant werden.[184] Man wollte den Ausstellungsraum vergrößern. Das Kultusministerium, in dessen Zuständigkeitsbereich das Gebäude im April 1922 übertragen wurde, schrieb am 24. Februar 1922 einen Ideenwettbewerb für den botanischen Garten, mit Einbeziehung des Glaspalastes, aus. Besorgt um den Weiterbestand des Gebäudes erfolgte am 15. März 1922 eine Eingabe einer »Münchener Vereinigung für künstlerische Fragen« an das Kultusministerium: »... Der Münchener Glaspalast ist ein zweckmäßiges, wertvolles und charakteristisches Bauwerk nicht nur seiner Erbauungszeit, sondern auch noch in unseren Tagen. Er zeichnet sich insbesondere auch aus durch seine guten, architektonischen, dem Bauplatz angepaßten Massenverhältnisse. Er wirkt durch seine graugrüne, leicht erscheinende Baumasse ausgezeichnet zusammen mit dem Grün der Umgebung des alten botanischen Gartens ...« Der Bestand sei für 50 Jahre gesichert, Einbauten könnten das Gebäude das ganze Jahr über nutzbar machen. Die Entwurfszeichnungen des Wettbewerbes von 1922 zur Erweiterung des Ausstellungsraumes, mit den Kennworten »Monumentum Artis« oder »Ars et Labor«, erscheinen bereits wie ein Vorgriff auf kommende Zeiten.[185] Die Geldentwertung verhinderte die Durchführung der Pläne.

Im Herbst 1927 legte die Oberste Baubehörde ein Gutachten vor, daß das Gebäude nur noch mit erheblichem finanziellen Aufwand unterhalten werden könne. Es sollte wieder ein Wettbewerb für ein neues Kunstausstellungsgebäude ausgeschrieben werden. Theodor Fischer arbeitete das Bauprogramm aus. Die Durchführung des Wettbewerbs scheiterte jedoch an der Finanzierung. Noch am 1. Dezember 1930 erklärte das Kultusministerium: »... Der Glaspalast ist gegenwärtig im Äußeren wie im Inneren in verhältnismäßig nicht schlechtem Stande ...«[186] Die Zerstörung des Gebäudes durch Brand in der Nacht vom 6. Juni 1931 beendete die Auseinandersetzungen. Von Eugen Roth, der den Brand als Augenzeuge miterlebte, besitzen wir eine eindringliche Schilderung der Katastrophe. Aus der heutigen Sicht wirkt sie wie ein Fanal für die Zukunft.[187] Aber nicht »Selbstentzündung« war die Brandursache, wie es in vielen Berichten heißt. Nach einem Gutachten des Landbauamtes vom 10. August 1931 wurde der Glaspalast durch Brandstiftung zerstört.[188]

118 München, Glaspalast. Fotografie von Walcher 1931. Blick durch das vom Brand zerstörte Hauptschiff

114–117 Kunstausstellungen im Glaspalast. Holz, Gips, Leinwand entsprachen dem Repräsentationsbedürfnis der Gesellschaft um die Jahrhundertwende

119 Deutsche Ausstellung, München 1876

120 Industrieausstellung 1854, Blick in die Haupthalle

121 Eingangshalle der 1. Internationalen Kunstausstellung 1869

122 Deutsche Molkereiausstellung, Fotografie von G. Böttger, 1884

**Veranstaltungen und Ausstellungen im Glaspalast
in den Jahren 1854 bis 1931**

1854 Allgemeine Ausstellung deutscher Industrie- und Gewerbs-Erzeugnisse (15.7. bis 18.10.)

1855 Landwirtschaftsausstellung
Blumenausstellung
Erstes Deutsches Musikfest (4./5.10.)
Militärkonzert (9.10.)
Erstes Symposion König Max II. (4.12.)

1856 Blumenausstellung der bayerischen Gartenbaugesellschaft (27.4. bis 4.5.)
Festmahl zum 100. Jahresjubiläum des Kadettenkorps (1.7.)
Bankett der deutschen Eisenbahndirektoren (18.7.)
Landwirtschaftsausstellung (27.9. bis 11.10)

1857 General-Versammlung des Deutschen Eisenbahn-Vereins (26. bis 29.7.)
Blumenausstellung (Ende April)
Unterricht von Rekruten (ab 10.5.)

1858 Gartenbau-Ausstellung (24.4.)
Erste Blumenausstellung, bis 1890 jährlich im Frühjahr
Lokal-Industrie-Ausstellung des Gewerbevereins (anläßlich der 700-Jahrfeier Münchens, 15.7. bis 18.10.)
Waffenübungen
Deutsche Allgemeine und Historische Kunstausstellung (27.7.) zum 50-jährigen Bestehen der Akad. der bildenden Künste

1859 Kurzfristige Unterkunft für 200 Mann bayer. Truppen
Landwirtschafts-Ausstellung
Waffenübungen
Gymnastische Übungen
Gartenbau-Ausstellung

1860 Landwirtschafts-Ausstellung
Waffenübungen
Gartenbau-Ausstellung
Festmahl und Eröffnungsfeier der Eisenbahnstrecke München-Salzburg-Wien in Anwesenheit von Kaiser Franz-Joseph und König Max II. (13.8.)

1861 Landwirtschafts-Ausstellung
Waffenübungen
Kunstausstellung
2. Deutsche Kunst-Ausstellung (Juni)
Gartenbau-Ausstellung
13. Generalversammlung der Katholischen Vereine (8. bis 12.9.)

1862 Ausstellung landwirtschaftlicher Geräte (6.3. und 5.10.)
Blumenausstellung
Konzert der Münchener Sänger-Genossenschaft und des Oratorien-Vereins (7.10.)
Maskenball der Künstler-Gesellschaft »Jung München«
Gemäldeausstellung

1863 Industrie-Ausstellung
Landwirtschafts-Ausstellung
Zeichnungen der bayer. techn. Schule (19.9.)
Verein für christliche Kunst (19.9.)
Ausstellung von kunstgewerblichen Gegenständen (19.9.)
2. Deutsches Musikfest (27./28.9.)
Blumenausstellung

1864 Landwirtschaftliche Ausstellung auf der Theresienwiese und im Glaspalast (1.10.)
Waffenübungen
Kunstausstellung
Blumenausstellung
Gewerbeausstellung im Glaspalast
Ausstellung des Modells zum Fischbrunnen von Konrad Knoll (13.10.)

1865 Landwirtschaftliche Ausstellung
Blumenausstellung
Ausstellung einer zooplastischen Sammlung von Herrn Leven
Plan zu einer Richard-Wagner-Bühne im Glaspalast (Gottfried Semper)

1866 Landwirtschaftliche Ausstellung
Kunstausstellung
Ausstellung von Entwürfen für ein Max II. Denkmal
Ausstellung von Gegenständen für die Pariser Ausstellung

1867 Landwirtschaftliche Ausstellung
Gartenbau-Ausstellung (28.4. bis 5.5.)
Festmahl zu Ehren des deutschen Juristentages (29.8.)

1868 Landwirtschaftliche Ausstellung
Kunstausstellung
Blumenausstellung (26.4. bis 3.5.)

1869 Lokal-Industrie-Ausstellung (15.7.)
1. Internationale Kunstausstellung im Königlichen Glaspalast in München (Courbet, Leibl)
Blumenausstellung (1. bis 9.5.)

1870 Blumenausstellung (1. bis 8.5.)
Centrallandwirtschaftsfest
Katholikenversammlung

1871 Landwirtschaftliche Ausstellung
Blumenausstellung (30.4. bis 7.5.)
Katholikenversammlung (22. bis 24.9.)
1. Altkatholikenkongreß
Festbankett der Stadt München für die aus dem Deutsch-Französischen Krieg heimgekehrten bayer. Truppen (17.7.)

1872 Landwirtschaftliche Ausstellung anläßlich des Oktoberfestes (jährlich bis 1885)
Ausstellung eines weißen Gemsbockes

1873 Blumenausstellung
23. Generalversammlung der Katholiken Deutschlands
Militärische Übungen

1874 Landwirtschaftliche Ausstellung (September)
Blumenausstellung
Geflügel- und Kaninchen-Ausstellung des Bayerischen Vereins für Geflügelzucht
2. Deutsches Sängerbund-Fest (8. bis 11.8.)

1875 Ausstellung des landwirtschaftlichen Vereins in Bayern
Blumenausstellung
Militärische Übungen
Prüfung astronomischer Instrumente auf der Galerie des Glaspalastes (4.5.)

1876 Kunstgewerbe-Ausstellung
Ausstellung historischen und neuzeitlichen Kunstgewerbes, veranstaltet vom Kunstgewerbeverein München, anläßlich seines 25jährigen Bestehens (14.6.)
Kunstausstellung

Anzahl der Aussteller.

Staaten und Provinzen.	I	II	III	IV	V	VI	VII	VIII	IX	X	XI	XII	Gesammt-Zahl der Aussteller.*)
Anhalt-Bernburg	—	—	—	1	1	—	—	—	1	3	—	—	6
Anhalt-Dessau-Cöthen	—	—	3	1	—	—	6	2	1	1	—	1	15
Baden													
Seekreis	2	—	—	—	1	2	7	4	—	1	1	—	16
Oberrheinkreis	7	2	—	2	1	18	29	10	1	6	3	—	78
Mittelrheinkreis	1	—	1	4	4	4	13	2	1	7	5	—	43
Unterrheinkreis	2	—	5	7	3	—	11	4	—	5	4	2	43
Summe:	12	2	6	13	9	24	60	20	3	19	13	2	180
Bayern													
Oberbayern	32	7	22	28	58	68	150	125	41	104	60	56	733
Niederbayern	10	8	1	4	6	7	34	17	18	15	5	2	119
Pfalz	17	11	9	22	4	5	36	12	10	13	5	—	134
Oberpfalz u. Regensburg	10	8	6	9	6	9	38	15	11	10	6	—	117
Oberfranken	13	4	10	12	6	11	118	43	20	39	10	3	277
Mittelfranken	10	3	10	21	12	46	76	89	34	145	44	8	477
Unterfranken u. Aschaffenbg.	9	4	18	35	17	9	45	44	10	31	17	5	227
Schwaben u. Neuburg	4	3	9	10	14	17	91	38	9	39	14	3	247
Summe:	105	48	85	141	121	172	588	383	153	396	161	77	2,331
Braunschweig	—	1	1	7	2	—	1	5	3	1	2	2	26
Bremen	—	—	—	—	2	3	—	—	—	1	2	—	8
Frankfurt a/M.	—	—	2	5	2	7	9	9	2	3	3	3	45
Hamburg	2	—	4	7	6	9	11	12	6	17	5	2	78
Hannover	11	7	9	11	6	14	51	18	9	11	15	6	158
Hessen (Kurfürstenthum)	4	2	5	5	6	7	31	40	9	10	14	3	132
Hessen (Großherzogthum)	4	3	8	23	15	6	44	12	2	21	15	1	148
Hessen (Landgrafschaft)	—	—	—	1	—	—	—	10	—	—	—	—	11
Liechtenstein	—	—	—	—	—	—	—	—	1	—	—	—	1

*) In der Gesammtzahl der Aussteller sind die mehr als einmal im Katalog aufgeführten nur einmal gezählt. Unter den vorstehenden Zahlen sind auch die im Nachtrag des Hauptkatalogs enthaltenen inbegriffen.

Staaten und Provinzen.	I	II	III	IV	V	VI	VII	VIII	IX	X	XI	XII	Gesammt-Zahl der Aussteller.
Lippe	—	—	1	—	—	3	—	—	1	1	—	—	6
Lübeck	—	—	1	2	—	—	1	—	—	1	—	—	5
Luxemburg	—	—	—	—	—	3	1	—	—	—	—	—	4
Mecklenburg-Strelitz	—	—	—	—	—	—	—	—	1	—	—	—	1
Nassau	20	—	2	4	5	2	1	3	9	9	—	2	57
Oesterreich													
unter der Enns	22	3	18	26	24	53	143	85	7	61	23	5	448
ob der Enns u. Salzburg	12	2	1	2	1	8	15	120	4	6	2	1	169
Steiermark	22	1	1	1	2	6	5	21	2	—	1	1	59
Kärnthen	17	—	7	—	—	1	2	12	—	—	—	—	35
Krain	1	—	1	1	—	—	1	—	—	1	1	—	5
Küstenlande	—	—	—	—	—	—	—	3	—	—	—	—	3
Tirol u. Vorarlberg	16	—	8	17	2	3	39	15	4	10	5	—	118
Böhmen	27	—	13	21	14	12	192	20	30	10	7	2	340
Mähren	2	6	7	15	7	4	76	12	5	3	3	—	139
Schlesien	—	—	—	—	—	—	23	1	—	—	—	—	24
Galizien u. Bucowina	2	—	1	3	2	—	9	4	1	4	1	—	26
Lombardie	—	—	—	—	—	—	—	1	—	—	—	—	1
Venedig	—	1	1	4	—	1	4	—	—	1	—	1	13
Ungarn mit Slavonien u. Croatien	10	3	4	10	3	3	11	6	—	4	3	—	52
Siebenbürgen	1	1	3	—	1	—	5	2	—	2	1	—	16
Militärgränze	—	—	—	—	—	—	24	1	—	—	—	—	29
Summe:	132	22	66	102	53	92	550	300	54	102	46	11	1477
Oldenburg	—	—	1	4	3	—	6	5	7	3	1	1	29
Preußen													
Königsberg	—	—	1	—	1	6	1	1	1	—	—	—	11
Gumbinnen	—	2	3	2	1	—	6	1	—	—	1	—	16
Stettin	—	—	—	—	—	1	1	—	—	—	—	—	2
Stralsund	—	—	—	—	—	—	—	1	—	1	—	—	2
Cöslin	—	—	—	—	—	—	1	—	—	—	—	—	1
Breslau	1	2	2	—	—	1	1	3	—	—	1	1	11
Liegnitz	1	2	1	3	3	2	22	4	—	1	—	2	40
Oppeln	—	—	10	—	—	1	—	1	—	—	—	—	12
Potsdam (mit Berlin)	1	4	7	7	22	22	65	29	7	18	22	18	213

VIII Staaten und Provinzen.	I	II	III	IV	V	VI	VII	VIII	IX	X	XI	XII	Gesammt-Zahl der Aussteller.
Frankfurt a/O.	—	—	—	—	1	—	5	1	—	1	1	—	9
Magdeburg	—	—	3	6	7	4	6	8	4	1	1	—	37
Merseburg	1	1	1	3	3	6	15	2	2	2	2	—	34
Erfurt	1	1	2	1	—	2	12	13	2	6	—	—	39
Münster	—	—	—	1	1	—	1	1	—	—	—	—	5
Minden	1	—	1	4	—	—	12	1	2	1	1	—	23
Arnsberg	10	—	2	4	—	1	7	19	—	3	4	—	50
Coblenz	5	—	2	3	—	2	—	2	3	—	2	—	19
Düsseldorf	4	—	10	14	7	5	63	42	2	10	3	2	155
Cöln	2	—	6	12	—	3	5	6	1	1	3	—	36
Trier	—	—	1	—	—	—	—	1	—	1	—	—	3
Aachen	1	—	2	2	8	—	26	2	1	2	1	—	43
Hohenzollern'sche Lande	1	—	—	—	—	—	3	2	—	—	—	—	6
Summe:	29	22	46	63	56	50	261	137	24	50	42	20	767

Staaten und Provinzen.	I	II	III	IV	V	VI	VII	VIII	IX	X	XI	XII	Gesammt-Zahl der Aussteller.
Reuß, ältere Linie	—	—	—	—	—	—	7	—	—	—	—	—	7
Reuß, jüngere Linie	1	—	—	1	1	2	18	3	—	—	—	—	25
Sachsen (Königreich)	26	23	11	9	40	34	239	39	11	18	29	3	462
Sachsen-Altenburg	—	—	—	—	1	—	7	1	—	7	—	—	16
Sachsen-Coburg-Gotha	4	1	9	4	2	7	21	12	4	13	2	1	78
Sachsen-Meiningen	3	—	3	—	1	6	5	2	4	—	1	1	26
Sachsen-Weimar-Eisenach	—	—	4	—	2	4	13	3	2	1	—	—	27
Schaumburg-Lippe	—	—	—	1	1	—	—	1	—	—	—	—	6
Schwarzburg-Rudolstadt	1	—	—	—	—	1	1	1	—	—	1	—	5
Schwarzburg-Sondershausen	1	—	2	—	—	1	3	1	—	—	—	—	8
Württemberg	10	2	26	22	31	35	170	64	9	55	24	8	443
Summe:	365	133	297	427	368	476	2127	1069	314	751	381	141	6,558

Gruppirung der Ausstellungs-Gegenstände.

I. Gruppe.
Mineralien und Brennstoffe.

Erze, Metalle; (bei jedem vom Rohmetall durch die erste Zurichtung hindurch), z. B.
Roheisen und roher Guß,
Schmiedeisen und Schienen,
Stahl,
Blech,
Drähte.
(Aehnlich bei den übrigen Metallen.)
Nichtmetallische Mineralien,
Baustoffe, Cemente, künstliche Steine.
Mineralien zu plastischen und allen andern Gewerbsarbeiten.
Mineralien zu Salinen-Verrichtungen, geognostischen Bergwerkskarten.
Brennstoffe:
Steinkohle und Cokes,
Braunkohlen,
Torf und Kohle daraus,
Holzkohle.
Zusammengesetzte Brennmaterialien.
Angeschlossen können hier werden: Modelle von Bergwerken und Salinen-Verrichtungen, geognostische und Bergwerkskarten.
(Größere Vorrichtungen gehören zur Aufstellung in die Maschinengruppe.)

II. Gruppe.
Landwirthschaftliche Rohproducte und Erzeugnisse der ersten Zurichtung.

Halm- und Hülsenfrüchte, Oelfrüchte und sonstige Sämereien.
Hanf, Flachs und deren Surrogate.
Hopfen.
Rohtabak.
Karden.
Krapp.
Safran.
Saflor und andere Handelsgewächse.
Rohe Häute.
Wolle und andere Thierhaare zum Spinnen.
Seiden-Cocons.
Borsten.
Federn und Flaum.
Honig und Wachs.
Käse.

III. Gruppe.
Chemisch-pharmazeutische Stoffe und Producte, dann Farbwaaren.

Rohstoffe für chemische Zwecke.
Producte der Chemie für alle gewerblichen und Medicinal-Zwecke.

Gerbstoffe und deren Extrakte.
Gummibereitungen.
Harz und dessen Zubereitungen, Siegellack.
Leim, Hausenblase, Gelatine.
Fette und flüchtige Oele.
Farbstoffe und Farben (dazu auch Knochenschwärze).
Firniß.

IV. Gruppe.
Nahrungsmittel und Gegenstände des persönlichen Verbrauches.

Mahlproducte, Stärke, Sago, Teigwaaren, Oblaten.
Zucker und dessen Veredelung (aller Art).
Conserven aller Art, concentrirte Nahrungsstoffe.
Chokolade, Conditorwaaren und Lebkuchen.
Surrogate von Kaffee ꝛc.
Gegohrne Flüssigkeiten.
Tabakfabrikate.
Seife und Parfümerien, Stiefelwichse.
Lichte und Beleuchtungsstoffe.

V. Gruppe.
Maschinen.

Bewegungsmaschinen und -Maschinentheile.
Dampfkessel und Maschinen.
Pneumatische, hydraulische Maschinen.
Eisenbahnwagen und Locomotive.
Wagen und Fuhrwerke aller Art.
Gewerbs- oder Arbeitsmaschinen
  für Gespinste, Gewebe ꝛc., Leder-, Papier-Bereitung und Buchdruck,
  für Metallfabrikation,
  für Erdwaaren und Glas.
Mühlen.
Maschinen für chemische und pharmaceutische Fabrikation und Bereitung von Nahrungsmitteln.
Architektonische und Bau-Modelle und Vorrichtungen.
Kriegsbauwesen und Artillerie.
Maschinen und Vorrichtungen zum Hausgebrauch (dabei für Beleuchtung und Beheizung).
Landwirthschaftliche und Garten-Geräthe und Maschinen.

VI. Gruppe.
Instrumente.

Meßwerkzeuge und Instrumente (auch Waagen).
Physikalische und chemische Instrumente und Apparate (auch für den Unterricht).
Astronomische Instrumente.
Uhren.
Chirurgische Instrumente.
Musikalische Instrumente und deren Bestandtheile.

VII. Gruppe.
Webe- und Wirkwaaren, Leder und Bekleidungs-Gegenstände.

Baumwoll-Waaren (einschließlich der Garne).
Wollwaaren und Wollwaaren, auch die gemischten Kammwollwaaren, Filztücher, Haargewebe.
Leinen-Waaren.
Seiler-Waaren.
Seiden-Waaren, gemischte Gewebe und Shawls (einschließlich der rohen und bearbeiteten Seide).
Strumpfwaaren.
Druckerei und Färberei.
Wachstuch und lackirte, dann wasserdichte Zeuge.
Teppiche und Zeugtapeten.
Spitzen, Blonden, Tüll, Stickerei.
Posamentier-Waaren und Knopfmacherei.
Gold- und Silberspinnerei, Treffen.
Pelzwerk, Leder, Pergament, Goldschlägerhäutchen.
Kautschuk-, Gutta-Percha-Waaren.
Künstliche Blumen, Federnschmuck und Haararbeiten.
Stroh-, Gras-, Bast-Geflechte und Arbeiten.
Fertige Bekleidungs-Gegenstände:
  Herrenhüte und Mützen,
  Handschuhe,
  Frauenhüte und Putz,
  Kleider für Herren,
  „ „ Frauen,
  Schuhmacherarbeit.
Sattler- und Riemerwaaren.
Taschnerarbeiten.

VIII. Gruppe.
Metallwaaren und Waffen.

Eisenwaaren.
Stahlwaaren.
Messerschmiedwaaren.
Schneidwerkzeuge und Feilen, dann Werkzeuge aller Art. Nadeln.
Waaren von Kupfer, Zink, Zinn, Neusilber ꝛc.
Messing- und Bronze-Waaren, Metallschlägerei und bronzefarben.
Leonische Drahtwaaren.
Knöpfe.
Drahtarbeiten, Drahtgewebe und Gitter.
Plaqué-Waaren.
Gold- und Silberwaaren, auch unechter Schmuck.
Juwelier-Arbeiten, emaillirte und eingelegte Arbeiten (auch unächte).
Blankwaffen.
Gewehre aller Art (Bestandtheile und fertige).

IX. Gruppe.
Stein-, Erd- und Glaswaaren.

Marmor ꝛc. und Schieferarbeiten, Schleifsteine.

Cementarbeiten. Ziegel. Föhren.
Erdwaaren, von der gemeinen Töpferwaare bis zum Porzellan.
Glas- und Glaswaaren — bis zu den künstlichen Perlen und künstlichen Edelsteinen.
Spiegelbelegung.
Spiegel aller Art (fertige.)

X. Gruppe.
Holzwaaren und kurze Waaren verschiedener Art.

Zubereitung des Holzes, Fourniere und Resonanzböden.
Grobe Holzwaaren.
Faßbinderarbeit.
Korbmacherei.
Tischlerarbeit und Tabletterie.
Drechslerarbeiten von Holz, Bein, Horn, Elfenbein ꝛc.
Fischbeinarbeiten.
Bernstein- und Meerschaumwaaren.
Schnitzarbeit, Korkwaaren und Surrogate.
Fächer, Stöcke und Regenschirme.
Fischergeräthe.
Kämme.
Bürsten und Pinsel, Waschschwämme.
Papier-Maché-Waaren. Arbeiten aus Steinpappe.
Waaren aus gepreßtem Blech, Perlmutter, Schildkret (namentlich auch Dosen aller Art).
Wachsbildnerei.
Spielwaaren aller Art.
Zündapparate und Schwämme.

XI. Gruppe.
Papier, Schreib- und Zeichnungsmaterial und Druck.

Papier, Buntpapier und Tapeten, Spielkarten.
Pappe, Preßspäne.
Papierwaaren und Cartonage.
Buchbinderei.
Portefeuille-Arbeiten.
Schreib- und Zeichnungsmaterialien (Bleistifte).
Schriftguß.
Buch- und Kunstdruck.
Alle Vervielfältigung von Zeichnung und Bild durch Abdruck.
Globen, Reliefs und andere Unterrichtsgegenstände.

XII. Gruppe.
Alle Leistungen der bildenden Künste, die der Ausstellung zufallen.

---

123 Katalog der allgemeinen deutschen Industrie-Ausstellung 1854

1877 Blumenausstellung
Benützung des Glaspalastes durch den Königlichen Hof-Theatermaler Angelo Quaglio (10.8.)

1878 Blumenausstellung
1. Internationale Geflügelausstellung des Bayerischen Vereins für Geflügelzucht in München (16. bis 19.3.)
Ausstellung der Konkurrenzentwürfe zum Justus-von-Liebig-Denkmal (Juli)
Ausstellung von neuen Monumentalgemälden von Hans Makart durch die Ackermannsche Buch- und Kunsthandlung (Sept.)
Lokalausstellung der Künstlergenossenschaft (Juni bis Okt.)

1879 2. Internationale Kunstausstellung (19.7. bis 26.10.)
Lokalausstellung der Künstlergenossenschaft

1880 Industrie-Ausstellung
Landwirtschaftliche Ausstellung
Blumenausstellung
Münchener Fach-Ausstellung für Brauerei-Industrie (11.7.)
Jubiläum der 700-jährigen Regierung des Bayerischen Königshauses (18.8. bis 1.9.)

1881 Landwirtschaftliche Ausstellung
Blumenausstellung
Lokalausstellung der Münchener Künstlergenossenschaft

1882 Landwirtschaftliche Ausstellung
Blumenausstellung (Mitte April bis Mitte Mai)
Elektrotechn. Versuche (15.6. bis 15.7.)
Internationale Elektricitäts-Ausstellung (16.9. bis 15.10)
Sommerausstellung der Münchener Künstlergenossenschaft
Internationale Kunstausstellung (ab 1.7.)
Ausstellung des Pfalzdenkmals von Konrad Knoll (Juli)
Militärische Übungen (18.10.)

Internationale Kunstausstellung im k. Glaspalaste. München.

60200(c.

Eintritts = Preise:

Am Sonntag und Mittwoch . . . — fl. 30 kr.
An den übrigen Tagen . . . . 1 fl. — kr.

Monats-Karten:	Familienkarte zu einmaligem Eintritte:
Für 3 Monate fl. 9. — kr.	Für 3 Personen 2 fl. — kr.
Für 2 Monate fl. 7. — kr.	Für 4 Personen 2 fl. 30 kr.
Für 1 Monat fl. 4. — kr.	Für 5 Personen 3 fl. — kr.

g. Die internationale Kunstausstellung wurde gestern in glänzender Weise eröffnet und waren hiezu auf Einladung die Staatsminister und Staatsräthe, die obersten Hofchargen, das diplomatische Corps, eine Menge anderer Beamten, die Vorgenannten alle in Uniform, dann die Notabilitäten der Kunst und Wissenschaft, sowie die Vertreter der Presse u. s. w. erschienen. Beim Eintritt des Prinzen Adalbert in den Glaspalast intonirte ein Musikkorps den „Tannhäuser"-Marsch. Nachdem der Prinz auf einer Estrade Platz genommen, wandte sich Hr. Kultusminister v. Gresser an ihn mit einer Rede, in welcher er der bisherigen Ausstellungen dieser Art und dessen, was unter der Pflege kunstsinniger Regenten in Bayern auf dem Gebiete der Kunst geleistet worden, gedachte, die Bemühungen des Komite's in Ueberwindung der Hindernisse, sowie die Förderung des Unternehmens durch die auswärtigen Regierungen anerkennend hervorhob und bemerkte, so solle denn auch diese Ausstellung, wie die bildende Kunst überhaupt, vor Allem dazu dienen, die Bestrebungen und Leistungen auf dem Gebiete der Kunst in einem großen Rahmen übersehen zu lassen. Hierauf erwidernd, sprach der Vorstand der Münchener Künstlerschaft, Professor Knoll, den Dank für das Erscheinen des Prinzen und die Anerkennung der Förderung der Kunst durch die bayerischen Fürsten, sowie die Ueberzeugung aus, daß das Bürgerthum es als eine nicht minder schöne Pflicht erkennen werde, hieran kräftigen Antheil zu nehmen und mitzuwirken. Sodann erhob sich der Prinz und erklärte als Stellvertreter des Königs die Ausstellung, welche eine würdige, die Kunst allseitig vertretende sei, als eröffnet mit dem Wunsche, daß ihr Verlauf von der Gunst des Himmels und den Segnungen des Friedens begleitet und in seinen Folgen fruchtbringend sein möge. Im Namen der Münchener Künstlerschaft brachte hierauf Professor Knoll ein Hoch aus auf den Protektor der Ausstellung, König Ludwig II. Ein Festchor, gedichtet von Max Stieler, komponirt von Franz Lev und gesungen von der Sängergenossenschaft, beschloß um ½1 Uhr die Feier.

124 1. Internationale Kunstausstellung 1869, Zeitungsausschnitt
125 III. Internationale Kunstausstellung 1888

126 2. Münchener Jahresausstellung von Kunstwerken aller Nationen
1890

127 5. Münchener Jahresausstellung von Kunstwerken aller Nationen
1894

128 Münchener Kunstausstellung 1931 im Glaspalast

1883 Kunstausstellung
3. Internationale Kunstausstellung
Sommerausstellung der Münchener Künstlergenossenschaft

1884 Deutsche Molkerei-Ausstellung
Blumenausstellung
Ausstellung von Plänen und Bildern Leo von Klenzes. Veranstaltet vom Architekten- und Ingenieur-Verein im Königlichen Kunstausstellungsgebäude in München (29.2. bis 9.3.)
Sommerausstellung der Münchener Künstlergenossenschaft
Ausstellung eines lenkbaren Luftballons des Stuttgarters Gustav Koch (9.8.)

1885 Landwirtschaftliche Ausstellung
Blumenausstellung
Brieftauben-Ausstellung
Japan-Ausstellung
Sommerausstellung der Münchener Künstlergenossenschaft
Obst- und Hopfen-Ausstellung
Landwirtschaftliche Ausstellung

1886 Blumenausstellung
Zweite Ausstellung von Hunden reiner Rassen (6. bis 8.6.)
Ausstellung der Münchener Künstlergenossenschaft
Internationale Conditorei-Ausstellung

1887 Blumenausstellung
Japan-Ausstellung

1888 III. Internationale Große Kunstausstellung (ab 1.6.)

1889 Landwirtschaftliche Ausstellung
Kunstausstellung
Blumenausstellung
Erste Jahresausstellung Münchener Künstler
1. Münchener Jahresausstellung von Kunstwerken aller Nationen (1.7.)
VII. Deutsches Turnfest (28. bis 31.7.)

1890 Landwirtschaftliche Ausstellung
Kunstausstellung
Blumenausstellung
2. Münchener Jahresausstellung von Kunstwerken aller Nationen
Internationale Ausstellung für Kochkunst (23. bis 30.11.)

1891 III. Münchener Jahresausstellung (5.7.)
Ausstellung der für die Deutsche Ausstellung in London ausgewählten Kunstwerke (März)

91

1892	6. Internationale Kunstausstellung (1.6. bis Ende Okt.)	1911	Münchener Jahresausstellung
1893	IV. Münchener Jahresausstellung von Kunstwerken aller Nationen Internationale Gartenbauausstellung Jahresausstellung der Künstlergenossenschaft zum 25jährigen Jubiläum (ab 1.7.) Ausstellung für Maltechnik (15.7. bis 15.9.)	1912	Münchener Jahresausstellung
		1913	11. Internationale Kunstausstellung (1.6. bis Ende Okt.)
		1914	Münchener Jahresausstellung
1894	5. Münchener Jahresausstellung von Kunstwerken aller Nationen	1915	Ausstellung von Werken Münchener Künstler für die Lotterie des Roten Kreuzes (April)
1895	6. Münchener Jahresausstellung von Kunstwerken aller Nationen (ab Juni) Kollektivausstellung Münchener Bildhauer (ab 14.3.) Jahresausstellung deutscher und ausländischer Künstler Kollektionen des Münchener Radierer-Vereins Gedächtnisausstellung Wilhelm Lindenschmitt	1916	Münchener Jahresausstellung Filmaufnahmen im Glaspalast
		1917	Münchener Jahresausstellung Bücherei-Ausstellung
		1918	Münchener Jahresausstellung
1896	VII. Münchener Jahresausstellung von Kunstwerken aller Nationen Große Internationale Kunstausstellung	1919	Münchener Jahresausstellung Ausstellung: Die Geschlechtskrankheiten und ihre Bekämpfung
1897	Kunstausstellung 7. Internationale Kunstausstellung (1.6. bis Ende Okt.)	1920	Münchener Jahresausstellung Abgetrennt im Westflügel »Neue Secession« Ausstellung über Geschlechtskrankheiten
1898	8. Internationale Jahresausstellung (1.6.) angegliedert Kunstgewerbe-Ausstellung für neuzeitliches Kunstgewerbe Marinetechnische Ausstellung der bayer. Ingenieure (26.1.)	1921	Münchener Jahresausstellung
		1922	Münchener Jahresausstellung
1899	9. Münchener Jahresausstellung (1.6.) angegliedert Kunstgewerbe-Ausstellung für neuzeitliches Kunstgewerbe	1923	Münchener Jahresausstellung
		1924	Münchener Jahresausstellung
1900	10. Münchener Jahresausstellung Ausstellung der für die Pariser Weltausstellung bestimmten Gegenstände Kunstgewerbe-Ausstellung	1925	Münchener Jahresausstellung Gedächtnisausstellung für Karl Haider
		1926	1. Allgemeine Kunstausstellung (1.6. bis Anfang Okt.)
1901	8. Internationale Kunstausstellung (1.6. bis Ende Okt.)	1927	Münchener Jahresausstellung »Neue Münchener Künstlergenossenschaft« »Juryfreie«
1902	11. Münchener Jahresausstellung		
1903	12. Münchener Jahresausstellung	1928	Jubiläumsausstellung (Böcklin) »60 Jahre Münchener Künstlergenossenschaft« Neue Secession
1904	13. Münchener Jahresausstellung Kunstgewerbeausstellung		
1905	9. Internationale Kunstausstellung	1929	Münchener Jahresausstellung Gedächtnisausstellung Franz von Stuck Kollektivausstellung für Max Slevogt, Angelo Jank, Eduard Thöny, Käthe Kollwitz Retrospektive »Münchener Bildnisse von 1750 bis 1900«
1906	Münchener Jahresausstellung Ausstellung von Entwürfen für Friedhofsanlagen und Grabmäler		
1907	Münchener Jahresausstellung (1.6. bis Ende Okt.) Ausstellung von Entwürfen für Friedhofsanlagen und Grabmäler	1930	Deutsche Kunstausstellung Gedächtnisausstellung Hugo von Habermann Sonderausstellung 7 des bayerischen Kunstgewerbe-Vereins
1908	Münchener Jahresausstellung verbunden mit einer Jubiläumsausstellung der Allgemeinen Deutschen Kunstgenossenschaft (erstmals »Künstlerbund Bayern«)		
		1931	Münchener Jahresausstellung Sonderschau: Malerei der Romantik Kollektivausstellung Cuno Amiet u.a.
1909	10. Internationale Kunst-Ausstellung (1.6. bis Ende Okt.)		
1910	Münchener Jahresausstellung		

Lebensdaten August von Voit

129 August von Voit, Fotografie von Hanfstaengl, 1854

17. 2. 1801	Richard Jacob August Voit geboren in Wassertrüdingen, als Sohn des Baubeamten Johann Michael Voit (1771–1846). Besuch der Lateinschulen in Ulm und Eichstädt
1816–1818	Gymnasium in Ansbach
1820	Abschluß der Gymnasialstudien in Augsburg
bis 1822	Studium der Philosophie und Naturwissenschaften an den Universitäten Landshut und Würzburg
1822	Architekturstudium unter Gärtner an der Akademie in München
1823–1825	Reise nach Italien, Aufenthalt in Rom
1825	Baueleve in Augsburg bei seinem Vater
1825–1826	Protest. Friedhofskirche in Augsburg
1827	Baukondukteur in Amberg
1830	Heirat mit Mathilde Burgett, Augsburg
1832	Zivilbauinspektor in Speyer
bis 1841	Tätigkeit in der Pfalz
1841	Berufung an die Münchener Akademie an Stelle Gärtners Mitglied des Baukunst-Ausschusses
bis 1847	Leiter der Bauschule an der Akademie
1846	Tod seiner ersten Frau Neuvermählung mit Ottilie von Hösslin, Augsburg
1847	Ernennung zum Oberbaurat Mitglied der Obersten Baubehörde
1850	Gründung des Vereins zur Ausbildung der Gewerke Ehrenmitglied der Königl. Bayer. Akademie der bildenden Künste
bis 1856	Vorstand des Vereins
1854	Verleihung des Verdienstordens der Bayer. Krone, verbunden mit dem nichtvererbbaren Adelsprädikat Weitere Orden: Verdienstorden vom hl. Michael Maximiliansorden für Wissenschaft und Kunst Preußischer Kronenorden 2. Klasse Preußischer roter Adlerorden 3. Klasse
12.12.1870	August von Voit stirbt in München

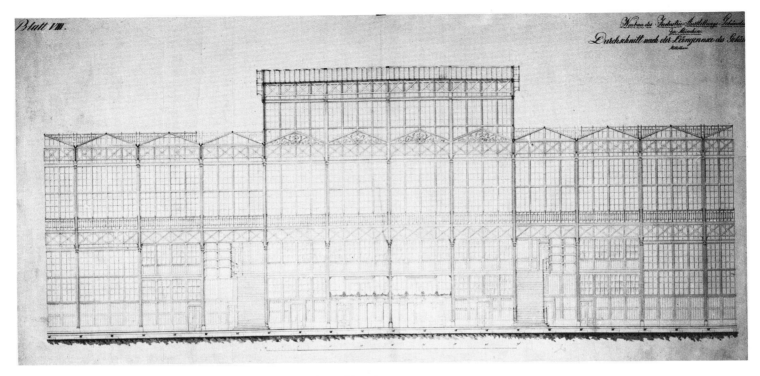

130 Glaspalast, Neubau des Industrie-Ausstellungs-Gebäudes zu München.
Durchschnitt nach der Längenaxe des Gebäudes, Mittelbau
Braune, schwarze und blaue Feder, farbig aquarelliert, auf Zeichenkarton 138,2/66,8 cm. Oben rechts: Blatt VIII

Anmerkungen

1. Die bald nach der Fertigstellung entstandene Bezeichnung folgt dem Londoner Vorbild: Crystal Palace = Glaspalast.
2. Gottgetreu, Rudolf Wilhelm
Nachruf den Manen des Oberbaurathes August von Voit. Vorgetragen in der Versammlung des Münchener Architekten- und Ingenieur-Vereins vom 23. März 1871
in: Zeitschrift des Bayer. Architekten- und Ingenieur-Vereins, Band III, Heft 1
3. Mittlmeier, Werner
Die Neue Pinakothek in München 1843–1854, München 1977
Kotzur, Hans Jürgen
Forschungen zum Leben und Werk des Architekten August von Voit
Dissertation, Heidelberg 1978
4. Rose, Hans
Der Maximilianstil
in: Doeberl, Michael
Entwicklungsgeschichte Bayerns, Band III, München 1931
Hahn, August
Der Maximilianstil
in: 100 Jahre Maximilianeum, München 1953
Hahn gibt in seiner Arbeit einen ausführlichen Überblick über die Bautätigkeit Max II. und dessen Bemühungen um einen neuen Baustil.
5. Hojer, Gerhard
München, Maximilianstraße und Maximilianstil
in: Die deutsche Stadt im 19. Jahrhundert, München 1974
6. Schädlich, Christian
Das Eisen in der Architektur des 19. Jahrhunderts
Beitrag zur Geschichte eines neuen Baustoffes
Habilitationsschrift, Weimar 1966, ungedruckt.
7. Bay. HStA München, Abteilung I, MK 14 361
8. – Pläne der Architektursammlung der TU München
   – Aktenbestände der Archive
   – Zeitgenössische Veröffentlichungen (Stiche)
   – Ein neu aufgefundener »Nachlaß« Voits,
   Geheimes Hausarchiv, München (G 39) enthält Briefe, die für Voits Gesamtwerk aufschlußreich sind.
   – Frühfotografische Aufnahmen von Franz Hanfstaengl
   »… Herr Hofrath Hanfstaengl hat es unternommen, von den tüchtigsten und schönsten der ausgestellten Gegenstände, insofern die Aussteller nicht ausdrücklich dagegen sein würden, Photographien zu machen, und somit ein Album zu bilden, welches für Techniker und Reisende um so mehr von Interesse sein wird, da demselben auch Photographien vom Gebäude in gewissen Zeitabschnitten, je nach dem Fortschritte desselben, beigefügt werden sollen, worauf die wichtigsten Vorkehrungen zur Bauaufstellung anschaulich gemacht werden …«
   Zeitschrift zur Ausbildung der Gewerke,
   Vierter Jahrgang, Nr. 1, 1854, Seite 3
   Album mit obengenannten Fotografien im Besitz von Heinz Gebhardt, Victor-Scheffel-Straße 23, 8000 München 40.
   Abbildung in Gebhardt, Heinz
   »Geschichte der Fotografie in Bayern 1838–1918«
   München, 1979
9. Gutachten des Landbauamtes vom 10. August 1931
Bay. HStA MK 14 348
10. Roth, Eugen
»Der Glaspalast in München, Glanz und Ende 1854–1931«
München 1971
11. Amtlicher Bericht über die allgemeine Ausstellung deutscher Industrie- und Gewerbserzeugnisse, München 1855, Seite 4
12. Bay. HStA München, OBB, Nr. 8942
Bericht an König Maximilian II. vom 18. August 1853
13. Bay. HStA München, OBB, Nr. 8942
Pelkoven, 6. September 1853
14. Bay. HStA München, OBB, Nr. 8942
Pfordten bei der Beratung über eine künftige Verwendung des Industrie-Ausstellungs-Gebäudes am 8. Februar 1855
15. Bay. HStA München, OBB, Nr. 8942
Pelkoven an den König, 20. August 1853
16. Bay. HStA München, OBB, Nr. 8942
Pelkoven an den König, 20. August 1853
17. Bay. HStA München, OBB, Nr. 8942
Anfrage an Pelkoven, 24. August 1853
Ab 1852 läßt Napoleon III. in Paris zur Verschönerung und verkehrstechnischen Modernisierung, aber auch aus militärischen Überlegungen, als Folge der Volkserhebungen von 1848, durch Haussmann die breiten Boulevards anlegen.
18. Bay. HStA München, OBB, Nr. 8942
Pelkoven, 6. September 1853
19. Bay. HStA München, OBB, Nr. 8942
Zwehl an Pelkoven, 18. August, 1853
20. Bay. HStA München, OBB, Nr. 8942
Pelkoven, 20. August 1853
21. Bay. HStA München, OBB, Nr. 8942
Thiersch an die vorgesetzte Behörde, Staatsministerium des Inneren für Kirchen und Schulangelegenheiten.
22. An der jetzigen Arnulfstraße gelegen
23. Bay. HStA München, OBB, Nr. 8944
24. Bay. HStA München, OBB, Nr. 8942
Der Gedanke der Wiederverwendung des Gebäudes.
Das Cotta'sche Haus lag auf dem Areal zwischen der Salvatorstraße und der Maffeistraße (der damaligen Fingergasse).
25. Bay. HStA München, OBB, Nr. 8942
Pelkoven, 6. September 1853
26. Aufbau der Obersten Baubehörde:
Ein Vorstand: Schierlinger
Vier Oberbauräte: Schlichtegroll, Neidhard, Panzer, Voit.
(Hof- und Staatshandbuch des Königreiches Bayern von 1853)
Voit unterstand das Landbauwesen, welches dem heutigen Hochbauwesen entsprach.
27. Bay. HStA München, OBB, Nr. 8942
Schreiben vom 18. August 1853
28. Amtlicher Bericht … Seite 6
Die Kommissionsmitglieder Dr. von Herrmann, Dr. Schafhäutl, Schubarth, Haindl sowie noch einige weitere Mitglieder waren persönlich in London und hatten als Juroren und Referenten mitgewirkt.

29 Das große Industrie-Ausstellungs-Gebäude in London nach den Mitteilungen des Architekten Herrn Ch. Fowler jun. in London
in: Allgem. Bauzeitung, 15. Jahrgang 1850, Wien, Seite 277ff (mit Atlas).
Offizieller Bericht über den Crystal Palace in London.
Wie schnell Fachliteratur Verbreitung fand, zeigt ein Hinweis Sulpiz Boisserées auf verschiedene englische Werke, die sich mit der Wiederbelebung der Gotik in England befassen.
Voit war mit Restaurierungsarbeiten beschäftigt.
(Boisserée an Voit, Bonn, 10. April 1847,
Geheimes Hausarchiv, Nachlaß Voits G 39).
30 Bay. HStA München, M Inn, Nr. 57946
31 Der Wintergarten Max II. wurde in den Jahren 1851/52 von Franz Kreuter geplant. Während der Bauzeit ergaben sich Differenzen zwischen Kreuter und König Max II. Kreuter hinterließ den Bau unvollendet und übernahm eine Professur in Wien.
Voit leitete vor allem die Durchführung der Eisenkonstruktionen.
32 »Das Gebäude für die Gewerbe-Ausstellung aller Nationen in New York im Jahr 1853«
in: Allgem. Bauzeitung, Jahrgang 1853, Seite 25 ff
33 Amtlicher Bericht über die Allgemeine Ausstellung der Industrie- und Gewerbe-Erzeugnisse, München 1885, Seite 37/38
34 Am 14. Februar 1855 bittet Voit um Rückgabe von Plänen für das Industrie-Ausstellungs-Gebäude.
»... Die Pläne haben indes für Niemand den großen Werth wie für den ergebenst Unterzeichneten, da er damit seine gemachten Erfahrungen stäts berichtigen kann. Der königlichen Regierung dürfte ein Fundamentalplan, Grundplan Durchschnitt und Constructionsplan für alle Fälle genügen ...«
Bay. HStA München, OBB, Nr. 8945
Möglicherweise sind mit den Plänen auch die Vorstudien an Voit zurückgegeben worden und verlorengegangen.
35 Bay. HStA München, OBB, Nr. 8942
36 Bay. HStA München, OBB, Nr. 8942
37 Bay. HStA München, OBB, Nr. 8942
Pelkoven am 20. August 1853 an König Max II.
38 Bay. HStA München,
Depesche vom 20. August 1853 an Pelkoven
39 Bay. HStA München, OBB, Nr. 8942
Hohenschwangau, 22. August 1853
40 Bay. HStA München, Abteilung I, MK Nr. 14361
41 »Der Glas-Pallast in München« (Abbildung 7)
42 Bay. HStA München, OBB, Nr. 8942
Die Sonderkommission bestand aus den Mitgliedern:
Geheimer Rath von Thiersch
von Fischer, königlicher Staatsrath
Pfeiffer, königlicher Ministerialrath
Baron von Liebig, Conservator des chemischen Laboratoriums des Staates
von Martius, Hofrath und Conservator des botanischen Gartens
von Beischlag, königlicher Oberbaurath
von Voit, königlicher Oberbaurath
von Völkl, königlicher geheimer Ministerialsekretär
Beischlag, königlicher Civil-Ingenieur
Dr. Kummer, Adjunkt im königlichen Herbarium
Weinkauff, königlich botanischer Gärtner
Neumeier A., königlicher Sekretär als Protokollführer
43 Bay. HStA München, OBB, Nr. 8944
Protokoll der Sitzung vom 6. September 1853
44 Vorbilder für eine denkbare Akzentuierung des durch Verschneidung von Längs- und Querschiff in der Mitte gebildeten quadratischen Raumes mit einer Kuppelüberwölbung waren vorhanden.
Der erste offizielle Entwurf für das Gebäude der Weltausstellung von 1851 in London sah einen kuppelgekrönten Backsteinbau vor. Die Kuppel hatte einen Durchmesser von 61 m (Leipziger Illustrierte Zeitung, Jahrgang 1850).
Das aus Eisen und Glas bestehende Gebäude für die Gewerbe-Ausstellung aller Nationen 1853 in New York war ein Zentralbau von kreuzförmigem Grundriß. Es war mit einer Kuppel von 103 englischen Fuß Durchmesser gekrönt. (Allgemeine Bauzeitung, Jahrgang 1853)
45 Bay. HStA München, OBB, Nr. 8942
9. November 1853
46 Bay. HStA München, OBB, Nr. 8942
47 Bay. HStA München, OBB, Nr. 8942
Bericht der Industrie-Ausstellungs-Kommission vom 28. Dezember 1853
48 Bay. HStA München, OBB, Nr. 8942
Pelkoven an die Industrie-Ausstellungs-Kommission am 23. August 1853
49 Civil-Bauingenieur Beischlag und der Gärtner des botanischen Gartens Weinkauff unternahmen im Sommer 1853 eine ausgedehnte Dienstreise nach Stuttgart, Brüssel, Hannover, Berlin, Biberich, Paris und London, um die dortigen Gewächshäuser zu studieren.
Bay. HStA München, OBB, Nr. 8879
Botanischer Garten München
50 Bay. HStA München, OBB, Nr. 8942
Pelkoven am 3. September 1853
51 Bay. HStA München, OBB, Nr. 8942
von Fischer am 12. September 1853
52 Bay. HStA München, OBB, Nr. 8942
53 Bay. HStA München, OBB, Nr. 8942
54 Es ist bemerkenswert, daß der Vertrag in sachlichen Dingen in der Eile sehr ungenau abgefaßt ist und sehr frei ausgelegt werden konnte. Die korrekte Durchführung der ausgeschriebenen Arbeiten war nur bei einem besonderen Vertrauensverhältnis beider Parteien denkbar. Davon zeugt auch eine handschriftliche Stellungnahme Pfordtens vom 19. Januar 1855 zu einem offiziellen Gutachten, welches bei einer Nachforderung Cramer-Kletts die Vertragsbedingungen zu eng auslegt.
»... Das vorgelegte Gutachten geht von dem Standpunkte der strengen Vertragsauslegung aus. Ich glaube, daß die Frage aber auch vom Standpunkte der Billigkeit erwogen werden muß, um so mehr als das ganze riesenhafte Unernehmen gegenseitig von vorne herein mehr auf Vertrauen, als auf bindenden Vertrag gegründet war ...«
Bay. HStA München, OBB, Nr. 8944
55 Bay. HStA München, OBB, Nr. 8942
Industrie-Ausstellungs-Kommission an König Max II. am 19. Oktober 1853
56 Bay. HStA München, OBB, Nr. 8942
Präsidium der königlichen Regierung von Oberbayern am 11. September 1853
Die Namen der Zeichner waren Eduard Krug und Franz Jakob (Auszug aus dem Tagebuch der Eisenbahn-Baukasse für das Industrie-Ausstellungs-Gebäude).
Amtlicher Bericht ... Seite 41
57 Bay. HStA München, OBB, Nr. 8942
Pfordten am 7. November 1853
58 Voit, August
in: »Die allgemeine deutsche Industrie-Ausstellung in München«.
Zeitschrift des Vereins zur Ausbildung der Gewerke IV/1 1854
59 Wintergarten König Max II. in der königlichen Residenz
60 Bay. HStA München, OBB, Nr. 8942
61 Bay. HStA München, OBB, Nr. 8942

62 Bay. HStA München, OBB, Nr. 8942
63 Zeitschrift des Vereins zur Ausbildung der Gewerke, 1854/1 Seite 3
   Amtlicher Bericht ... Seite 71
64 Bay. HStA München, OBB, Nr. 8943
   Depesche an Cramer-Klett vom 19. Januar 1854 und Antwortschreiben Cramer-Kletts vom 20. Januar 1854
65 Bay. HStA München, OBB, Nr. 8943
66 Bay. HStA München, OBB, Nr. 8943, vom 1. März 1854
   Zeitschrift des Vereins zur Ausbildung der Gewerke 1854/1 Seite 3
67 Zeitschrift des Vereins zur Ausbildung der Gewerke 1854/1 Seite 3
68 Amtlicher Bericht ... Seite 69
69 Bay. HStA München, OBB, Nr. 8943
   Voit am 25. Februar 1854
   Zwar sind die auf Zug beanspruchten Teile der Sprenggitter bereits aus Schmiedeeisen gefertigt, jedoch ist das kristalline Gefüge dieses Werkstoffes viel zu unregelmäßig, als daß es genau berechnet werden könnte. Man war deshalb auf Probebelastungen eines jeden Bauteils angewiesen. Diese Belastungen sind mit Hilfe einer von Werder konstruierten Maschine durchgeführt worden.
70 Zeitschrift des Vereins zur Ausbildung der Gewerke 1854/1 Seite 3
71 Bay. HStA München, OBB, Nr. 8943
72 Amtlicher Bericht ... Seite 67 ff
73 Bay. HStA München, OBB, Nr. 8942
74 Bay. HStA München, OBB, Nr. 8943
75 Bay. HStA München, OBB, Nr. 8943
   Ende März 1854
76 Amtlicher Bericht ... Seite 72
77 Bay. HStA München, OBB, Nr. 8943
78 Bay. HStA München, OBB, Nr. 8943
79 Amtlicher Bericht ... Seite 72
80 Bay. HStA München, OBB, Nr. 8943
   Pelkoven am 7. Juni 1854 an die Industrie-Ausstellungs-Kommission.
81 Amtlicher Bericht ... Seite 112
82 Amtlicher Bericht ... Seite 112
83 Bay. HStA München, OBB, Nr. 8943
   vom 30. April 1854
84 Amtlicher Bericht ... Seite 73
85 Bay. HStA München, OBB, Nr. 8943
   vom 2. Mai 1854
   Hier ist der Lageplan beigefügt
86 Amtlicher Bericht ... Seite 123
87 Amtlicher Bericht ... Seite 153
88 Mit der Verleihung des Ordens war das nicht vererbbare Adelsprädikat des Namens verbunden.
89 Beispiele dieser Art findet man z.B. in Florenz am Dom und bei Orsanmichele.
90 Die Gußeisenplatten sind mit stilisiertem Pflanzenschmuck verziert.
   »... Zur Luftventilation befinden sich im Fries ... über den Glaswänden und unmittelbar unter den Dachungen Öffnungen, welche im innern des Gebäudes mittelst Transmissionen und Rädern geschlossen werden können, indem sich eiserne Platten vor die Öffnungen schieben ...«
   (Amtlicher Bericht ... Seite 66)
   Weitere Möglichkeiten der Frischluftzufuhr wurden durch zu öffnende Fenster geschaffen.
   »... Die untersten Fensterreihen sind mittelst einer Transmission ... zu schließen und zu öffnen und die Fenster an der Nordseite in der Höhe der gleichen Gallerien zum Aufstellen gerichtet, ingleichem wurden mehrere der obersten unmittelbar unter dem Dache befindlichen Fenster in der Absicht, einen Luftzug zu erwirken, ausgehoben, und durch hölzerne Jalousieläden ersetzt ...«
   (Amtlicher Bericht ... Seite 66)
91 Die Säulenfüße und Kapitelle bestanden aus Gußeisenformen, die über den Verbindungsflanschen der Säulen befestigt wurden.
   »... Die Flanchets oder die zwei Platten zweier Schafttheile, durch welche diese miteinander verbunden sind, werden durch Hülsen, welche die Säulenfüße und Kapitäle bilden, bedeckt ...«
   Die Beschreibung des Amtlichen Berichts, Seite 50, ist leider sehr unzureichend, auch die vorhandenen Zeichnungen lassen die tatsächliche Konstruktion weitgehend offen. Es ist zu vermuten, daß Säulenfüße und Kapitelle ebenfalls aus Gußeisen hergestellt worden sind und vor der Montage über die Säulen geschoben wurden, um dann die verschraubten Flanschen zu verdecken. Spätere Fotos des vom Brand zerstörten Gebäudes zeigen teilweise die nackten Flanschen, nachdem die Hülsen aus Gußeisen durch die Hitze gesprungen und abgefallen sind (Abbildung 70).
92 Vorbilder zu diesem Motiv finden sich bei dem 1840–1844 durch Friedrich von Gärtner erbauten Brunnen vor der Universität München und bei den Brunnen des Petersplatzes in Rom.
   Die Brunnenschalen und der obere Aufsatz bestanden aus Gußeisen und besaßen einen Überzug aus Goldbronze. Sie wurden vom königlichen Hüttenwerk in Bergen geliefert. Die übrigen Teile des Brunnens bestanden aus Kehlheimer Sandstein.
   (Amtlicher Bericht ... Seite 76)
   Im Laufe des Jahres 1897 wurde der Brunnen aus dem Glaspalast entfernt.
   Bay. HStA München, MF 68410, Mitteilung des Innenministeriums an das Finanzministerium vom 11.12.1900).
   Auf die Bitte des Magistrats überließ man ihn der Stadt München und stellte ihn kurz nach der Jahrhundertwende auf dem Orleans-Platz vor dem Ostbahnhof auf.
   1971 fiel er dem S-Bahn-Bau zum Opfer. Vor seinem erneuten Abbruch wurde er merkwürdigerweise als Denkmal des »Jugendstils« gewürdigt und irrtümlich Theodor Fischer zugeschrieben. (Himmelheber in der Süddeutschen Zeitung vom 27. Juli 1971).
   Seit 1975 steht er auf dem Weissenburger Platz (Süddeutsche Zeitung vom 5. September 1975).
93 Amtlicher Bericht ... Seite 111
94 Königl. Staatsministerium des Innern an das Landbauamt, vom 12. Oktober 1915.
   Die Anstreichererneuerung des Glaspalastes betreffend
   Bay. HStA, MK 14344
95 Umrechnungsangaben in das metrische System sind unterschiedlich. Ein bayerischer Fuß entspricht im Durchschnitt 29,2 cm.
   Als das Gebäude am Anfang des 20. Jahrhunderts umgebaut werden sollte, wurde es vom königlichen Landbauamt München im metrischen System vermessen.
   Bay. HStA München, MK 14345
   Königliches Landbauamt München, Plan vom 13. November 1901.
   Deshalb lassen sich alle Maße sehr genau im metrischen System angeben.
   Die Achse von 20 Fuß vermaß man mit 5,837 m,
   1 Fuß beträgt genau 29,185 cm.
   Im folgenden werden Längenmaße als Achsmaße angegeben. Mauerdicken und Materialstärken bleiben unberücksichtigt, sofern nicht anders angegeben.
96 Amtlicher Bericht ... Seite 46
   Der Achsabstand im Londoner Gebäude betrug 24 Fuß. Offensichtlich konnte man diesen Abstand nur mit größerem konstruktiven Aufwand überspannen, da die Binderkonstruktionen aus Gußeisen für die Galerien eine zusätzliche Verspannung aus Schmiedeeisen erhielten.
   Allgemeine Bauzeitung 1850,
   Atlas, Blatt 367, Figur 13

97 Amtlicher Bericht ... Seite 49 und 50
Durch dieses Verfahren erreichte man eine absolut glatte und genaue Verbindung der einzelnen Säulenstücke und eine hinreichend genau niveaugleiche Konstruktionshöhe – zumindest während der Bauzeit. Es ist mit Sicherheit anzunehmen, daß spätestens bei größeren Belastungen, etwa bei Fertigstellung des Gebäudes, Setzungen eingetreten sind, die diese komplizierten Vorarbeiten sofort wieder zunichte gemacht haben, was jedoch für die Standfestigkeit des Gebäudes ohne Einfluß geblieben ist.

98 Dies geschah mit Hilfe von je 12 Schraubenbolzen – im Gegensatz zum Londoner Glaspalast, wo jede Säulenverbindung nur mit 4 Schrauben geschlossen wurde, wie dies der Amtliche Bericht ausdrücklich vermerkt. Mit der Vielzahl von Schrauben sollte wahrscheinlich ein besserer Kraftschluß erreicht werden. Dies ist jedoch eine irrige Annahme, da die in den Stützen des Bauwerkes auftretenden Biegemomente nicht berücksichtigt wurden.

99 Amtlicher Bericht ... Seite 50

100 Bay. HStA München, MK 14345, Plan Nr. 3620

101 Siehe Abbildung 36
Die tatsächliche Ausführung dürfte hiervon jedoch abgewichen sein, wie Plan Nr. 3620, Bay. HStA München, M 14345 zeigt.
Aus einem quadratischen Grundriß sind vier Eckwülste herausgearbeitet, der lichte innere Querschnitt ist kreisförmig. Er diente zur Entwässerung. Gußtechnisch war diese Form einfacher herzustellen.

102 Amtlicher Bericht ... Seite 50
Bay. HStA München, MK 14345, Plan Nr. 3620,
vom 13. November 1901
Siehe Abbildung 29

103 Amtlicher Bericht ... Seite 50
Siehe Abbildung 29
Da in den bestehenden zeitgenössischen Plänen entsprechende Höhenangaben fehlen (die Höhenangabe 32,51 Fuß gehört zu den vielen Ungenauigkeiten des Amtlichen Berichts), ist man auf die Aufmaße des Planes Nr. 3620 des Königlichen Landbauamtes München vom 13. November 1901 angewiesen. Wie im Stahlbau üblich, sind die Maße in Millimetern angegeben.
Die untere Säule mißt 7737 mm, die daraufstehende Säule (ef im laufenden Text) ist mit 8238 mm (als Vergleich: 54,74 Fuß) angegeben. Zwar wäre es naheliegend, de und ef gleichlang zu belassen, jedoch wählte man die unterschiedlichen Längen, um die von außen sichtbaren Fensterflächen im Erd- und Obergeschoß in gleicher Höhe ausbilden zu können.

104 Amtlicher Bericht ... Seite 50
Die Aufmessung des Königlichen Landbauamtes aus dem Jahre 1901 ergibt für den Teil fh die Länge von 5866 mm.

105 Bay. HStA München, MK 14345
Blatt Nr. 3620, Königliches Landbauamt München
13. November 1901

106 Gutachten von Heinrich Gerber vom 10. Februar 1886
Bay. HStA München, MK 14342
Gerber war damals Leiter der Süddeutschen Brückenbau-AG München, einem Tochterunternehmen Cramer-Kletts.

107 Bay. HStA München, MK 14343

108 Culmann, Carl
Statiker, 1821–1881.
Er bestimmte drei nicht durch denselben Punkt gehende, der Lage nach bekannte Kräfte, die einer gegebenen Kraft das Gleichgewicht halten (»Culmannsche Kräftezerlegung«).

109 Bay. HStA München, MK 14342
Biegebeanspruchungen ergaben folgende Werte:
a) in der Stabmitte im Mittel 2473 kg/m^2
b) im Bruchquerschnitt im Mittel 2396 kg/m^2
Nach Bay. HStA MK 14350 ergibt sich für den Gußstab bei mittiger Biegebeanspruchung
F = 20 cm^2
Trägheitsmoment = 55 cm^4
Widerstandsmoment = 13 cm^3

110 Es wird auch hier auf die nun folgende statische Untersuchung nicht weiter eingegangen, da wiederum das Hauptkriterium für die Haltbarkeit der Konstruktion, die Probebelastung auf der Baustelle, angewendet wird. Dieses Verfahren wurde bis zum Ende des 19. Jahrhunderts beibehalten, da man erst um die Jahrhundertwende die Technologie der Metallgewinnung so beherrschte, daß ein stets gleichwertiger homogener Baustoff erzeugt werden konnte.
Auffallend ist die Verwendung von Druckstäben aus Eichenholz, dessen statische und konstruktive Eigenschaften in diesem Falle völlig unzureichend sind.
Amtlicher Bericht ... Seite 58, Eingabe an die Regierung von Oberbayern vom 7. September 1868.
Die Beweglichkeit der angewendeten Konstruktion ermöglichte jedoch ein genügendes Kräftegleichgewicht, sodaß die auf die Holzstäbe wirkenden Kräfte auf die anderen Glieder der Konstruktion übertragen wurden.

111 Howe'sche Träger:
Fachwerkbinder mit Druckschrägen und Zugvertikalen im Normalfall. Die hier angegebene Konstruktion stellt einen Sonderfall dar.
Amtlicher Bericht ... Seite 64

112 Amtlicher Bericht ... Seite 63

113 Bay. HStA München, MK 14345
Aufmaßplan der Vereinigten Maschinenfabrik Augsburg und Maschinenbaugesellschaft Nürnberg AG
vom 13. November 1901

114 »ridge and furrow«: Grat und Kehle.

115 »... Sowohl die Dachrinnen, welche mit diesen Sprengwerken so verbunden sind, daß sie zur Verstärkung der obern Längentheile beitragen, als auch jene gußeisernen Dachrinnen über den Trag- und Spanngittern (Blatt V dd), sowie jene längs des Gebäudes zwischen den Säulen befindlichen (Blatt IV ee), haben an ihren Seitenwänden Ansätze (Blatt VII 3a), auf welchen wie auf den 2 Zoll starken 2½ Fuß voneinander entfernten Sparren c der Dachungen aufruhen. Die unten kreisförmig geformten doppelt starken Glastafeln der Dachungen sind in die Falze der Sparren eingekittet und die obern Tafeln überdecken die untern 1½ Zoll, zwischen deren Berührungsflächen gleichfalls Kitt eingelegt ist ...«
Amtlicher Bericht ... Seite 62, Atlasband, Tafel VIII, Zeichnung 5

116 »... Zur Abhaltung der Sonne und zum Schutze der ausgestellten Waren gegen dieselbe, sowie der Glaswände gegen den Hagelschlag wurden auf der Süd- und Westseite des Gebäudes Markisen hergestellt, welche auf den äußeren Gallerien vermittelst Wellen und Kurbeln an den Glaswänden aufgezogen und mehrere derselben miteinander in kurzer Zeit wieder herabgelassen werden konnten ...«
Amtlicher Bericht ... Seite 70
Abbildung in »Das Alte München«
Langen-Müller, München 1972
Foto Seite 134/135

... Wir haben dazu eine passende Leinenwand gewählt und Zwirnfabrikanten Kolb zu Bayreuth und Loher zu Kempten in Bestellung gegeben ...«
Bay. HStA München, OBB, Nr. 8943
Bericht der Industrie-Ausstellungs-Kommission vom 20. Mai 1854
Insgesamt wurden 5796 Ellen Stoff verbraucht. Die Sonnenschutzeinrichtungen blieben bis nach 1900 in Gebrauch.

117 Zitiert nach der im folgenden öfter verwendeten Habilitationsschrift von Christian Schädlich:
»Das Eisen in der Architektur des 19. Jahrhunderts«
Weimar 1966
»... Die Tragebalken der als »Pariser Roste« bekannten Decken bestehen aus waagerechten und gekrümmten hochkant stehenden Stäben. Diese sind an den Enden durch Versatz nach Art der Holzkonstruktion und dazwischen durch vertikale Stäbe miteinander verbunden ...«
(Schädlich, Seite 65/66)
Vergleiche hierzu: F. Hart, Eisenbau und Stahlbau in München, Deutscher Stahlbauverband, Köln o.J. (1972)
118 Wambsganz, Ludwig
Münchener Architekten- und Ingenieur-Verein 1833–1973, Seite 25
Hart, F.
a.a.O. Seite 25
119 Delorme, Philibert
Nouvelles inventions pour bien bastir et à petits fraiz
Paris 1561
Nach Schädlich, a.a.O. Seite 75/76
120 Staatsarchiv München, Oberbayern, RA 65227
Allgemeine Bauzeitung 1856, Seite 7 ff mit Abbildungen
Schädlich a.a.O. Seite 209
Hart, F. a.a.O. Seite 81
121 Allgemeine Bauzeitung 1856, Blatt 8 und 9
122 Schädlich a.a.O. Seite 81
123 Allgemeine Bauzeitung 1856, Seite 14
124 Ranke, Winfried
»Joseph Albert – Hofphotograph der bayerischen Könige«
München 1977
Foto Nr. 77, Innenansicht des Wintergartens
125 Zahlenangaben nach Akten der königlichen Eisenbahnbau-Kommission Sektion München M.R.S. Nr. 1 über die Erfahrung der Brücke Nr. II über die Isar bei Großhesselohe
1851 bis 1856 im Verkehrsmuseum Nürnberg.
(Nach F. Gresbeck, 1953, Archiv der MAN Nürnberg).
Lucks, Kai
Die Münchener Isarbrücken im 19. und frühen 20. Jahrhundert
München 1976, Diss.
126 Schädlich a.a.O. Seite 91/92
Bis Ende der vierziger Jahre des vorigen Jahrhunderts sind in Deutschland einige Brücken nach Laves' Methode gebaut worden.
127 Paulis Beschreibung der Konstruktion, zitiert nach Gresbeck, a.a.O.
Vergleiche auch Hans Straub, Die Geschichte der Bauingenieurkunst, Basel 1964
128 Das Verhältnis Pauli – Voit war nicht nur dienstlicher, sondern auch freundschaftlicher Art, wie Briefstellen zeigen.
»... Denn Ihre Stimme ist vor allem maßgebend ...«
Schreiben Paulis an Voit vom 19. Oktober 1856.
(Geheimes Hausarchiv München, G 39, Nachlaß Voits, Briefe).
129 Amtlicher Bericht ... Seite 64
130 Schädlich a.a.O. Seite 316
131 Vergleiche z.B. die Überdachung der Sportanlagen der Olympiade 1972 in München.
132 Zitiert nach Schädlich a.a.O. Seite 317
133 Amtlicher Bericht ... Seite 59 und 61
134 Die angegebenen Zahlen sind allerdings nur von relativem Wert, da sie von verschiedenen Voraussetzungen ausgehen. Zudem bleibt das Maß des überspannten Raumes unberücksichtigt. Jedoch sind die Werte so extrem, daß sie auch mit Einschränkungen noch beeindrucken.

135 Schädlich a.a.O. Seite 317/318
136 Amtlicher Bericht ... Seite 64
137 Schädlich a.a.O. Seite 319
138 Bay. HStA München, OBB, Nr. 10204
139 Der Pavillon stand vor der Südostecke des mittleren Querschiffes.
140 Die ebenfalls sparsam gehaltene ornamentale Ausschmückung des Londoner Crystal Palace folgte hauptsächlich vegetabilen Formen. Das große gußeiserne Abschlußgitter fand in München keine Entsprechung.
141 Briefwechsel Voit – Sulpiz Boisserée, 10. April
Geheimes Hausarchiv München, Nachlaß Voits, G 39
142 Voits Zeichnungen zu einem Kunstgeschichte-Atlas von Kugler, verlegt bei Ebner und Seubert, Stuttgart 1845
Geheimes Hausarchiv München, G 39
143 Schädlich a.a.O. Seite 57 ff
144 Schädlich a.a.O. Seite 60
145 Mäurer, E.
Die Formen der Walzkunst und der Façoneisen
Stuttgart 1865, zitiert nach Schädlich
146 Schädlich a.a.O. Seite 71
147 Schädlich a.a.O. Seite 90
148 Die Entwicklungsgeschichte wird in Kapitel C skizziert.
149 Geist, Johann Friedrich
»Passagen, ein Bautyp des 19. Jahrhunderts«
München 1969, Prestel-Verlag
Erbaut 1859 von M. Schüssel, diente sie mehr der Erschließung der beiden Höfe und des Kaufhauses, als daß sie eine öffentliche Verkehrsfunktion hatte.
150 Hix, John
»The Glass House«, Seite 9
151 Verhältnismäßig späte Beispiele in München sind die Gewächshäuser im alten botanischen Garten von Friedrich von Sckell, um 1812, und in Nymphenburg, ebenfalls von Sckell, erbaut 1807, 1816, 1820. Eisen wird bei ihrem Bau keine Verwendung gefunden haben.
(v. Voit, »Die Neubauten im Königlichen Botanischen Garten in München«, in der Zeitschrift für Bauwesen 1867, Sp. 317 »... Obgleich bisher beim Bau von Gewächshäusern in München fast ausschließlich Holz zur Verwendung kam ...«).
Sckell, C. A.
»Das Königliche Lustschloß Nymphenburg, und seine Gartenanlagen«
München 1837
Roth/Schlapper
»Schloß Nymphenburg«
München 1972
Ulrichs, Ruth-Maria
»Pflanzenhäuser des 19. Jahrhunderts, Die Entwicklung eines Bauprogramms«
Diss., Frankfurt 1977
Die Arbeit lag dem Verfasser nicht vor.
Hepe, Rolf
»Gewächshäuser im 20. Jahrhundert, Ihre geschichtliche Entwicklung im deutschen Sprachgebiet«
Diss., TU Berlin, i.V.
152 John Hix a.a.O. Seite 17
153 D. Burton erbaute 1845 bis 1847 zusammen mit dem Ingenieur R. Turner das Palmenhaus in Kew, einen direkten Nachfolgebau des Great Conservatory in Chatsworth. Es übertrifft dieses jedoch an Raumvolumen und konsequenter Verwendung von Gußeisen und Glas.
154 Eine Form des privaten Gewächshauses waren auch die Wintergärten König Max II. und König Ludwig II. in München. 1860 bis 1865 erbaute A. von Voit das Glashaus im botanischen Garten.

155 Ein engl. Fuß entspricht 30,5 cm, 1848 Fuß = 563 m, 408 Fuß = 124 m.
156 Das Unternehmen Cramer-Klett hatte zu dieser Zeit die Maximiliansgetreidehalle erstellt und, in Zusammenarbeit mit Voit, den Wintergarten König Max II.
157 Amtlicher Bericht ... Seite 63
Zweistieliger Rahmen:
Biegesteife Verbindung von Stützen und Balken, eine fundamentale Strukturform modernen Bauwesens.
Die Gelenke des ausgeführten Industrie-Ausstellungs-Gebäudes benötigten jedoch eine gewisse Beweglichkeit, da die Stützen sonst durch auftretende Biegespannungen gebrochen wären.
158 Heinrich Gerber, 1832–1912, wirkte bereits beim Bau der Großhesseloher Brücke als Kommissär der königlichen Bauverwaltung mit und lernte dort Ludwig Werder kennen. Nach weiterer Zusammenarbeit bei Brückenbauten vermittelte Werder 1858 seine Anstellung bei der Maschinenfabrik Klett & Co. in Nürnberg. Als Leiter baute er deren Zweigwerk Gustavsburg aus, das sich nach 1862 vorzugsweise auf den Brückenbau spezialisierte.
(Nach: J. Biensfeld,
»Freiherr Dr. Th. von Cramer-Klett – Sein Leben und sein Werk«
Leipzig, Erlangen, o.J.)
159 Technische Bezeichnung dieser Brücke »Cantilever Bridge« = Kragträger-Brücke. Sie ist die in der englischen Sprache übliche Bezeichnung.
160 Schwedler, Johann Wilhelm, 1823–1894, Berlin
Werke: Weichselbrücke bei Dirschau, Nogatbrücke bei Marienburg, Hochbaukonstruktionen, theoretische Arbeiten über Brückenkonstruktionen und Kuppelgewölbe aus Stahl.
161 Die Isarbrücke bei Großhesselohe wurde mit von Ludwig Werder konstruierten Tangentiallagern ausgestattet.
Biensfeld a.a.O. Seite 91
162 Schädlich a.a.O. Seite 99
163 Zeitschrift für Bauwesen, 1867, Jahrgang XVII, Sp. 315 ff
A. von Voit: Die Neubauten im Königlichen Botanischen Garten in München.
164 Angabe nach Biensfeld a.a.O.
165 Hart, Franz
Stahlbauten in München und Umgebung
Deutscher Stahlbauverband, Köln o.J. (1972)
166 Bay. HStA München, OBB, Nr. 8879
Anfrage des Innenministeriums für Kirchen- und Schulangelegenheiten vom 26. Januar 1860
167 Technische Schwierigkeiten veranlaßten 1867 den Abbruch des Gebäudes, die Gitterträger wurden später beim Aufbau einer Werkhalle der heutigen Firma MAN in Nürnberg (ein Nachfolgeunternehmen Cramer-Kletts), wiederverwendet. Diese wurde bis vor dem Zweiten Weltkrieg benutzt. Ein Überrest wurde in der Ausstellung »Kunst und Kultur in Bayern«, 1972 im Stadtmuseum (München) gezeigt. (Katalog Nr. 1937)
168 Mitbegründer war August von Voit.
Aus ihm ist der heute noch bestehende »Bayerische Kunstgewerbeverein« hervorgegangen.
Siehe: Katalog der Jubiläumsausstellung des Vereins »125 Jahre Bayerischer Kunstgewerbeverein«
München, Stadtmuseum 1976
169 Aus dem vermutlich von Voit formulierten Programm zu einer »Architektonischen Preisaufgabe, Neuer Baustyl«
Nachlaß König Max II.
Geheimes Hausarchiv München, Nr. 77/6/90
Zitiert nach: Hahn, August
»Der Maximilianstil« a.a.O.
170 Biensfeld, Johannes
»Freiherr Dr. Th. von Cramer-Klett«
Leipzig, Erlangen o.J.
171 Voit in einem
»Gutachten über die Möglichkeiten eines neuen Baustyls«
März 1861
Geheimes Hausarchiv München, Nr. 77/6/90
Landbaumeister entspricht der heutigen Bezeichnung Architekt
172 Kritik Voits an der Broschüre
»Ansichten über das öffentliche Bauwesen und seiner Gestaltung mit besonderer Rücksicht auf Bayern«
München 1865
in: »Reorganisation des Bauwesens«
Bay. HStA München, OBB, Nr. 9302
173 Bay. HStA München, OBB, Nr. 8944
von der Pfordten am 4. Dezember 1854
174 Bay. HStA München, OBB, Nr. 8945
175 Bay. HStA München, OBB, Nr. 8945
Beratung am 8. Februar 1855
176 Bay. HStA München, OBB, Nr. 8945
Protokoll der Sitzung einer aus Magistratsmitgliedern und Gemeindebevollmächtigten bestehenden Kommission vom 22. Februar 1855
177 Bay. HStA München, OBB, Nr. 8946
von der Pfordten an König Max II. am 18. Oktober 1856
178 Bay. HStA München, OBB, Nr. 8946
179 Bay. HStA München, OBB, Nr. 8946
180 Bay. HStA München, OBB, Nr. 8946
von der Pfordten am 1. Februar 1859
181 Bay. HStA München, MK 14359
Aus der 171. Sitzung der Abgeordnetenkammer vom 11. Juli 1906
182 Süddeutsche Bauzeitung, München 1/15. September 1915
183 Münchener neueste Nachrichten, 19. Februar 1918
184 Münchener neueste Nachrichten, 21. Februar 1918
185 Staatsarchiv von Oberbayern, Plansammlung Nr. 1985
186 Bay. HStA München, MK 14360
187 Roth, Eugen
Der Glaspalast in München
München 1971
188 Bay. HStA München, MK 14318

Literatur

Amtlicher Bericht
 über die allgemeine Ausstellung deutscher Industrie- und Gewerbs-Erzeugnisse zu München im Jahre 1854.
 Mit 16 lithographierten Tafeln in einem besonderen Heft.
 München 1855
Ausstellungskataloge
 – Aspekte der Gründerzeit
  Berlin 1974
  Dazu: Einführungsvortrag Prof. Dr. J. A. Schmoll gen. Eisenwerth
  Stadtmuseum München, 1975
 – Bayern, Kunst und Kultur
  München 1972
 – Berliner Eisenkunstguß
  Berlin, Märkisches Museum, o.J.
 – Die verborgene Vernunft
  Funktionale Gestaltung im 19. Jahrhundert
  München, Die Neue Sammlung, 1971
 – 125 Jahre Bayerischer Kunstgewerbeverein
  Jubiläumsausstellung des »Bayerischen Kunstgewerbevereins«
  München, Stadtmuseum 1976
 – »Katalog der allgemeinen deutschen Industrie-Ausstellung in München im Jahre 1854«
 – The Crystal Palace Exhibition
  Illustrated Catalogue, London 1851
  Nachdruck, New York 1970
 – München 1869–1958, Aufbruch zur modernen Kunst
  Rekonstruktion der ersten internationalen Kunstausstellung 1869
  München, Haus der Kunst 1958
 – König Ludwig II. und die Kunst
  München 1972
 – Weltausstellungen im 19. Jahrhundert
  München 1973

Bavaria, Landes- und Völkerkunde des Königreichs Bayern
 Dritter Band: Oberfranken, Mittelfranken,
 München 1865
Bernhart, Peter
 Münchener Taschenconversationslexikon
 München 1879
Benevolo, Leonardo
 Geschichte der Architektur des 19. und 20. Jahrh., Band I
 München 1964
Biensfeld, Johannes
 Freiherr Dr. Th. von Cramer-Klett
 Leipzig, Erlangen, o.J. (1914)
Böttger, Peter
 Die alte Pinakothek in München
 München 1972

Culmann, C.
 Der Bau der hölzernen Brücken in den Vereinigten Staaten von Nordamerika. Ergebnisse einer im Auftrage der Königl. Bayer. Regierung in den Jahren 1849 und 1850 unternommenen Reise durch die Vereinigten Staaten.
 ABZ 1857

Degen, Ludwig
 Münchener architektonisches Album
 München o.J. (1860)
Deneke, Bernward
Kahsnitz, Rainer, Hrsg.
 Das kunst- und kulturgeschichtliche Museum im 19. Jahrh.,
 München 1977
Dieterich, Robert
 Ludwig Werder
 in: Technikgeschichte, Band 35 Nr. 2
 Düsseldorf 1968
Doeberl, Michael
 Entwicklungsgeschichte Bayerns, Dritter Band
 München 1931

Eggert, Klaus
 Die Hauptwerke Friedrich von Gärtners
 Neue Schriftenreihe des Stadtarchivs München, Band 15
 München 1963
Eisenkonstruktionen,
 ausgeführt von der Brückenbauanstalt Gustavsburg bei Mainz, Filiale der Maschinenbau-Actien-Gesellschaft Nürnberg, 2. Auflage 1873
Evers, Hans Gerhard
 Versuch einer Ehrenrettung des Historismus
 in: das kunstwerk, Februar 1963
 Baden-Baden 1963

Fischer, Manfred F.
 A Century of Architecture
 in: »Apollo«, November 1971
 London 1971

Geist, Johann Friedrich
 Passagen, ein Bautyp des 19. Jahrhunderts
 München 1969
Gerber, Heinrich
 Das Paulische Trägersystem und seine Anwendung auf Brückenbauten
 Nürnberg 1859

Gottgetreu, Rudolf Wilhelm
   Nachruf, den Manen des Oberbaurathes August von Voit
   Vorgetragen in der Versammlung des Münchener Architekten- und
   Ingenieur-Vereins vom 23. März 1871
   in: Zeitschrift des Bay. Arch.- und Ing.-Vereins
   Band III, Heft 1
Gresbeck, F.
   Baugeschichte der Großhesseloher Eisenbahnbrücke
   ungedruckt, Werkarchiv MAN, Nürnberg
   Nürnberg o.J. (1953)
ders.
   Der Bau des Münchener Glaspalastes 1853/54
   ungedruckt, Werkarchiv MAN, Nürnberg
   Nürnberg o.J.
ders.
   Der Bau der Maximiliangetreidehalle in München
   ungedruckt, Werkarchiv MAN, Nürnberg
   Nürnberg o.J.

Habel, Heinrich
   Das Odeon in München
   Berlin 1967
ders.
   Der Münchener Kirchenbau im 19. und frühen 20. Jahrh.
   München, Berlin 1971
ders.
   Semper und der Stilwechsel am Maximilianeum
   in: Jahrbuch der Bayer. Denkmalpflege, Band 28
   München 1972
Hahn, August
   Der Maximiliansstil
   in: Festschrift zum 100-jährigen Bestehen des Maximilianeums
   München 1952
Hart, Franz
   Eisenbau und Stahlbau in München
   Deutscher Stahlbauverband
   Köln o.J. (1972)
Hauttmann, Max
   Karlinger, Hans
   München
   München 1922
Hederer, Oswald
   Die Ludwigstraße in München
   München 1942
ders.
   Leo von Klenze
   München 1964
ders.
   Friedrich von Gärtner
   München 1977
Historismus und bildende Kunst
   Vorträge und Diskussionen im Oktober 1963 in München und Schloß
   Anif
   (Studien zur Kunst des 19. Jahrh., Band I)
   München 1965
Hix, John
   The Glass House
   London 1974

Hof- und Staatshandbuch von Bayern
   München, ab Jahrgang 1819
Hojer, Gerhard
   Maximilianstraße und Maximilianstil
   in: Die deutsche Stadt im 19. Jahrhundert
   Stadtplanung und Baugestaltung im industriellen Zeitalter
   München 1974
Hübsch, H.
   In welchem Style sollen wir bauen?
   Karlsruhe 1832
Hunold, Fr.
   Geschichte des Münchener Glaspalastes
   in: Das Bayerland, 42. Jahrgang, Heft 17
   September 1931
Karlinger, Hans
   München und die Kunst des 19. Jahrhunderts
   München 1966
Kaschnitz von Weinberg, Guido
   Die Baukunst im Kaiserreich
   Römische Kunst IV
   Hamburg 1963
Kinder, Herrmann
   Hilgemann, Werner
   dtv-Atlas zur Weltgeschichte, Band II
   München 1971
Lieb, Norbert
   München, die Geschichte seiner Kunst
   München 1971
Lucks, Kai
   Die Münchener Isarbrücken im 19. und frühen 20. Jahrh.
   München 1976, Diss.
Maillinger, Joseph
   Bilderchronik der königlichen Haupt- und Residenzstadt
   München vom XV bis in das XIX Jahrhundert
   München 1876
Mayer, A.G.
   Eisenbauten
   Ihre Geschichte und Ästhetik
   Zu Ende geführt von W. Frh. von Tettau
   Esslingen 1907
Meyer, P.
   Europäische Kunstgeschichte II
   Dritte Auflage,
   Zürich 1969
Meyers großes Konversationslexikon
   Sechste Auflage
   Leipzig und Wien 1906
Mengele, Max
   Baugeschichtlicher Atlas der Landeshauptstadt München
   München 1951
Mittlmeier, Werner
   Die Neue Pinakothek in München 1843–1854
   München 1977
München und seine Bauten
   Hrsg. Bayer. Arch.- und Ing.-Verein
   München 1912

Münter, G.
  Der Londoner Glaspalast von 1851
  in: Anschauung und Deutung
  Willy Kurth zum 80. Geburtstag
  Berlin 1964

Palladio, Andrea
  I Quattro Libri dell'Architettura, Libro Terzo
  Venedig 1570
Pevsner, Nikolaus
  Wegbereiter Moderner Formgebung
  von Morris bis Gropius
  Hamburg 1957
ders.
  The Sources of Modern Architecture and Design
  London 1968
ders.
  Möglichkeiten und Aspekte des Historismus
  in: Historismus und Bildende Kunst
  München 1968
Plagemann, Volker
  Das deutsche Kunstmuseum 1790–1870
  München 1967

Ranke, Winfried
  Joseph Albert – Hofphotograph der Bayer. Könige
  München 1977
Reber, Franz von
  Bautechnischer Führer durch München
  Bayer. Arch.- und Ing.-Verein, München
  München 1876
Reidelbach, Hans
  König Ludwig I. von Bayern und seine Kunstschöpfungen
  München 1888
Roth, Eugen
  Der Glaspalast in München
  München 1971
Roth/Schlapper
  Schloß Nymphenburg
  München 1972

Schild, Erich
  Zwischen Glaspalast und Palais des Illusions
  Berlin 1967
Schädlich, Christian
  Das Eisen in der Architektur des 19. Jahrhunderts
  Beitrag zur Geschichte eines neuen Baustoffes
  Habilitationsschrift (ungedruckt)
  Weimar 1966
Schmoll gen. Eisenwerth, J.A.
  Stilpluralismus statt Einheitszwang – Zur Kritik der Stilepochen –
  Kunstgeschichte
  in: Argo, Festschrift für Kurt Badt
  Köln 1970
Sckell, C.A.
  Das Königliche Lustschloß Nymphenburg und seine Gartenanlagen
  München 1837
Straub, Hans
  Die Geschichte der Bauingenieurkunst
  Basel 1949

Teichlein, A.
  Münchener offene Briefe über die allgemeine deutsche Industrie- und
  Kunstausstellung im Sommer 1854
  in: Deutsches Kunstblatt V
  1854
Thieme, Ulrich
Becker, Felix
  Allgemeines Lexikon der bildenden Künstler
  Leipzig 1907–1947

Voit, August von
  Das chemische Laboratorium in München
  München 1858
ders.
  Die Neubauten im Königlichen botanischen Garten in München
  Zeitschrift für Bauwesen
  1867, Jahrgang XVII

Wambsganz, Ludwig
  Münchener Architekten- und Ingenieur-Verein 1833–1973
  München o.J.
Der Weltverkehr und seine Mittel (o.V.)
  Leipzig/Berlin 1868
Werner, Ernst
  Der Kristallpalast zu London 1851
  Düsseldorf 1970
Wiedenhofer, Josef
  Die bauliche Entwicklung Münchens
  München 1916
Wittek, Karl
  Die Entwicklung des Stahlhochbaues in den Anfängen 1800 bis zum
  Dreigelenkbogen 1870
  Düsseldorf 1964

Zeitschriften
  Allgemeine Bauzeitung, Wien
  Illustrierte Zeitung, Leipzig
  Zeitschrift für Bauwesen, Berlin
  Zeitschrift des Bayer. Architekten- und Ingenieur-Vereins
  Zeitschrift des Vereins zur Ausbildung der Gewerke, München,
  seit 1868 Zeitschrift des Bayer. Kunstgewerbe-Vereins

Archive und Sammlungen
  Akademie der bildenden Künste, München
  Bayerisches Hauptstaatsarchiv, München
  Bayerische Staatsbibliothek (Handschriftenabteilung) München
  Deutsches Museum (Plansammlung), München
  Familienchronik der Familie Ernst Voit
  Geheimes Hausarchiv, München
  Monacensia-Sammlung, München
  Plansammlung der Architektur-Abteilung der Technischen Universität,
  München
  Plansammlung der Bayer. Verwaltung der staatlichen Schlösser, Gärten
  und Seen in Nymphenburg, München
  Plansammlung der Residenzbauleitung, München
  Staatsarchiv, München
  Stadtarchiv, München
  Stadtmuseum, Graphische Sammlung, München
  Staatliche Graphische Sammlung, München
  Werkarchiv MAN, Nürnberg

131 Der Glaspalast vom Karlsplatz, um 1900

Anhang

Dokumente und Stimmen der Zeit

Der Mensch nähert sich mit größter Vollendung der großen und heiligen Mission, die er in der Welt erfüllen soll. Als Ebenbild Gottes erschaffen, soll er seine Vernunft gebrauchen, um die Gesetze zu entdecken, durch die der Allmächtige die Schöpfung beherrscht, und indem er diese Gesetze zur Grundlage seiner Tätigkeit macht, die Natur zu seinem Nutzen erobern, wie er selbst nur ein Instrument Gottes ist.
Meine Herren, die Ausstellung von 1851 soll uns ein wahres Zeugnis und ein lebendiges Gemälde der Stufe sein, auf die die Menschheit in der Erfüllung dieser großen Aufgabe vorgedrungen ist, und eine neue Quelle, aus der die Nationen ihre Kräfte in der Zukunft schöpfen sollen. Ich hoffe fest, daß der erste Eindruck, den der Blick auf diese weite Sammlung dem Betrachter macht, der einer tiefen Dankbarkeit ist gegenüber dem Allmächtigen für die Segnungen, die er uns hienieder zukommen läßt. Der zweite Eindruck möge die Überzeugung sein, daß wir diese fruchtbar machen können im Ausmaß der Hilfe, die wir bereit sind, uns gegenseitig zu leisten – d. h. einzig durch den Frieden, die Liebe und eine andauernde Hilfsbereitschaft nicht nur unter Individuen, sondern auch zwischen den Nationen der Erde.

Prinz Albert 1850 auf einem Bankett zur Vorbereitung der 1. Weltausstellung in London

Die vielbesprochene und viel bestrittene Schönheit des Gebäudes, in dem wir uns bewegen, beruht meines Erachtens darauf, daß es unmöglich ist, mit dem gegebenen Material, Eisen und Glas, den gegebenen ganz singulären Zwecke besser zu erfüllen, als Paxton getan hat ... Wir sehen ein feines Netzwerk symmetrischer Linien, aber ohne irgend einen Anhalt, um ein Urtheil über die Entfernung desselben von dem Auge und über die wirkliche Größe seiner Maschen zu gewinnen. Die Seitenwände stehen zu weit ab, um sie mit demselben Blick erfassen zu können, und anstatt über eine gegenüberstehende Wand streift das Auge an einer unendlichen Perspektive hinauf, deren Ende in einem blauen Duft verschwimmt. Wir wissen nicht, ob das Gewebe hundert oder tausend Fuß über uns schwebt, ob die Decke flach oder durch eine Menge kleiner paralleler Dächer gebildet ist; denn es fehlt ganz an dem Schattenwurf, der sonst der Seele den Eindruck des Sehnervs verstehen hilft. Lassen wir den Blick langsamer wieder hinabgleiten, so begegnet er den durchbrochenen blaugemalten Trägern, anfangs in weiten Zwischenräumen, dann immer näherrückend, dann sich deckend, dann unterbrochen durch einen glänzenden Lichtstreif, endlich in einen fernen Hintergrund verfließend, in dem alles körperhafte, selbst die Linie verschwindet und nur noch die Farbe übrig bleibt. Erst an den Seitenwänden orientieren wir uns, indem wir aus dem Gedränge von Teppichen, Geweben, Thierfellen, Spiegeln und tausend anderen Drapperien eine einzelne freie Säule heraussuchen – so schlank, als wäre sie nicht da, um zu tragen, sondern nur das Bedürfnis des Auges nach einem Träger zu befriedigen – ihre Höhe an einem Vorübergehenden messen und über ihr eine zweite und dritte verfolgen ...

Lothar Bucher, 1851, »Kulturhistorische Skizzen aus der Industrie-Ausstellung aller Völker« (London 1851). Aus »Weltausstellungen im 19. Jahrhundert«, Katalog der Neuen Sammlung, München, 1973

»Der Bau stieß auf keine Gegnerschaft, und er machte auf alle diejenigen, die ihn sahen, einen solchen Eindruck romantischer Schönheit, daß Reproduktionen des Palastes an den Wänden von Gehöften in entlegenen deutschen Dörfern zu sehen waren. Beim Anblick dieses ersten nicht in festem Mauerwerk errichteten Gebäudes wurde den Besuchern alsbald klar, daß die Regeln, nach denen man bisher die Architektur beurteilt hatte, ihre Gültigkeit verloren hatten.«
Lothar Bucher, 1851, aus »Weltausstellungen im 19. Jahrhundert«, Katalog der Neuen Sammlung, München, 1973. Die Zitate sind ein bemerkenswertes Zeugnis für die Fortschrittsgläubigkeit der Zeit. Sie sind – obwohl 1851 für den Crystal Palace in London verfaßt – in gleicher Weise für den Münchener Glaspalast gültig.

München, 3. Juli. Heute fanden sich bereits viele fremde Gäste in unserem Glaspalaste ein, die auf ihrer Durchreise die Gelegenheit benützten, um sich den herrlichen Bau und die beträchtliche Zahl der bereits sichtbaren Ausstellungsgegenstände zu beschauen. Die betreffenden Herren und Damen ließen sich durch die Ausstellungskommissäre ihrer Heimath einführen. Obgleich verhältnismäßig noch sehr wenig ausgepackt ist und die meisten Produkte noch erst in dem Verstecke massenhafter Kisten und Ballots sich zeigen, so läßt sich aus den ans Tageslicht getretenen doch schon ein beiläufiger Begriff der Großartigkeit und des Reichthums der Ausstellung machen. Preußen und Oesterreich's üppige Manufaktur ist wie voraussichtlich am stärksten vertreten. Wir wollen, um nicht nach irgend einer Seite hin vorzugreifen, Einzelnes auch nicht hervorheben, obschon manch gewaltiger Eindruck jetzt bereits sich dem Besucher darbietet, der eine dauernde Herrschaft sich erringen wird. Die Wappen, Fahnen und sonstigen Dekorationen verleihen dem Ganzen einen erhebenden Reiz. Die Töne der Orgeln, an deren Stimmung gearbeitet wird, brausen durch die weite, domgleiche Halle wie zu einem Fest der Weihe für die riesigen Werte menschlichen Geistes, die Aug' und Seele mit Staunen fesseln. In der Maschinenhalle erblicken wir kolossale Lokomotiven und monströse Maschinen aller Art, vor denen der Laie wie bei sphinxischen Räthseln starr und stumm dasteht. Der Arbeit ist indeß so viel, daß bei Erwägung der in 12 Tagen schon bevorstehenden Eröffnung Mancher bedenklich das Haupt schüttelt.

München, 6. Juli. Tausende von Händen schaffen und arbeiten rastlos in unserem Industriepalaste an der Entpuppung der täglich zahllos sich mehrenden Kisten und Ballots; und es ist noch eine große Aufgabe bis zum 13., dem Eröffnungstage, zu vollenden. Nachdem die Raumvertheilung für die Waren nunmehr bereinigt ist, nimmt man an, daß für etwa 10.000 Besucher in der Halle Raum vorhanden ist: eine Überfüllung dürfte demnach selten eintreten. – Heute wurde an dem Podium der großen Fontaine neuerdings gearbeitet, nachdem gestern bei dem Versuche der drei Fontaine die Schwere des Wassers den Boden des mittleren Bassins durchgedrückt hat. Dieses Bassin nimmt nämlich das aus der hohen mittleren Robre über vier (bronzene von Figuren getragene) Becken sich mit vehementer Gewalt herabstürzende Wasser in sich auf; die Restauration ging leicht von statten. Die drei Fontaine und ein zierlicher Obelisk verleihen dem Innern des Palastes einen hohen Reiz. Dem Haupteingange vis-à-vis kommt ein Meisterwerk unseres Prof. Halbig zu stehen, nämlich das kolossale Modell zu einem Standbild Sr. Maj. unseres Königs Max, im Kostüme des St. Hubertus-Ordens, mit dem großen Königsmantel. Während somit der erste Blick des Besuchers das Standbild des deutschen Fürsten gewahrt, dem man das große nationale Ereigniß dankt, die erste allgemeine deutsche Industrieausstellung in München mit so überraschender Schnelligkeit ins Leben gerufen zu haben, ist andererseits dem Kunstkenner ein Monument von höchstem artistischen Werthe geboten, das unser unsterblicher Halbig in weniger als sieben Wochen vollendete. Dasselbe dient zugleich als Modell des Erzgusses für das in Lindau zu errichtende Königsdenkmal, wovon in Ihrem Blatte schon Erwähnung geschah.

München, 8. Juli. Das Programm für die feierliche Eröffnung der Ausstellung wird nächsten Montag ausgegeben werden. Die Eröffnung findet, wie bereits berichtet, am 15. Mittags um halb 1 Uhr statt. Vor 12 Uhr versammeln sich die Mitglieder der Ausstellungs- und Beurtheilungs-Kommission, so wie die fremden Kommissäre und Bevollmächtigten im Querschiff des Glaspalastes. Vorher zieht eine Kompagnie vom Leib-Inf.-Reg. mit Fahne und Musik auf, und es bleibt dieselbe, so lange die Eröffnungsfeierlichkeit dauert, vor dem Glaspalast aufgestellt. Um 12 Uhr erscheint der Staatsminister des Handels, um $12\frac{1}{4}$ das diplomatische Korps, und etwas vor $12\frac{1}{2}$ Uhr die durchlauchtigsten Mitglieder der königlichen Familie, welche an der Eröffnungsfeierlichkeit Theil nehmen. Um $12\frac{1}{2}$ Uhr verlassen JJ. MM. der König und die Königin die Residenz, um Sich nach dem Ausstellungsgebäude zu begeben. Dort angekommen, werden allerhöchst dieselben von dem Staatsminister des Handels und der öffentlichen Arbeiten und dem Präsidenten der Ausstellungs-Kommission empfangen und in den Salon im Ausstellungsgebäude eingeführt, von wo aus Ihre Majestäten Sich, unter Voraustritt der Ausstellungs-Kommission, dann der Herren des Cortège, und gefolgt von den durchlauchtigsten Mitgliedern der k. Familie, zu dem im Querschiff errichteten Thron begeben. Haben Ihre Majestäten daselbst Platz genommen, so hält der Staatsminister des Handels und der öffentlichen Arbeiten eine kurze Ansprache an allerhöchstdieselben über Veranlassung und Zweck der Ausstellung, und es wird derselbe mit der Bitte schließen, Ihre Majestäten möchten geruhen, die allgemeine deutsche Industrie-Ausstellung in feierlichem Umzuge durch das Ausstellungsgebäude zu eröffnen. Für diesen Umzug ist folgende Ordnung festgesetzt: 1) die kgl. Kammer- und Hoffouriere; 2) der Architekt, der Erbauer und der technische Leiter des Baues des Glaspalastes; 3) die Ausstellungs-Kommission: 4) die Herren vom k. Cortège; 5) Ihre Majestäten, geführt vom Staatsminister des Handels und der öffentlichen Arbeiten, und dem Präsidenten der Ausstellungs-Kommission, und begleitet von allerhöchstihrem Dienste; 6) die durchlauchtigsten Mitglieder der k. Familie, gefolgt von den Personen Ihres persönlichen Dienstes; 7) das diplomatische Korps; 8) die Staatsminister und Staatsräthe; 9) der Präsident und die Direktoren der Regierung von Oberbayern; 10) die fremden Ausstellungskommissäre und Bevollmächtigten; 11) die Beurtheilungs-Kommission; 12) das Ausführungs-Komite; 13) der Bürgermeister, drei Magistratsräthe und der Vorstand der Gemeindebevollmächtigten der Haupt- und Residenzstadt München; 14) die Vorstände des landwirthschaftlichen General-Komite's, des polytechnischen Vereins, dann die Handels-, Fabrik- und Gewerbe-Räthe. Nach dem feierlichen Umzuge nehmen Ihre Majestäten wieder auf dem Throne Platz, und Se. Majestät der König werden dann durch den Staatsminister des Handels und der öffentlichen Arbeiten die Ausstellung für eröffnet erklären lassen. Die Personen, welche Eintrittskarten erhalten, haben bei der Eröffnungsfeierlichkeit auf den Gallerien des Ausstellungsgebäudes Platz zu nehmen. Nach dem Schlusse der Eröffnungsfeierlichkeit wird das Ausstellungsgebäude für den übrigen Theil des Tages geschlossen.

München, 11. Juli. Dem »Württemb. Staatsanz.« wird von hier geschrieben: »Soeben höre ich, daß an die bayerischen Gränzbahnämter die Weisung ergehen soll, die Uebernahme der für die Industrie-Ausstellung bestimmten Frachtgüter einzustellen bis zum 16. Juli, damit die letzten Tage vor der nun auf den 15. d. M. offiziell angesagten Eröffnung ausschließlich zum Ordnen des Vorhandenen verwendet werden können. Die württembergischen Ausstellungsgüter, welche nicht vor dem 10. d. M. auf die bayerische Bahn übergegangen sind, werden also in Ulm liegen bleiben, und die Aussteller, welche etwa beabsichtigten, im Laufe dieser Woche hierher zu reisen, um solche Güter aufzustellen, werden ohne dieselben ankommen, wenn sie solche nicht unter eigener Adresse mitführen. Das Einbringen ausgepackter Gegenstände in's Gebäude wird wohl erst am Donnerstag oder Freitag aufhören müssen.«

Täglich bringt uns nun jeder Bahnzug Hunderte von Fremden, wovon ein großer Theil ihr Unterkommen in Privatwohnungen suchen und finden. Unsere k. Polizeidirektion traf bekanntlich die umsichtigste Fürsorge, daß ein Quartiermangel nicht denkbar ist. Sie errichtet zu diesem Zweck sogar ein eigenes Bureau im Bahnhofe selbst, in welchem sich die Ankommenden sogleich vom Waggon weg Aufschluß erholen können, wo sie am besten ihr Haupt niederlegen. Ein ähnliches Quartierbureau ist im k. Polizeigebäude errichtet. Diese Vorkehrungen werden, wie schon die jetzige Frequenz erwarten läßt, sich ebenso als ersprießlich erweisen, wie von der Nothwendigkeit geboten. – Im Glaspalaste sehen wir die bisherige Thätigkeit verhundertfältigt und dennoch ist nicht daran zu denken, daß bis zum Schlusse dieser Woche alle Gegenstände nur developpiert geschweige geordnet werden können. Leider sind viele zerbrechliche Waaren ziemlich verletzt hier eingetroffen, was zum Theil der schlechten Verpackung zugeschrieben werden muß. Zur Kunst-Ausstellung, die am 16. dies beginnt, fehlt noch eine Menge der angemeldeten Objekte.

München, 15. Juli. Das große Werk ist vollendet, die deutsche Messe, dieses einzige, lebendige Denkmal nationaler Einheit, hat die Pforten ihres Palastes geöffnet und die längst angekündigte schaarenweise Pilgerfahrt nach diesem Tempel, wo deutsche Industrie und Kunst ihre Schätze zum schönsten Wettkampfe vereinigt haben, kann nun beginnen. Für München jedoch war der heutige Tag ein besonders festlicher, der in den Annalen seiner Geschichte zugleich als einer der schönsten glänzen wird. Die meisten Fabriken und Werkstätten feierten. Alles hatte sein Festtagsgewand angelegt und schon vom frühen Morgen an durchzogen die Karls-, Arcis- und Sophienstraße ungewöhnlich viele Lustwandelnde, die bis gegen Mittag zu unzählbaren Massen angewachsen waren. Zahlreiche glänzende Equipagen rollten auf und ab, und Herr wie Diener zogen durch prachtvolle Uniformen und reiche Livreen die Augen der Anwesenden auf sich. Von den Höhen des Krystallpalastes herab wehten lustig und bunt durcheinander die riesigen Flaggen Bayerns und die kleineren, mit jenen geschmackvolle Trophäen bildenden, Fahnen der übrigen deutschen Staaten, in ihrer Mitte als Schild das Stadtwappen Münchens tragend; selbst der Himmel, der so lange schon mit ewigen täglich sich entleerenden Gewitterwolken überzogen war, hatte sich entwölkt, und sein schönstes Festtagskleid angelegt. Die Anzahl der Glücklichen, welche der Feier im Innern des Gebäudes beiwohnen durften, war zwar nur auf die speziell hiezu Geladenen und die Besitzer einer Saisonkarte beschränkt, aber das Volk wollte wenigstens sein Interesse für die große Sache an den Tag legen, es wollte seinen König sehen, um Ihm durch laute Acclamation seinen Dank für das unter Seinen Auspizien geschaffene nationale Werk darzubringen, und deshalb harrte es außerhalb des Gebäudes Stundenlang schon seiner Ankunft. Während so die Straßen sich allmählich füllten, bereitete man sich auch im Innern zum Empfange Sr. Majestät vor.

Sämtliche Militärmusiken nahmen um 11 Uhr die ihnen angewiesenen Plätze auf dem Westende der oberen Gallerien ein, die Besitzer von Saisonkarten reihten sich diesen an und die Geladenen endlich vertheilten sich wieder je nach der Farbe ihrer Karten auf den verschiedenen Plätzen der Gallerien und dem unteren Raume des Transseptes. Die Herren waren der Vorschrift gemäß entweder in Uniform oder Frack und weißer Halsbinde, die Damen in reicher Toillette erschienen. Um 12 Uhr waren die angewiesenen Plätze sämtlich eingenommen, und man konnte nun von allen Seiten die verschiedenartigsten Ausrufe der Bewunderung vernehmen. Aber wahrlich es waren keine übertriebenen Erhebungen: glänzten doch rechts und links in weiter Perspektive all die hier aufgethürmten Schätze wie eine Fata Morgana uns entgegen. Die 3 prachtvollen Fontainen, namentlich jene riesige im Transsepte, spiegelten in immer wechselndem Farbenspiele; die weißen Marmor- und glänzenden Erz-Statuen, die prachtvollen Gruppen, welche die ganze Längenmitte des ungeheuren Palastes einnehmen, und als deren Krone am östlichen Ende das prachtvolle für die Propyläen bestimmte Giebelfeld prangt, im Transsepte um den k. Thron ein Flor der seltensten und prachtvollsten Pflanzen und Blumen, in den Höhen über uns aber unter dem gläsernen Dache das erquickende Grüne der geschmackvoll verschlungenen Guirlanden, gleichsam eine vereinigte Krone über all den an den Gallerien angebrachten Wappenschildern der verschiedenen deutschen Staaten bildend – dies Alles verlieh den bunten durch ein bewunderungswürdiges Arrangement gebildeten Produkten-Rahmen einen unbeschreiblichen Zauber, der im Zusammenhalte mit dem lustigen von den reinsten Formen gebildeten Gebäude die orientalischen Märchen zu verwirklichen schien. Es war ein Gemälde, wie nur die reichste Phantasie es schaffen kann und das auch das abgestumpfteste Gemüth erheben müßte. – Um $12\frac{1}{2}$ Uhr verkündeten Salven von Akklamationen und Hoch's auf den Straßen die Ankunft der kgl. Majestäten, welche unter der rauschenden Begleitung der sämmtlichen Musikkorps bei dem Eintreten Höchstderselben in das Gebäude von den hier Anwesenden lauten Wiederhall fanden. Am Eingange wurden die kgl. Majestäten von Sr. k. Hoheit dem Prinzen Adalbert, dem Hrn. Ministerpräsidenten, Dr. v. d. Pfordten, und dem Vorstande der Ausstellungskommission, Staatsrath von Fischer, empfangen und unter Begleitung der übrigen Mitglieder dieser Kommission und des Kortege zu dem an der Südseite des Transseptes errichteten Thron geleitet, – worauf sogleich die Ansprache des genannten Herrn Ministers an Se. Majestät den König erfolgte: Nach einer geschichtlichen Einleitung über die bisher stattgehabten Ausstellungen in den einzelnen deutschen Staaten sowohl, als jener allgemeinen zu Mainz und Leipzig, sowie der ersten Zollvereinsausstellung zu Berlin i. J. 1844 verbreitete er sich hier über Entstehung der gegenwärtigen Ausstellung, das Gebäude, die Thätigkeit der Ausstellungskommission und schloß hieran die Bemerkung, daß die gegenwärtige Ausstellung, welche die großartigste in quantitativer wie qualitativer Hinsicht sey, die bisher auf dem Kontinente zu Stande gekommen, nur durch das vereinte Wirken der deutschen Regierungen möglich geworden sey. Es sey die schönste Schöpfung des Friedens, ein Denkmal der deutschen Einheit, in welcher allein die Macht und der Segen Deutschlands beruhe. An diese Worte knüpfte der Redner sodann die Bitte an Se. Majestät, die allgemeine deutsche Ausstellung für 1854 für eröffnet zu erklären.

»In der Blüthe der Industrie liegt die Kraft und der Wohlstand eines Volkes, und er habe deßhalb dem heutigen Tage, welcher die Zeugnisse von dem deutschen Wohlstande und der deutschen industriellen Kraft geben werde, mit Vergnügen entgegengesehen; in der Einheit Deutschlands liege dessen gewaltige Macht, und nur durch diese sey dieses große Werk zu Stande gekommen, von welchem er hoffe, daß es nutzbringend für das Vaterland seyn werde; es möge der Segen des Himmels auf dem Gebäude, welches diese Schätze in sich berge, ruhen!« Diesen Worten folgten langanhaltende donnernde Hoch's auf Se. Majestät von Seite der Anwesenden, wornach der feierliche Umzug unter Begleitung der Musikkorps und dem Spielen der Orgeln dem Programme gemäß folgte. Zu wiederholten Malen sprachen die Majestäten Ihre volle Zufriedenheit hiebei aus; im Maschinensaale wurde Höchstdenselben ein vor Ihren Augen auf einer Schnellpresse aus der Reichenbach'schen Maschinen-Fabrik in Augsburg gedrucktes Festgedicht, verfaßt von Prof. von Kobell, überreicht, ebenso im Gebäude auf einer dort befindlichen Prägmaschine hervorgegangene auf die Ausstellung Bezug habende Geschichtsthaler. Nach vollendetem Umzuge, welcher eine volle Stunde in Anspruch nahm, bestiegen Ihre Majestäten wieder die Stufen des Thrones, worauf der Ministerpräsident, Herr Dr. v. d. Pfordten, im Namen Sr. Majestät die allgemeine deutsche Industrie-Ausstellung für eröffnet erklärte. (Se. Majestät trug Generalsuniform und die Königin ein blau und weiß seidenes Kleid und ein Diadem von Diamanten mit gegen rückwärts sich legenden blau und weißen Federn auf dem Haupte.) Nachdem Höchstdieselben noch dem diplomatischen Korps die Ehre der Einzelansprache erwies und die fremden deutschen Kommissäre sich hatte vorstellen lassen, verließen Sie unter den wiederholtesten Bezeugungen Ihrer Zufriedenheit und Anerkennung der Verdienste der Betheiligten, als deren Beweis Seine Majestät – noch höchsteigenhändig dem Vorstande der Ausstellungs-Kommission, Staatsrath v. Fischer, das Kommandeurkreuz, und dem Oberbaurath Voit, sowie dem Erbauer des Glaspalastes, Herrn Kramer, das Ritterkreuz des Verdienstordens der bayerischen Krone überreichten, das Haus, begleitet von lautem nicht endenwollenden und die Musik übertönendem Hurrah der Anwesenden innerhalb und außerhalb desselben. Der Eindruck dieser Feier aber wird für Alle, die derselben anwohnten, ein unvergeßlicher bleiben.

So ging denn unter unseren Augen heute ein Stück deutsche Geschichte vor sich. Die Tausende fühlten die Wichtigkeit des Augenblicks, als sie eintraten in den festlich geschmückten Palast, wie in einen Zaubertempel, in welchem die Opferspenden germanischer Kunst und Fleißes in unübersehbarer Fülle und Pracht ausgebreitet sind. Es war ein herrlicher Anblick, unbeschreiblich schön und erhaben. Wie hier unser materielles Zeitalter durch sein Streben und Weben, Schaffen und Bilden zur Anschauung gebracht ist, gestaltet sich das Materielle zur Poesie, an welcher Geist und Fantasie reiche Nahrung schöpfen. Die todten Dinge machen tausend Gedanken und Gefühle in uns lebendig: wie jeder Schöpfer und Erfinder sein eigenes Ideenreich, so haben wir da eine kleine Welt vor unseren Blicken liegen, in welcher die Herrschaft des menschlichen Geistes als Gottheit thront. Ich verzichte, den Eindruck dieses Riesenbazars mit seinen wahrhaft orientalischen Luxus Ihnen zu schildern. Es war heute für Einmal des Stoffes zu viel gegeben, um vom Auge völlig beherrscht werden zu können.

Wenn der Himmel freundlich herabschaut, freut man sich doppelt bei öffentlichen Festen, was auch im hohen Grade bei der heutigen Eröffnungsfeier der Industrie-Ausstellung der Fall war. Schon um 10 Uhr harrten eine unabsehbare Menge im Schwarz gekleideter Herren mit ihren Damen vor den Eingängen des Glaspalastes. Als aber die helltönende Glocke des Gebäudes die eilfte Stunde verkündete, da öffneten sich die Thore und die frohe Menge stürzte in die weiten prachterfüllten Räume, deren Glanz und Zauber die Eintretenden mit Ueberraschung und Staunen erfüllten. Es währte noch anderthalb Stunden bis dem Programme gemäß Ihre Majestäten der König und die Königin in die Ausstellung kamen, um die eigentliche Feier zu eröffnen; aber die Stunden flogen wie Minuten vorüber, sowohl durch das Beschauen der größeren, in die Augen fallenden Gegenstände, als auch durch die aus der Elite aller Stände zusammengekommenen Personen. Eine Ueberraschung bot sich uns gegen 12 Uhr, indem aus den bis dahin trockenen Springbrunnen plötzlich die kristallhellen Wassersäulen emporsprangen, die in die breiten Becken zurückfallend angenehme Kühle verbreiteten. Im Transsept war, von zwei stattlichen Hartschieren bewacht und von Cypressen, Oleander und Palmen umgeben ein prachtvoller Thron aufgeschlagen. Endlich hörten wir um halb 1 Uhr das Hurrahrufen der vor dem Palaste versammelten Menge, sowie die Musik des Leib-Regiments, was uns als Zeichen galt, daß die Majestäten ankommen. Die Majestäten sammt Gefolge, verließen nach der königlichen Ansprache unter dem Hochrufe der Versammelten und den Tönen der Musik den Saal, worauf uns die Besichtigung des Palastes weiter gegönnt ward. Es ist indessen nicht möglich, in wenigen Worten auch nur einen Überblick der vorzüglichsten Gegenstände zu geben. Die Ausstellung will Gruppe für Gruppe studirt sein, um den absoluten und relativen Werth der einzelnen Gegenstände gehörig zu würdigen. Nur erwähnt sey noch, daß die herrlichen Werke der Plastik aus der hiesigen Erzgießerei, die den Giebel der Propyläen bildende Figuren, ebenso die Porzellan-Figuren und Malereien von der hiesigen und Berliner Porzellan-Manufaktur die meisten Bewunderer auf sich zogen. Eine besondere Zierde des Palastes ist auch ein 50 Fuß hoher Obelisk aus wohlriechender Seife mit marmorartigen, ebenfalls aus Seife verfertigten Stufen des Hof-Parfumeurs Kron aus München, auf welchem in goldenen Lettern auf einer Seite die Worte Liebig's stehen: Der Verbrauch von Seife gilt als Maßstab für den Wohlstand und die Kultur der Staaten. Begeistert für die Erzeugnisse menschlichen Kunstfleißes, deren Ausstellung eben das geliebte Herrscherpaar in Allerhöchsteigener Person eröffnete, verließ ein Jeder die prachtvollen Räume des Palastes.

Aus »München-Augsburger Abendzeitung«, 1854

Willkommen, seid mit Ehrengruß willkommen,
Die Weihe huldvoll diesem Bau zu geben,
Der da vereinigt der Gewerke Leben
Zu Aller Lust, zu Aller Nutz und Frommen.
Wo Kräfte je ein hohes Ziel erklommen,
Da mußte sie ein freundlich' Band verweben,
Die Krone mag ein Baum nur stolz erheben
Wenn reicher Aeste Netz d'rin aufgenommen.

Und glänzt es rings von den krystall'nen Wänden,
Als wollten sie ein Gartenhaus erbauen
Mit sonnig-hell bestrahlten Prachtgeländen:

So mögt ihr wahrlich einen Garten schauen,
Der seltne Früchte kann und Blumen spenden,
Die deutscher Fleiß erzog in deutschen Gauen.

O wollet Fürst des Herzens Dank empfangen,
Der Euch gebührt, da wir den Tag begehen
Dem festlich diese Freudenflaggen wehen
Und diese kranzgeschmückten Giebel prangen,
Es war ja Euer königlich' Verlangen
Und Euer Wort hieß dieses Werk erstehen,
Das wir so würdig nun vollendet sehen
Und dem so viel der Beifallsstimmen klangen.

Ein mächtiger Funke ist damit gefallen,
Und jene heil'ge Flamme wird er zünden
Die edlen Wettstreit wärmend soll umwallen,

Dem Vaterland wird neuer Ruhm sich gründen
Und Jubelrufe werden wiederhallen
Die Euch o Fürst als dessen Schöpfer künden.

Sonett von Franz von Kobell, das bei Eröffnung der deutschen Industrie-Ausstellung in München am 15. Juli 1854 auf Schnellpressen von König und Bauer / Kloster Oberzell, Würzburg und Reichenbach / Augsburg gedruckt und König Maximilian II. und Königin Marie von Bayern überreicht wurde.

Wie von der unwiderstehlichen Triebkraft des Frühlings beseelt, schossen mit den ersten grünen Halmen des diesjährigen die Säulenschäfte des Glaspalastes empor. Um dieselbe Zeit las man eines Tages in unsern Lokalblättern: Gestern hat König Ludwig in aller Stille den Grundstein zu den Propyläen gelegt. – Trotz des vollen Bewußtseins von der Berechtigung und Nothwendigkeit einer Erneuerung des antiken Styles im Verlauf moderner Kunstgeschichte, und bei wärmster Anerkennung alles dessen, was unser erhabener Kunstbeschützer in dieser Richtung gewirkt hat, bin ich doch bekanntlich nicht gerade von schwärmerischen Sympathien für den restaurirten Hellenismus erfüllt. Und dennoch hatte die Nachricht von der stillen Grundsteinlegung etwas unsäglich Rührendes für mich! Das that wohl der Gegensatz des lärmenden Hämmerschlags vom Industriebau herüber. Denn, daß ich es gestehe, beim Anblick dieses täglich wachsenden eisernen Spinnengewebes ergriff mich jenes eigenthümliche Mißbehagen, welches den armen Lenau in der Nähe von großen Werkstätten und Stapelplätzen der Industrie dergestalt übermannt haben soll, daß es ihm einmal, in einem amerikanischen Spinnhause, förmlich übel ward.

»Nun ja (mögen manche meiner Leser denken), bei Dichtern, Künstlern ist die Antipathie erklärlich und zu verzeihen; und, wir verstehen auch, wer, wie der Verfasser dieser Briefe, in der behaglichen Atmosphäre der süddeutschen »Kunststadt« aufgewachsen, und sich stets nur auf den festlichen Tonwellen des »Walhallaliedes« zu wiegen gewohnt war: dem mißhagt begreiflicherweise schon der Gedanke an das herannahende Maschinengerassel, und in den Sprengwerken des Industriepalastes ahnt er schlimmen Sinn.«

Mein Wort darauf, Verehrteste! Es ist nicht das, zum mindesten nicht das allein! Habe ich es nicht schon angedeutet, daß auch meine Pietät, meine Begeisterung für Alles, was noch mit jener schönen Epoche neudeutscher Kunstentwicklung innerhalb meiner Vaterstadt zusammenhängt, ihren unabweislichen, kritischen Vorbehalt habe? Und bedarf es noch einer Betheurung, daß auch ich, als ein Mitbürger dieses Jahrhunderts, den großen Zug der industriellen Zeitströmung nicht verkennen kann? Wahrhaftig, ich ehre dankend jedes Streben, jedes Unternehmen, das die Zeit begreift und zunächst ihre nächsten Interessen fördern will. Aber das kann mich hier sowenig von jenem Zweifel und sorgenvollen Mißbehagen befreien, als ich mir dort, erweicht von dem Syrenengesange lieber Erinnerungen, etwa einzureden vermöchte, immer und überall gehe der Weg alles ästhetischen Heils durch antike Säulenstellungen! – Gemach also mit Spott und Anzüglichkeiten! Wir stoßen wohl noch auf einen Punkt, wo sie mir einräumen müssen: nicht bloß der Dichter, der Künstler, der es schmerzlich empfindet, wenn er mehr und mehr den sanften Fluß freier Production durch das klappernde Mühlrad des herrschenden und herrschsüchtigen Mechanismus gebrochen sieht, nicht er allein habe Ursache zu Klage und Kummer: nein, auch der kühle, unparteiische Denker, ja er vor Allen, sofern er kein einseitiger Rechenmeister, sondern ein ganzer Mensch ist, könne sich heut zu Tage jener trüben und widerspruchsvollen Stimmungen nicht immer erwehren. Denn das ist nun einmal die Folge all der unvermittelten Gegensätze und ungeheilten Brüche, welche die fortschreitende Kultur zu Tage fördern mußte, daß wir uns kaum einer einzigen Erscheinung mehr von ganzer Seele in die Arme werfen können, daß wir uns gegen jede halb anerkennend, halb ablehnend, hoffend und fürchtend zugleich verhalten. Die Zeit ist kritisch, darum stehen wir kritisch zu ihr. Diese Erfahrung machen wir Alle und bei jeder Gelegenheit, nur daß sie sich demjenigen, den das Geschick auf den ästhetischen Standpunkt verdammt hat, am häufigsten und einschneidendsten aufdrängt.

Seht doch nur hin: Propyläen und ein Glaspalast – auf mäßige Straßenlänge von einander entfernt – welche wunderliche architektonische Zeitgenossenschaft einer deutschen Stadt! Seit Langem waren die beiden benachbarten Baustätten die Anziehungspunkte meiner contemplativen Abendpromenaden. Wie oft aber müßte man wohl, vorüber an der Behausung unseres ehrwürdigen Nestors der Archäologen und Philhellenen, die melancholische Pappelallee der Arcisstraße hin- und herschlendern, wollte man auf diesem Wege die große kulturhistorische Gedankenmasse erschöpfen, welche uns allein schon aus dem unmittelbaren Nebeneinander jener antiken Propyläen und dieser modernen Triumphhalle der Industrie zuströmt! Ich lade den Leser nur auf einen einzigen Gang ein; für's Erste: um durch diese neuesten scharfkontrastirenden Beispiele an eine alte Thatsache zu erinnern, welche uns für alle folgenden Betrachtungen von besonderer Bedeutung ist; daß wir nämlich keinen eigenthümlichen zeitgeborenen Baustyl haben und – man darf das wohl ohne weitläufige Motivierung hinzusetzen – sobald auch nicht haben werden. Denn, nebenbeigesagt, von diesen magern Eisenkonstruktionen wird doch, ästhetisch betrachtet, Niemand eine Architektur der Zukunft erwarten, wie reich sie sich auch noch an neuern, technischen Vortheilen erweisen mögen. Für's Zweite aber: um nunmehr zwischen diesen beiden Gegensätzen hindurch auf jenen Punkt loszusteuern, welcher die Tonart dieser Briefe bestimmen und es entschuldigen soll, wenn ihre Weise nicht ganz so angenehm in's Gehör fällt, als die beliebten Gassenhauer des blinden oder gemachten Enthusiasmus.

Die Treibhäuser des botanischen Gartens waren es, welche dem Glaspalast das Feld räumen mußten. Auf naturwissenschaftlichem Grund und Boden also erhebt sich die Festhalle der Industrie. Ist das nicht ein sinnreicher Zufall? Wir werden überdies noch durch einen andern Umstand an den engen und bedeutenden Bund der Industrie und Naturwissenschaften erinnert. Dicht bei dem Industriegebäude steht ein Haus, das durch seine vielen Kamine auffällt. Diese Schlöte steigen über einem Hauptherde und Berührungspunkte der beiden mächtigen Verbündeten empor; sie kennzeichnen uns das Laboratorium Justus v. Liebig's. Hier stehen wir somit im Herzen des neuesten Münchens, und, Sie werden mir glauben, daß ich das nicht ohne Stolz und mit freudigem Dankgefühl für König Maximilian sage; muß ich doch hinzusetzen, hier stehen wir im Herzen der Gegenwart. Wer wünscht, wer hofft nicht, das Vaterland eines Liebig möge auch noch ebenso glänzende industrielle Siege feiern, als ihm seine naturwissenschaftlichen Ansehen und Ruhm bei allen civilisirten Völkern erworben haben. Aber wäre damit die letzte und höchste Aufgabe der Neuzeit des deutschen Volkes gelöst, damit eine Kulturblüthe erreicht, welche jeder großen Epoche der Vergangenheit den Rang streitig machte: daß wir nie dagewesene Fortschritte in den »exakten Wissenschaften« gemacht und dieselben in praktisches, industrielles Leben umgesetzt haben? – »Gewiß nicht! Indeß (wendet man vielleicht ein) sind wir denn in der That so einseitig, haben wir wirklich unsern wissenschaftlichen Scharfsinn, unsern mechanischen Erfindungsgeist so ganz und gar auf Kosten aller übrigen menschlichen Anlagen herausgebildet? Zeugen dagegen nicht, z. B. unter Anderem, zahlreiche und treffliche Werke der Kunst, welche unter unsern Augen entstanden sind, ja fortwährend noch entstehen?« – Ach ja wohl »unter Anderem!« – Kommen Sie, wir wollen jetzt hinüber zu jener antiken Baugruppe, welche bisher von der Glyptothek und dem Kunstausstellungsgebäude gebildet, in Bälde durch die Propyläen ihren Abschluß erhalten haben wird.

Die Glyptothek ist, wie Sie ja wissen, daß Erstlingswerk König Ludwigs, »das Heiligthum, von dessen Schwelle (so schreibt Fr. Thiersch im Kunstblatt, als Meister Cornelius im Sommer 1824 so eben den Göttersaal vollendet hatte) die verjüngte Kunst ihren Gang durch die deutschen Gauen begonnen hat.« Gerade gegenüber diesem »Heiligthum« versammelt in diesem Augenblicke die »erste allgemeine deutsche Kunstausstellung« die Kinder und Enkel jener »verjüngten Kunst.« Ob man es ihnen wohl ansieht, aus welchem Hause sie stammen? Wer diese dreißig Jahre nicht mit offenen Augen geschlafen hat, der kann sich, ungesehen, die Physiognomie dieses Epigonenkongresses vorstellen, und wird ungefähr wissen, wie sie sich zu dem cornelianischen Ahnherrn der Glypthothek verhalten wird: ohngefähr wie das Exterieur manches wakkern Cavaliers zu dem Helden der Vorzeit oder gar dem heidnischen Gott, auf den er seinen Stammbaum zurückzuführen

liebt. Warum sich dieses Geschlecht – in kurzen dreißig Jahren – gerade so und nicht anders entwickeln mußte? das ist eine höchst complicirte Frage, die jedoch, in Bausch und Bogen genommen, eine höchst einfache Lösung zuläßt: wir sind eben Alle, Cavaliere, Künstler, Alle, Kinder dieser modernen Welt; nichts Besseres und auch nichts Schlimmeres! Demnächst einiges Näheres davon; für jetzt weiter, weiter! Es giebt eine Frage, in der alle übrigen Fragen und Antworten mitenthalten sind, zu welchen unser Thema herausfordert, und kein Gebildeter, Denkender wird sie los: wie verhalten sich doch die »Wunder« unserer Glaspaläste, unserer modernen Civilisation, zu jenen Wundern antiker, hellenischer Bildung, welche noch in dem verstümmelten Torso, der uns davon überkommen ist, so unwiderstehlichen Zauber auf die spätesten Geschlechter üben? – Ich weiß es wohl, man soll ein Kartoffelfeld, selbst unter der Voraussetzung, daß es ein völlig gesundes sei, nicht an einem Orangen- oder Lorbeerhain messen. Aber was kann ich dafür, daß die Glyptothek so nahe bei dem Glaspalast steht! Ich habe ja die grüne Saisonkarte für die Industrieausstellung bereits in der Tasche; mein innigstes Interesse an vaterländischem Leder und Blei, Pinseln und Puppen ist mit einem Opfer von baaren sechs Gulden garantirt; nur heute noch haltet mir den Seitenblick auf die Glyptothek zu gute! – Seht wie schön just die Abendsonne ihre weißen Säulen vergoldet; es ist lautlose Stille hier drüben; mir ist, als könnte ich den leisen Athemzug wohlbekannter Marmorbrüste hören; durch die geschlossenen, ehernen Thore sehe ich sie stehen, in ihrer olympischen Ruhe, die herrlichen »exilirten Götter.« Mich dünkt, sie seien zufrieden und dächten nicht klein von dem Volke, dessen Genius ihnen das würdige Asyl gegründet und geschmückt hat. – Es ist Nacht geworden über diese Träumerei. – Ein schlechter Rest germanisch-romantischer Phantasie genügt jetzt, über die Pappelallee der Arcisstraße und die Kamine Liebig's hinweg eine luftige Brücke zu schlagen; und siehe da, die klassischen Götter, neugierig geworden auf die neuesten Großthaten ihrer nordischen Wohlthäter, steigen aus den Oberlichtern der Glyptothek empor und ziehen hinüber in den Glaspalast. Hochauf rauschen die Fontainen bei ihrem Einzug; die Orgeln brausen, und eine Legion Claviere wird von einer unsichtbaren Dilettantenlegion gespielt. Das Alles fesselt die Götter nicht. Ich begreife das wohl; ist doch mir selber, dem Sterblichen, die Freude schon lange verdorben an den vortrefflichen Pianoforte's der Herren Biber, Breitkopf und Härtels, denn sie erinnern mich nur an die Musikfabrik des langfingrigen Virtuosenthums, Franz Liszt und Compagnie, und erwecken ein wahres Heimweh nach den nothdürftigen Hackbrettern, für welche Mozart und Beethoven ihre unsterblichen Sonaten geschrieben; – mich selber ergreift der einsame Ton der Monstre-Orgelpfeife von Ulm nur wie ein tiefer Seufzer über unser ehrliches aber vergebliches Mühen, den glaubensbrünstigen Kirchenstyl der Händel und Bach zu reproduciren; ja mir selber leuchtet es ein: Musik, wahre, erhebende Musik der Gegenwart ist in der That allein im Schwirren und Klirren, Knarren und Schnarren, Pfeifen, Zischen, Rollen und Grollen jener sechsfachen Schnellpressen, Münzmaschinen, Walken und Feiler, Krempeln und Strecker; und dahin, ich wundere mich nicht, nach der Maschinenhalle schlägt sich die Götterwanderung. Denn hier, in den Webstühlen der Herren Richard Hartmann von Chemnitz und wie sie alle heißen mögen, sitzt wahrhaftig der Erdgeist »am sausenden Webstuhl der Zeit«; hier, in diesen Dampfschiffen und Lokomotiven sind sie realiter gegenwärtig die ewigen Naturgewalten, die jene schönen Götter einst bedeuteten; und – seht ihr Götter! – sie, die leibhaftigen, dienen jetzt dem Menschen, den ihr, die symbolischen, so lange beherrscht habt! Demüthiget Euch und bekennet: hier offenbart sich ein Riesenfortschritt der Weltgeschichte, hier ist ein Sieg des Geistes über die Natur, der Wahrheit über den Schein! – Fast wie fröstelnd und schaudernd aneinandergedrückt stehen die Verbannten, und starren mit den marmornen Augen die schwarzen, eisernen Gesellen an; dann wallen sie lange unstät hin und her, auf und ab von einem Pole des Hauses zum andern, im Mondenschein, ernst und schweigend. Plötzlich aber erschallt unauslöschliches Göttergelächter. Gewiß hat jetzt die lüsterne Venus in einen täuschenden Apfel von Wachs gebissen-, oder sich an einer täuschenden Blume von Blech in das unsterbliche Näschen gestochen, oder haben sie die elastisch-mechanischen Corsetten der Königl. Hofschnürbrustfabrikantin entdeckt? oder den dreifältigen Frackrock des erfindungsreichen Schneider Odysseus in allen seinen Metamorphosen probirt? Ist es ein Kaiser von Zündhölzchen, oder ein stearinener König, der den Olympiern ihre Heiterkeit wiedergab? Ei seht doch, nichts Schlimmeres ist es, als der zierliche, vielbewunderte Obelisk, der parfümirte Eindringling, welcher, hervorragend in der Reihe plastischer Kunstwerke, mit den goldenen Worten eines berühmten deutschen Naturforschers prangt: »Der Verbrauch der Seife ist ein Maßstab für den Wohlstand und die Kultur der Völker.«

Hinaus jetzt mit dem ungewaschenen Heidenpack! Und – vergeben Sie die romantischen Fratzen meiner Nachtgeschichte – wir stehen nunmehr bei hellem Tage, nüchtern und vernünftig, mitten im Glaspalast. – Ueberraschend! – Erhebend! – Auf den ersten Blick hin nichts von der Trödelmeßbude, die dir das Vorurtheil vorgemalt hat! Unleugbar ein schöner, mächtiger Eindruck! – Und woher? – Ist es das freudigstolze Bewußtsein: das Alles hat deutsche Kraft, deutscher Fleiß gethan, ein seltener glücklicher Entschluß wahrhaftiger deutscher Einigkeit zusammengeführt? – Das ist ein schönes Gefühl, aber es ist schon aus einer Reflexion über den Inhalt des Glaspalastes entsprungen, erklärt nicht die unmittelbare Wirkung des Totaleindrucks; diese muß doch wohl zum größern Theil auf Rechnung des ungewöhnlichen Gebäudes selbst zu schreiben sein.

»Also doch! (höre ich mich unterbrechen.) Und warum zogen Sie uns dann sofort in's Innere des Glaspalastes? Wenn diesem ein bedeutender Eindruck nicht abzusprechen ist, sollte das Aeußere dann so gar nicht der Rede werth sein?«

Nicht doch; die Zweckmäßigkeit der Anlage, die Trefflichkeit der technischen Ausführung, die Schönheit – des Details zum mindesten (z. B. der zierlichen Ornamente an den Thüren), das alles ist durchgehendes unbestreitbar. Es ist das Möglichste geschehen, auch das Aeußere ansehnlich und gefällig zu gestalten; dabei that das Beste eine weise Schonung der umstehenden Baumgruppen, welche einzelnen Partien eine malerische Wirkung verleihen. Von einer architektonisch wirksamen Façade aber kann der Natur der Sache nach nicht die Rede sein, und von einem »Palast« hat dieser Glasschrank doch wohl nichts als die Ausdehnung. Der Glaspalast ist, seinem Zwecke gemäß, die große industrielle Gemeinde in sich aufzunehmen, wesentlich eine Architektur des Innern, und diesem Innern fehlt es denn auch, wie allem wahrhaft Zweckmäßigen, nicht an eigenthümlichem, bedeutsamem, ja poetischem Reiz. In dem allseitig eindringenden Lichtstrom findet der Geist dieser nach allseitiger Erleuchtung ringenden Zeit seinen unwillkürlichen und unverkennbaren Ausdruck. Und die erhebende Wirkung dieser Lichtidee, dieser immanenten Poesie des Glaspalastes, ist es ohne Zweifel zuvörderst, welche der Eintretende unbewußt und unmittelbar in der Stärke und Freudigkeit jener ersten Ueberraschung erfährt. Wir fühlen uns frei und froh in dieser hohen luftigen Halle, welche das freundliche Tageslicht fast so gleichmäßig über alle diese Früchte der nationalen Arbeit, große und kleine, gute und böse leuchten läßt, als draußen im freien Feld die allgütige Sonne Berg und Thal, Kraut und Unkraut bis auf das unbedeutendste Blümlein bestrahlt. Allein: – und das ist die Ironie dieser absoluten Lichtidee, welche jeden Schatten aufheben, und jegliches gleichberechtigt in das hellste Licht setzen will, daß sie eben doch ihre Schattenseite hat, – dieser Widerschein allgemeiner Aufklärung schließt auch das Spiegelbild der allgemeinen Unruhe, der flackernden, flunkernden, buntscheckigen Zerstreutheit und Zerfahrenheit in sich. Es fehlt dem Glaspalast die künstlerisch harmonische Betonung, das gesammelte Licht und muß ihm fehlen, weil seinem Material von vornherein der plastische Körper, die architektonische Masse abgeht. Darum bleibt, wie man das auch mit Teppichen und Tapeten bemänteln mag, der architektonische Eindruck des allerwärts durchbrochenen, durchlöcherten Gebäudes durch und durch der des Gerüsthaften, Provisorischen. Und auch das ist eine sinnreiche Folge seiner äußeren Zweckmäßigkeit: ist doch sein eigentlichster Zweck selbst nur ein Baugerüste der Kultur, der Zukunft.

Deutlicher als irgendwo steht es diesen Glaspalästen an der Stirne geschrieben: Dies ist keine Zeit der dauernden, ideengesättigten und maßvollen Lebensformen, welche sich in monumentalen Bauwerken verkörpern lassen, dies ist vielmehr eine rastlose, irrende, suchende Uebergangsperiode, und Alles, was sie aus innerstem Beruf und Bedürfnis zu bauen vermag, das ist nicht Haus, nicht Palast, nicht Kirche, sondern prägt nur den Charakter ihres unstäten Seins, ihrer geistigen »Durchgangspunkte« aus, es ist, mit einem Wort, eine Art von Bahnhof. »Alte Geschichten!« werdet Ihr sagen. Gut; aber wie lange ist es denn her, daß man in thörichtem Uebermuth unsinnige Parallelen zwischen dem Dom von Cöln und dem Londoner Industrietreibhaus des Herrn Paxton gezogen hat? Mich dünkt, es ist doch noch keine gar so alte und allgemein verbreitete Einsicht: daß auch dieser »feenhafte Christallpalast«, dieses »Märchen aus tausend und einer Nacht«, im Grunde nichts Anderes ist, als ein festlich geschmückter Bahnhof, in welchem gleichsam das durchreisende Jahrhundert flüchtige Rast macht, um mit unerhörtem Luxus seinen unerhörten mechanischen Fortschritt zu feiern. Bei alle dem, ich wiederhole es, möchte ich nicht der Griesgram sein, der nicht herzlichen Antheil nähme an der stolzen Feier; nur: vergeßt mir im Jubel über die eine Seite, nach welcher diese Zeit mit fast übermenschlicher Energie gestrebt und Unglaubliches geleistet hat, nicht ihre ebenso unglaubliche Charakterlosigkeit, Albernheit und Ohnmacht in Sachen des Geschmacks, des Kunstgefühls, wofür die hundertfachen Beweise in eben diesem Glaspalaste vorliegen; vergeßt mir nicht jenes unauslöschliche Göttergelächter! Und ihr könnt es nicht vergessen, am wenigsten ihr Deutschen könnt es, Gott Lob! Denn: nicht umsonst steht die Glyptothek so nahe bei dem Glaspalast; nicht umsonst haben wir die Denkmale des Alterthums mitten unter uns, ja in uns aufgerichtet! Immer von Neuem rücken Sie uns die hehre Gestalt eines vollen ungebrochenen Menschenthums vor die Seele, und dulden es nicht, daß wir uns selbstgefällig und leichtbefriedigt in dem zerstückten Spiegel vergaffen, der uns neben dem schmeichlerischen Bild eines Halbgottes beständig das traurige Fragment des halben Menschen vorhält; in dem zerstückten Spiegel dieser Gegenwart, die eigentlich keine Gegenwart, sondern nur ein gährendes Gemisch von unaufgelösten Resten der Vergangenheit und unreifen Embryonen der Zukunft, eine »Uebergangsperiode« ist. Freilich, nur Demüthigung, Schmerz und unstillbare Sehnsucht nach einem für immer verlorenen Paradiese haben wir von dem Götteranblick zu gewärtigen; so lange wir jene Denkmale des Alterthums nur mit der altersgrämlichen Hälfte unseres kulturhistorischen Januskopfes betrachten: dem Auge des jugendmuthigen, vorwärtsblickenden Antlitzes dagegen erscheinen sie zukunftverheißend und weisen über Pressen, Telegraphen und Eisenbahnen hinweg auf einen »Fortschritt« der Geschichte hinaus, zu welchem sich alle ihre bisherigen »Riesenschritte«, ihre gewaltigen Mittel des beschleunigten Verkehrs der Geister und Leiber, in der That nur wie das Mittel zum Zweck verhalten.

»Freund, Freund! (klingt es mir in den Ohren) dies ist das bekannte »Pathos der Zukunft«, einer sehr fernen, fernen Zukunft, an welche wir allenfalls glauben mögen, die wir aber ganz geduldig dem Lenker der Geschichte anheimstellen müssen!«

Allerdings! Und eben damit, denke ich, sind wir auf unserm Punkt. Denn unter solchen Gesichtspunkten gehen alle unsere Kümmernisse in letzter Reihe auf die Familie, den Staat, die Kirche; und wer bliebe da sorgenfrei! Es ist wahr, auf dem Gebiete der Kunst und jedem angränzenden treten die bedenklichen Folgen der großen Krisis dieser Zeiten am schärfsten zu Tage. Der Künstler hat davon das dunkle persönliche Schmerzgefühl gehemmter Kraftentfaltung, und der Aesthetiker ist am empfindlichsten gegen die Ursachen dieser Hemmung gestimmt, eben weil er ihre üblen Wirkungen in der leidenden Kunst am schlagendsten vor Augen hat. Aber die Bangigkeit Beider kann nur noch die tiefere Sorge des Socialpolitikers verdoppeln, der, mitten unter jenen Ursachen stehend, beim Anblick der schwankenden Sitte der Gesellschaft und des gestörten Gleichgewichts der menschlichen Anlagen, für das große lebendige Kunstwerk selber zittert. – O süßer Trost, fröhlicher Muth des Zukunftglaubens verleihe Allen, die da beladen sind, die himmlische Tugend Geduld und die männliche Kraft der Resignation! Eines freilich sind sich alle diejenigen einander schuldig, welche dieses Glaubens theilhaftig und seiner Tröstungen würdig sein wollen, das ist die uneigennützige Wahrhaftigkeit jeglichen Strebens. Irren ist menschlich! Der redliche Wille genügt, wenn ihm der Muth des Bekenntnisses nicht fehlt. Immerhin bleibt es daher der höchste Beweis von Achtung und Theilnahme, welche wir irgend einer bedeutenden Erscheinung der Zeit zu geben vermögen, und der einzige, zu welchem wir verpflichtet sind: daß wir sie mit dem ganzen Ernst und dem Muthe der Wahrheit zu erfassen trachten. Und somit auf Wiedersehen: wenn ich in jedem Sinne des Wortes »offene Briefe« schreiben darf!

A. Teichlein, aus »Deutsches Kunstblatt«, Nr. 37, 14. Sept. 1854

Angelegenheiten der großen Industrie-Ausstellung.

Bekanntmachung.

Die allgemeine Ausstellung deutscher Industrie- und Gewerbs-Erzeugnisse zu München im Jahre 1854 betreffend. Königliches Staats-Ministerium des Handels und der öffentlichen Arbeiten.

Die königlich bayerische Regierung hat bereits im Jahre 1844 den Regierungen der Zollvereins-Staaten ihre Absicht, die nächste allgemeine Ausstellung für deutsche Gewerbserzeugnisse im Sinne der auf der V. General-Conferenz in Zollvereins-Angelegenheiten getroffenen Uebereinkunft in Bayern zu veranstalten, mitgetheilt und dieses Vorhaben im März 1848 wiederholt kundgegeben.

Die damals der Ausführung entgegengetretenen Hemmnisse sind nunmehr beseitigt und die königlich bayerische Regierung glaubt eine für die deutsche Gesammtindustrie so wichtige und folgenreiche Veranstaltung um so mehr wieder aufnehmen zu sollen, als seit der ersten in Berlin abgehaltenen allgemeinen deutschen Industrie-Ausstellung mit dem Jahre 1854 volle zehn Jahre verflossen sind, auch der mit der kaiserlich österreichischen Regierung abgeschlossene Zoll- und Handels-Vertrag es besonders wünschenswerth machen dürfte, eine vollständige Einsicht in den dermaligen Stand der deutschen Industrie durch Vergleichung ihrer seitherigen Fortschritte zu erlangen.

Nachdem Seine Majestät der König die Veranstaltung dieser Industrie-Ausstellung in München und die Constituierung einer eigenen, mit der Einleitung und Durchführung des Unternehmens beauftragten Industrie-Ausstellungs-Commission zu genehmigen geruht haben, so wurden in Nachfolgendem die Bestimmungen veröffentlicht, welche über diese Industrie-Ausstellung – vorbehaltlich des Benehmens mit den deutschen Regierungen bezüglich der aus ihren Gebieten zu gewärtigenden Sendungen – mit allerhöchster Genehmigung getroffen worden sind:

1) Die Ausstellung findet in München vom 15. Juli bis zum 15. Oktober 1854 in einem hiefür eigens herzustellenden Gebäude statt.
2) Zulässig zu dieser Ausstellung ist jedes Erzeugnis aus den zur Theilnahme eingeladenen Staaten vom Rohstoffe bis zum fertigen Fabrikate, welches nach seiner Beschaffenheit den dermaligen Stand der Production darzustellen geeignet ist.

Insbesondere erscheint jedes Erzeugniß willkommen,

welches durch Neuheit des Verfahrens oder des angewendeten Stoffes, durch Schönheit oder Eigenthümlichkeit der Form, durch Güte und Vollendung der Arbeit, durch Verbesserungen in der Methode der Erzeugung, durch den Gebrauch neuer oder verbesserter Werkzeuge und Maschinen, durch die Masse, in welcher es erzeugt wird oder durch verhältnißmäßige Wohlfeilheit sich auszeichnet.

Zu Kunstwerken gesteigerte Gewerbs-Erzeugnisse und Proben besonderer Geschicklichkeit und Sorgfalt sind so wenig ausgeschlossen, wie gewöhnliche Handwerks-Arbeit, welche, obwohl im Gebrauche allgemein verbreitet, doch im Verhältnisse zum Preise vorzüglich gut hergestellt ist.

Aus dem Bereiche der bildenden Künste werden die Werke der Plastik zugelassen, andere nur in so weit sie durch Neuheit des Stoffes oder des technischen Verfahrens besondere Beachtung ansprechen.

3) Ausgeschlossen sind:
   a) feuergefährliche und explodierende Producte;
   b) Gegenstände, welche während der Ausstellung dem Verderben ausgesetzt sind.

Von selbst wird kein Gewerbetreibender Exemplare und Proben einsenden wollen, welche bereits auf früheren allgemeinen Ausstellungen gewesen sind.

4) In jedem Regierungsbezirke wird eine Prüfungs-Commission niedergesetzt, um einerseits durch angemessene Anrathung und Ermunterung die Theilnahme von Seite der Gewerbetreibenden zu fördern und denselben alle erforderlichen Aufschlüsse zu ertheilen, andererseits über die Zulassung der Producte zur Ausstellung zu entscheiden und die zugelassenen Gegenstände, so weit thunlich, in gemeinsamer Sendung an die Ausstellungs-Commission in München einzubefördern.

5) Die Fabrikanten und Gewerbtreibenden, welche Gegenstände zur Ausstellung einsenden wollen, zeigen dieß der Prüfungs-Commission ihres Bezirkes an unter Beifügung der Nachweisungen, welche für die Anmeldungen in Folgendem vorgeschrieben sind.

6) Die Anmeldungen haben zu enthalten:
   a) den Namen oder die Firma des Einsenders mit Wohn- oder Fabrikort;
   b) die genaue Bezeichnung der einzusendenden Gegenstände nach Art und Stückzahl;
   c) den durch dieselben in Anspruch genommenen Flächenraum in Quadratfußen, besonders bei Maschinen und anderen umfangreichen Gegenständen mit Ausscheidung der Wand- und Bodenfläche, dann der wahrscheinlichen Höhe der Aufstellung;
   d) den Verkaufspreis, nebst Angabe, ob dessen Veröffentlichung zugelassen wird;
   e) den Versicherungswerth;
   f) den Namen oder die Firma des etwaigen Bevollmächtigten in München, namentlich wegen der Disposition nach beendigter Ausstellung;
   g) außerdem kann es nur für sehr wünschenswerth erachtet werden, wenn Einsender noch weitere Aufschlüsse besonders über Erzeugung und Gebrauch, über Eigenthümlichkeiten der Gegenstände, über die Beschaffenheit, Einrichtung und Ausdehnung des Etablissements, die darin beschäftigte Arbeiterzahl, Arbeitsmittel, Arbeitslöhne u. s. w. geben wollen.

Die Beifügung älterer Muster und Preise derselben Fabrikation würde die Fortschritte des Gewerbezweiges in sehr nützlicher Weise veranschaulichen.

Den Einsendern ist ferner überlassen, auch die Auszeichnungen, welche das Etablissement in früheren Ausstellungen erhalten hat, die Bemerkung, ob der Ausstellungs-Gegenstand ein Privilegium genießt, und die Namen derjenigen Werkführer und Arbeiter, welche sich bei der Erzeugung der Gegenstände besonders hervorgethan haben, beizufügen.

7) Die Anmeldungen der für die Ausstellung bestimmten Gegenstände bei der Prüfungs-Commission des Bezirkes haben bis zum letzten März 1854 zu erfolgen; später eintreffende werden nicht mehr angenommen.

8) Die Zeit der Einsendung der Gegenstände an die Prüfungs-Commission wird von dieser bekannt gegeben werden.

9) Die Kosten der Einsendung der Gegenstände an die Prüfungs-Commission trägt der Einsender und in gleicher Weise die Kosten der Zurücknahme der von dieser zurückgewiesenen Gegenstände.

10) Kein Gegenstand kann zur Ausstellung zugelassen werden, welcher nicht hierzu die Genehmigung der betreffenden Prüfungs-Commission erhalten hat.

11) Die zur Ausstellung zugelassenen Gegenstände müssen bis zum 15. Juni 1854 in München eingetroffen sein. Bei späterer Ankunft hat sich der Aussteller zuzuschreiben, wenn die Annahme nicht mehr stattfindet.

12) Die von einer mit der Anmeldung leicht vergleichbaren Faktur begleiteten Einsendungen zur Ausstellung geschehen unter der Adresse der »Ausstellungs-Commission in München.« Die Gegenstände oder Packete sind deutlich mit dem Namen oder der Firma des Ausstellers und mit dem allgemeinen Inhalte der Sendung zu bezeichnen.

13) Die von den Prüfungs-Commissionen herzustellenden Verzeichnisse der Ausstellungs-Gegenstände sind spätestens bis zum 1. Mai 1854 an die Ausstellungs-Commission einzusenden.

14) Für die Empfangnahme und Ausstellung der Gegenstände, wie für die Besorgung aller sonstigen mit der Ausstellung verbundenen Geschäfte wird die Industrie-Ausstellungs-Commission Sorge tragen.

15) Die Gegenstände werden vom Tage der Uebernahme bis zur festgesetzten Wegnehmung aus den Ausstellungsräumen nach ihrem angegebenen Werthe durch die Ausstellungs-Commission gegen Feuersgefahr versichert. Gegenstände, deren Werth nicht angegeben wird, können auf Versicherung keinen Anspruch machen.

16) Für die Wahrung der Gegenstände gegen sonstige Beschädigung während der Ausstellung, sowie für deren Rückgabe am Schlusse derselben an den Aussteller oder an einen von ihm ernannten Bevollmächtigten wird gehaftet.

Verschlechterungen der Gegenstände, welche ihrer Natur nach in Folge der Ausstellung, z. B. durch Staub, längeres Liegen u. s. w. eintreten, begründen keinen Anspruch auf Entschädigung.

17) Binnen 14 Tagen nach dem Schlusse der Ausstellung sind die Gegenstände aus den Ausstellungsräumen zu entfernen.

Unterläßt der Aussteller, während dieser Zeit seine Produkte entweder selbst oder durch einen Bevollmächtigten zurückzunehmen, so hört die nach Ziffer 16 übernommene Haftung auf und die Gegenstände werden einem Spediteur übergeben, um sie dem Aussteller auf seine Kosten und Gefahr zuzusenden.

Dem Aussteller steht frei, bei der Ausstellung seiner Produkte selbst oder durch einen Bevollmächtigten mitzuwirken.

18) Vor Beendigung der Ausstellung darf kein Gegenstand zurückgenommen werden.

Dem Aussteller bleibt überlassen, während der Ausstellung Gegenstände zu verkaufen. Zu diesem Zwecke hat derselbe der Commission diejenige Person in München zu bezeichnen, an welche die Kauflustigen zu verweisen und die Gegenstände nach dem Schlusse der Ausstellung abzuliefern sind.

19) Die königliche Staatsregierung behält sich vor, für den Besuch der Ausstellung ein seiner Zeit zu bestimmendes Eintrittsgeld erheben zu lassen.

20) Für die Correspondenz zwischen der Industrie-Ausstellungs-Commission in München und den Prüfungs-Commissionen in den Regierungsbezirken, dann den anderen deutschen Prüfungs-Commissionen und den nach der bestehenden Vereinbarung der Zollvereinsregierungen allenfalls aufzustellenden besonderen Commissären oder den zur Correspondenzführung von den auswärtigen Regierungen sonst bezeichneten Organen wird die Portofreiheit auf den königlich bayerischen Posten bewilligt.

21) Alle Gegenstände, welche für die Ausstellung angemeldet und von den einschlägigen Prüfungs-Commissionen zugelassen sind, genießen Gebührenfreiheit bei ihrer Beförderung auf den königlich bayerischen Staats-Eisenbahnen, dann auf den Schiffen der königlich bayerischen Donau-Dampfschiffahrt und auf dem Ludwigs-Donau-Main-Kanale, sowohl für den Her- als Rücktransport, für letzteren jedoch nur in dem Falle, wenn die Gegenstände, ohne daß sie verkauft sind, oder darüber sonstige Disposition getroffen ist, wieder direct an den Aussteller zurückgehen.

22) Den bayerischen Fabrikanten und Gewerbetreibenden werden jene Gegenstände, welche nicht durch die vorstehend bezeichneten königlichen Verkehrs-Anstalten, sondern nur mittelst Privat-Fuhrwerkes befördert werden können, die Frachtkosten für die Einsendung vom Prüfungsorte aus unbedingt, für die Rücksendung unter der in Ziffer 21 angegebenen Voraussetzung vergütet.

23) Zur Beurtheilung der ausgestellten Gegenstände und zur Abfassung des Berichtes über die Ergebnisse der Ausstellung wird eine besondere Commission, bestehend aus den Commissären der antheilnehmenden Staaten unter Beiziehung von bewährten praktischen Kennern der einzelnen Gewerbszweige aus allen betheiligten Ländern gebildet, deren Vorstand Seine Majestät der König zu ernennen geruhen werden.

24) Seine Majestät der König haben allerhöchst genehmigt, daß den von der Beurtheilungs-Commission würdig befundenen Ausstellern, je nach dem Maaße ihrer Auszeichnung größere oder kleinere eherne Denkmünzen verliehen werden.

Allerhöchstdieselben haben Sich ferner vorbehalten, besonders hervorragende Verdienste durch persönliche Auszeichnungen anzuerkennen.

Zum Vollzuge der Bestimmungen der gegenwärtigen Bekanntung werden die weiteren Anordnungen sofort erfolgen.

München, den 3. Oktober 1853.

Auf Seiner Königlichen Majestät Allerhöchsten Befehl:
von der Pfordten.

Durch den Minister
der Ministerial-Sekretär
Ministerialrath
Wolfanger

Aus »Zeitschrift des Vereins zur Ausbildung der Gewerke«, Nr. 3, 1853, Seite 19 ff.

Aufforderung

In Folge der oben mitgetheilten »Bekanntmachung« des kgl. Staats-Ministeriums des Handels und der öffentlichen Arbeiten, und besonders veranlasst von der königlichen Regierung von Oberbayern durch Schreiben vom 12. Oktober d. J. hält es der Verwaltungs-Ausschuss des Vereins zur Ausbildung der Gewerke für seine Pflicht, seine Mitglieder auf die hohe Bedeutung der bezeichneten Ausstellung aufmerksam zu machen, sie zur thätigen Betheiligung an derselben nachdrücklich aufzumuntern und ist bereit, ihnen dabei nach besten Kräften mit Rath und That an die Hand zu gehen.

Unser Verein ist hervorgegangen aus dem Bedürfnis einer werkthätigen Verbindung zwischen Künstlern und Gewerkleuten. Wie der polytechnische Verein die Ergebnisse wissenschaftlicher Forschungen, Entdeckungen und Erfindungen, so will unser Verein Geschmack, Kenntnisse und Fertigkeiten der fortschreitenden Kunst der Industrie zuführen. Wer sich in Werkstätten, Kaufläden und vornehmlich auf Ausstellungen – die die höchsten Anstrengungen offen legen – umgesehen, dem kann es nicht entgangen sein, wie viel Geld, Zeit und Mühe, ja wie viel bewunderswerthe Geschicklichkeit nutz- und wirkungslos verwendet werden, wo bei kunstgewerklichen Arbeiten die rechte künstlerische Beihülfe fehlt; wie man sich in der Noth an fremde Muster hält und sich trotz des Kostenaufwandes zu einer vielleicht unvollkommenen Wiederholung des Vorhandenen verurtheilt; wie man die Gelegenheit der Selbst-Entwicklung und eignen Schaffens damit versäumt und den Vorbildern nothwendiger Weise stets den Vortritt läßt, im Werth der Arbeit und in der Zeit für den Verkauf! endlich,

wie häufig man den Luxus der Kunst sinn- und gefühllos und an den unpassendsten Stellen anwendet, so daß er unbequem, lächerlich und selbst widerlich erscheint.
Die heimische Industrie vor solchen Abwegen zu bewahren, ihr ebene und richtige Wege zu erfreulichen Zielen zu zeigen, ist Zweck und Aufgabe unseres Vereins. Dem technischen Geschick und der Erfahrung des Gewerkmannes steht der Künstler Erfindungsgabe, Formensinn und Formenkenntniß zur Seite. Kurz freilich ist der bisherige Lebenslauf des Vereins: wir stehen erst im dritten Jahre unseres Wirkens; aber wer Vergleiche machen will und billig ist und gerecht, der wird die heilsamen Folgen dieser Vereinigung von Künstlern und Handwerkern, wie sie sich in so vielen gemeinsamen Arbeiten bereits kund gegeben, wohl erkennen und zu schätzen wissen.
Die bevorstehende große Industrie-Ausstellung bietet uns nun eine überaus lockende und lohnende Gelegenheit, unsere Kräfte in ihrer Vereinigung zu erproben. Hier wo es gilt im Wettbewerb erfreuender und gewinnreicher Thätigkeit die Ehre und die materiellen Interessen Bayerns neben denen der Nachbarländer zu vertreten; wo wir den segensreichen Einfluß eines umfassenden und durchdachten Kunstwirkens auf alle Lebenskreise bis zur Befriedigung der kleinsten Bedürfnisse mit unwidersprechlichen Thatsachen aller Welt vor Augen zu legen vermögen, wo wir unter reifer und treuer Benutzung der vorhandenen Mittel einen Ton anschlagen können, der im ganzen großen Vaterlande wiederklingen, und seine Industrie vor unwürdigen Fesseln befreien helfen würde, – hier haben wir keine Wahl: Wir dürfen nicht fehlen! ...
Aus »Zeitschrift des Vereins zur Ausbildung der Gewerke« Nr. 3, 1853, S. 21

Es ist Mode geworden, Glaspaläste zu erbauen, Glas ist durchsichtig, und so wird selbst das Innere der Paläste der Oeffentlichkeit übergeben. Ein Glaspalast besteht aus dem Festesten und Zerbrechlichsten – aus Eisen und Glas. Was ist die alte langweilige Stein- und Balkengeschichte, die beim babylonischen Thurm angefangen und beim Kölner Dom noch nicht aufgehört hat, gegen den zauberhaften Wachsthum dieser schlanken Säulen? Der Gott, der Eisen wachsen ließ, wollte keine Knechte, sondern lauter Industrieausstellungen!
Die Industrieausstellung ist auch ein Mustertheater, eine combinirte Gastdarstellung aller Produkte Deutschlands, eine Pantomime mit schönen Gruppirungen, deren stumme Sprache jeden Zuschauer tief ergreifen muß. Das deutsche Volk beschickt die Vorstellung mit einem großen Corps von Figuranten und hervorragenden Solotänzern; wir werden darunter hölzerne, lederne und gläsern spröde Waaren finden, aber auch schmucke und prächtige Gegenstände, welche sehr zu genießen wären. Jedenfalls ist diese Ausstellung das beste und wirksamste Stück, das noch auf der deutschen Zollvereinsbühne gespielt wurde, und wir freuen uns sehr, daß sich die Anstalt unter den Direktoren Manteuffel und Pfordten erhalten hat.
Eine solche Industrieausstellung ist ein wohlthätiger Bürgerkrieg, den die deutschen Völker mit allem Aufwand ihres Kunstfleißes führen, für welchen jeder seine Kräfte mobilisirt, um sich vor dem Andern auszuzeichnen. Da bekämpfen sich die Nationen mit der leichten Infanterie der Kurz- und dem fliegenden Corps der Schnittwaaren, mit dem blitzenden Kleingewehrfeuer der Juwelirgegenstände, dem groben Geschütz der Rohprodukte und den Pferdekräften ihrer Dampfmaschinen.
M. E. Schleich, »Pimpelhuber in der Industrieausstellung«, München 1854

Pimplhuber und Tatschler in der Ausstellung.

(Beide stehen vor dem Glaspalast.)
Pimplhuber. Nach den Statuten erfolgt der Eingang nur an der Nordseite. Der Himmel hat wieder seinen beliebten grauen Ueberzieher, von Sonne keine Spur, ein kalter Wind geht von allen Seiten, also wo ist die Nordseite?
Tatschler. Wenn ich diese Vorschrift zuvor gewußt hätt', hätt' ich einen Compaß mitgenommen.
Pimplh. Da kommt ein Gensdarm, den fragen wir: Mein sehr verehrter Herr Sicherheitsorganist, können Sie uns nicht sagen, welches die Nordseite ist?
Gensdarm (deutet stumm auf die Sophienstraße und geht ab).
Pimplh. Sehen Sie, ein Polizeimann weiß alles, was im Himmel und auf Erden; gelobt sei er! – Nun wollen wir an die Kassa gehen.
Tatschler. Richten Sie den Zwölfer her, in gangbarer Münze –
Pimplh. Also nicht in Gasbeleuchtungsaktien, oder gar in russischen Proviantvergütungsanweisungen,
Aufseher. Wollen Sie Ihren Regenschirm ablegen!
Pimpl. Nein, ich habe gehört es regnet.
Aufseher. Ach machen Sie doch keine Geschichten – (nimmt ihm den Schirm ab und gibt ihm eine Nummer.)
Pimplh. Nein, wie man heut zu Tage mit einem k. Einwohner umgeht, das ist doch erschrecklich – (wischt sich die Augen aus).
(Sie treten ein.)
Orgel- und Klavierspiel, Wasserrauschen und vibrirendes Lustgetöne schlagen an das Ohr. Wunderbare Wirkung.
Pimpl. (nimmt den Hut ab.) Große Industrie! Heiliges materielles Interesse! Wunderthätiger Gewerbfleiß! Mächtiger Kunstsinn. Ueberall gegenwärtiger Spekulationsgeist! Unsichtbares Band der Völker! Allmächtiger Annäherungs- und Verkehrstrieb! Herrliche Erfindungsgabe. Mit einem Wort: Neunzehntes Jahrhundert! Sei mir gegrüßt! Du bist die Krone aller bisherigen Epochen, der Gipfel der Zeitrechnungen. Mit klopfendem Herzen betrete ich deinen Tempel, um Dich anzustaunen in dem kleinsten Drahtstift wie in der allgewaltigen Dampfmaschine! O merkwürdiges Jahrhundert, o unwiderstehlicher Zeitgeist, mitten im Schrecken des Krieges verfolgst Du deine Zwecke mit bombenfester Consequenz und Angesichts rauchender Trümmer baust Du deinen feeenhaften Palast! Wenn unsere Intelligenz noch nicht auf dem Culminationspunkt angekommen ist, dann weiß ich nicht, wohin wir noch kommen sollen; dann ist der liebe Gott selbst nicht mehr sicher vor unserer Industrie; die Schranken der Ewigkeit, wo man bisher sein Leben als Abgabe entrichten mußte, werden beseitigt und der Himmel selbst wird noch dem deutschen Zollvereinsgebiet

einverleibt. Mit jedem Morgen danke ich Gott, daß er aus mir keinen alten Römer, sondern einen Einwohner von München gemacht hat, und mich jetzt leben läßt, in dieser vielbewegten, und wenn auch theuern, so doch äusserst merkwürdigen Zeit. Ja wahrhaftig, unser Jahrhundert ist das Saeculum omnium Saeculorum.
(Die Beiden gehen vorwärts und sehen sich staunend um.)
Tatschler. Herrgott, welch ein Springbrunnen! Und welch warme Luft!
Pimplh. Es scheint, die tropischen Länder haben ihr Klima zur Ausstellung geschickt. Sehen Sie dort die colossale Erzstatue Jefferson's. Prachtvoll; die Kleider stehen ihm wie angegossen.
Sie verlieren sich unter die Menge und tauchen von nun an nur bei einzelnen Gegenständen auf.
Pimplh. Was seh ich – ein menschliches Hirn aus Wachs, ein Herz von Papiermaché, von Zeiller. Ich bin froh, daß Herr Zeiller die Menschen nicht erschaffen, denn was fängt man mit einem wächsernen Hirn an, wenn einem der Kopf warm wird?
Tatschler. Ein Herz von Papiermaché ginge noch eher, denn das Papier ist geduldig, und im Alter könnte man dann das Herz zum Makulaturhändler schicken!
Pimplh. Sehen Sie einmal dieses Sortiment von ungarischen Weinen. Nun? was ist Ihnen?
Tatschler, (mit stierem Blicke): Ich weiß nicht – die Zähne werden mir so unnatürlich lang –
Pimplh. Sie wickeln den Wein in Gedanken um die Zunge? Nun, wie schmeckt das Bouquet?
Tatschler. Ich bitte, martern Sie mich doch nicht. Es ist ohnehin sehr kurios von dieser Commission, so was zum Anschauen auszustellen.
Pimplh. Hieher! Prächtige Cigarren! (weht sich mit der Hand den Geruch zu.) Ah, sehr fein –
Tatschler. Her auf, mit deinem Grant zu spielen, fliehen wir diesen. Ort, wo man für 12 Kreuzer nur Tantalusqualen aussteht.
Tatschler. Da sehn Sie mal: 6 Tiegel Senf sind auch ausgestellt.
Pimplh. Nur 6 Tiegel? das wundert mich sehr, denn bei so einem Unternehmen glaubt jeder: er müsse seinen Senf dazu geben.
Pimplh. Präparirtes Mehl, welches man 20 Jahre lang aufheben kann, ohne das es verdirbt.
Tatschler. Ei! – (sie betrachten es.)
            Pause.
Pimplh. Na, wollen wir's abwarten?
Tatschler. Ich denke nicht.
Pimplh. So geh'n wir.

M. E. Schleich, »Pimplhuber in der Industrieausstellung« München 1854 (Ironisch-satirische Anmerkungen zur Industrie-Ausstellung)

»Alles putzt sich in und außer den Häusern für die bevorstehende große Ausstellung; sogar Pflaster und Trottoirs werden ausgebessert, neu uniformierte Droschkenkutscher tragen ihre silberbordierten Hüte, rote Kragen und sogar weiße Halstücher zur Schau. Während man sich aber mit der Aufstellung aller Gegenstände sputet, dringen noch hie und da heftige Gewitterregen durch die Bedachung des Gebäudes.«

Ignaz Moscheles, Pianist, München 1854

Vorbild Japan

Bedeutsam ist die japanische Kunst als Lehrerin. Wir lernen ihr gegenüber erst wieder deutlich empfinden, wie weit wir durch fortwährende Tradition vererbter Formen, durch fortwährendes Nachahmen feststehender Typen von den eigentlichen Vorbildern der organischen Natur abgekommen sind; wie nöthig es ist, wieder an der Quelle zu schöpfen; welch eine Fülle naiver köstlicher Schönheit an Stelle pedantisch gewordener und altersschwacher Formenstrenge der menschliche Geist aus der organischen Natur aufzunehmen im Stande ist. Wir werden mit aller Macht dazu gedrängt, wieder einmal voraussetzungslos unseren Schatz an ornamentalen Formen zu mustern, wieder zurückzugehen zu dem Urquell der Schönheit, der organischen Natur. Wenn wir diese Anwendung, deren Beginn sich bereits deutlich wahrnehmen läßt, in Verbindung bringen mit jener anderen bei Besprechung der englischen und amerikanischen Abtheilung bezeichneten Bewegung, welche auch die Konstruktionsformen unseres Geräts auf eine neue voraussetzungslose, unseren Maschinen und Materialien entsprechende Basis zu stellen beginnt, so werden wir kaum fehlgreifen, wenn wir in der Verbindung dieser beiden Richtungen ein Lebensmoment der modernen Kunst sehen, welches wichtiger und bedeutsamer ist als alle auch noch so schönen Reproduktionen alter Kunst.

Julius Lessing, 1878, »Berichte von der Pariser Weltausstellung 1878«, »Die verborgene Vernunft«, Katalog der Neuen Sammlung, München 1978

. . . »Im Bewußtsein der großen Erfolge, welche in diesen letzten Jahren mit Hilfe des elektrischen Stromes erreicht wurden, haben die deutschen Organisatoren der Ausstellung mit um so mehr Recht daran gedacht, München als Ausstellungsort zu wählen, als sich diese Stadt in angemessener Entfernung von großen Wasserfällen befindet, die geeignet sind, in einer Stärke von etwa 7000 PS zur Stromerzeugung verwendet zu werden. Als Bewohner einer Stadt, in welcher die Anwendung von Elektrizität noch wenig bekannt ist, will man sich selbst davon überzeugen, was diese wunderbar wirkende Kraft zu leisten vermag, aber man will auch, daß diese unternommenen Versuche jedermann zugute kommen mögen.
In erster Linie hat man die Absicht, die elektrischen Apparate im Betrieb vorzuführen und ihre Anwendung im täglichen Gebrauch zu zeigen, Kraftübertragung auf weite Entfernung, Telefon auf langen Leitungen, Anwendungen des elektrischen Lichtes für Straßenbeleuchtung, Theater, Wohnungen, das sind die Hauptpunkte, über welche die Versuche Aufschluß geben sollen, und man sieht, daß genügend interessantes Material zur Verfügung steht.

Ein ganz spezieller und charakteristischer Zug der Münchener Ausstellung wird der sein, daß keine Medaillen verteilt werden sollen, und wir stimmen dieser Maßnahme um so mehr bei, als wir uns selbst beim Organisationskomitee der internationalen elektrischen Ausstellung in Paris gegen die Verteilung von Medaillen erklärt haben. Dafür hat jeder Aussteller das Recht, einen Bericht über die Versuche, welche mit seinen Apparaten gemacht werden, zu verlangen, und dieses Zeugnis, welches von einem Komitee, das sich aus berühmten Autoritäten zusammensetzt, erteilt wird, wird in den Fällen, bei denen es günstig lautet, mehr wert sein, als alle möglichen Medaillen und Diplome.

Das für die Ausstellung gewählte Lokal ist der hübsche weitläufige Glaspalast des Münchener Botanischen Gartens. Aber die Versuche werden nicht auf diesen Platz beschränkt sein. Verschiedene Plätze in der Stadt und selbst der Umgebung werden dafür zur Verfügung stehen. So werden Beleuchtungsversuche in der Brienner Straße mit Lampen von Brush und Schuckert und in der Arcisstraße mit Lampen von Edison stattfinden. Es werden zwei Telegrafenlinien von 100 und 335 km Länge für Versuche von telefonischer Übertragung auf weite Entfernung reserviert sein, insbesondere für die Versuche von van Rysselberghe, welche die gleichzeitige Übertragung von telegrafischen Depeschen und telefonischen Mitteilungen auf einem Draht erlauben sollen. Eine Leitung von 60 km Länge wird unserem Freund Marcel Deprez dienen, um eine Kraft auf einem einzigen Draht von Miesbach nach München zu übertragen, um dort eine landwirtschaftliche Maschine zu betreiben...«

Auszug aus dem Artikel von Cornelius Herz, vom 9. September 1882 (kurz vor Beginn der Ausstellung)

»Die Münchener Ausstellung hat gestern ihre Tore geschlossen, nachdem sie einen Monat gedauert hat. Wenn auch kleiner und nicht so weitläufig als die Ausstellung 1881, hat sie doch eine sehr interessante Sammlung von Ausstellungsobjekten vereinigt und dank einer sehr künstlerischen Dekoration und einer genialen Aufstellung einen sehr hübschen Gesamteindruck vermittelt. Sie hat sich besonders durch zwei Tatsachen von großer Bedeutung ausgezeichnet: Die Versuche von Marcel Deprez über elektrische Kraftübertragung auf weite Entfernung und die ausgeführten Messungen durch die Prüfungskommission.

Die Münchener Ausstellung hat Marcel Deprez die Gelegenheit gegeben, seinen Experimentalversuch zu vervollständigen, und es unterliegt keinem Zweifel mehr, daß der Münchener Versuch einwandfrei die Möglichkeit der Kraftübertragung auf weite Entfernung bewiesen hat, so daß er künftig einen Markstein in der Geschichte des elektrischen Fortschrittes darstellen wird.

Die Messungen der Prüfungskommission, welche mit Eröffnung der Ausstellung begonnen wurden, werden auch jetzt noch mit großem Eifer weitergeführt. Die Versuchsprogramme, welche in diesem Blatt an anderer Stelle veröffentlicht sind, geben einen Begriff von der Art der Versuche, welche durch die Kommission ausgeführt werden. Sie geben die Sicherheit, daß die demnächst veröffentlichten Resultate eine große Anzahl von wichtigen Meßwerten liefern werden, welche seit langer Zeit von der Praxis erwartet werden.«

Diesem beredten Zeugnis von unparteiischer Seite gemäß bildete die Ausstellung in München tatsächlich einen Markstein in der Geschichte der Elektrotechnik. Sie schloß einerseits die Periode des Versuchens und Probierens ab und bildete anderseits den Ausgangspunkt einer Zeitepoche, in welcher die Elektrizität aus dem Studierzimmer der Gelehrten und dem Laboratorium der Erfinder herausgeführt wurde und zur praktischen Anwendung in Haus und Hof, für Industrie und Landwirtschaft heranreifte. Diese Zeit der Überführung der Elektrizitätswirtschaft von der Theorie in die Praxis wurde wiederum ungefähr 10 Jahre später durch eine mindestens ebenso wichtige Veranstaltung, wie die Münchener Ausstellung, nämlich durch die »Internationale Elektrotechnische Ausstellung in Frankfurt a. M.« im Jahre 1891 abgeschlossen.

Die Bedeutung der Ausstellung lag darin, daß von ihr eine außerordentliche Förderung der elektrotechnischen Industrie ausging, die Beleuchtung von Theatern, Läden und Wohnungen wurde ungeheuer gefördert, die Einrichtung von elektrischen Antriebsmaschinen, die Errichtung von Telefonzentralen nahm von dieser Ausstellung an einen außerordentlichen Aufschwung.

Als Folge der Ausstellung haben nicht nur die damals bestehenden Firmen wie Siemens & Halske, die Schuckert-Betriebe und noch viele andere, eine große Förderung erfahren, sondern neue Firmen auf dem Gebiete der Elektrotechnik sind entstanden, und ich erinnere hier nur an die Gründung der damaligen Edison-Gesellschaft, der jetzigen Weltfirma AEG in Berlin, welche ihre Wiege in der Münchener Ausstellung stehen hat.

Auf dem wissenschaftlichen Gebiet ist als Folge der Ausstellung die Gründung des ersten Lehrstuhles für Elektrotechnik in Deutschland an der Technischen Hochschule in Darmstadt zu betrachten, auf welchen als erster Professor Dr. Kittler berufen wurde, der mit mir zusammen Schriftführer der Prüfungskommission war.

Auszug aus dem Artikel von Guérout, vom 16. Oktober 1882 (unmittelbar nach Schluß der Ausstellung). Aus den Erinnerungen an die Internationale Elektrizitäts-Ausstellung 1882, von Oskar von Miller

Vision

Es war im Münchner Glaspalast: / Vier lange Stunden hatt' ich fast / Erst drüben in der »Seccession« / Und dann herüben im »alten Salon« / Im Schweiß des Angesichts unverdrossen / Die Kunstgenüsse en gros genossen: / Zwölf Dutzend »Sonnenuntergänge« / Und »Morgensonnen« in gleicher Menge, / Zwölf Dutzend Porträts von lauter Leuten, / Die mir so Wurst sind, wie Hekuba, / Und tausend grinsende Niedlichkeiten, / Die ich schon tausendmal g'rad so sah, / Als Kinder, die sich nicht waschen lassen, / Und »Trutzige Dirndeln« voll Eifersucht / Und »polnisches Fuhrwerk« in schmutzigen Gassen, / Das toll dahinjagt in wilder Flucht, / Und heilige Damen, die Puppengesichter / Hysterisch verzogen, und süß wie Gelée, /

»Wildschützen« und »Vagabunden«-Gelichter, / Panoptikumscenen von A. v. W. / Empiredämchen und Cardinale / (So fein! – Es hängt eine Loupe dabei!) / Und »Mädchenreigen« im Blüthenthale / Und »Liebesgeständniß« und »Liebesmai«, / Schafe und Rindvieh auf grünem Rasen / Und »Märchen«, die kein Mensch nicht verstand, / »Stillleben« mit Hummern und todten Hasen, / »Jagdstücke« mit und ohne Hund, / »Tanzstunden« mit Rokokogespreize / Und »Klosterbrüder«, vergnügt und fett / Und »Wonneträume«, die weibliche Reize / Freigebig enthüllten – ach Gott, wie nett! –
Das Alles hatte ich muthvoll ertragen / Und Alles gleich Dutzend- und Hundertweis.. / Nun saß ich todtmüde und halbzerschlagen / Auf einer Bank. – Der Tag war heiß, / Ein schwarzes Wetter drohte hernieder, / Stockfinster war es im Vestibül, / Es drückte die Luft auf meine Lider / So bleiern schwer, so dumpf, so schwül! / Es nickte – nickte – ein Perpendikel! – / Mein armer Kopf – wie schwül der Raum! / Da hatte mich Morpheus auch schon beim Wickel / Und schnarchend lag ich in tiefem Traum.
Und schrecklich war er! Es wurden die Bilder / Ringsum lebendig. Es drehte sich / Der schreckliche Schwarm bald wild und wilder / Im Wirbelsturme wie toll um mich! / Die vielen verzeichneten und vermalten, / Verdrehten, verwachsenen Schreckgestalten / Umkreisen mich heulend in Windesschnelle, / Verdammte Gestalten aus Dante's Hölle!
Und jammernd floh der Besucher Menge / Dem Ausgang zu in verrücktem Gedränge – / Sie schlugen die Schäden entzwei an der Wand, / Weil Niemand im Finstern die Thüre fand: / Ein Friedensengel aus echtem Gips / Der kriegte zu allererst den Pips, / Es brach ihm der Fuß nach den Regeln der Statik – / Es war ein Moment von hoher Dramatik! / Eine lockige Diana trieb vorbei, / Die turnte auf einem Hirschgeweih, / Unmögliche Fauna fingen ein / Auf unmögliche Art ein unmögliches Schwein, / Ein sträflicher Henkersknecht untersuchte / Ein Herlein genau, ob die Gottverfluchte / Vom Satanas am Ende gar / A posteriori gestempelt war; / Centauren und Menschen – es war ein Graus! / Die rissen einander die Beine aus! / Hier Leute, aus dem »Inferno« entführt, / Im allerluftigsten Nachtgewand – / Ein Menschensalat, der umgerührt / Ward von gewaltiger Geisterhand! / Dort wälzte ein riesiger Muskelmann / (Herr Sisyphos) einen Fels heran / Und vor ihm jagte mit Kreischen und Wimmern / Auf schrecklicher Korkenziehertreppe / Die Menge empor zu den »Musterzimmern«. / Sie traten einander auf Rock und Schleppe, / Sie purzelten, brachen sich das Genick. / Sie rissen sich Haut und Kleider in Fetzen / Und oben empfing sie neues Entsetzen / Und trieb sie den schwindelnden Weg zurück: / Denn hier war verfallen dem Irrsinn gar / Das ganze, herrliche Mobiliar! / In heller Stilwuth krümmte sich / Ein Stiefelzieher fürchterlich, / Wahnsinnige Stühle tanzten im Kreis, / D'rauf nie wohl ein Mensch zu sitzen weiß, / Und Schränke kamen, die hatten Hörner, / Und Einer war toller noch und moderner / Als der Andre von diesen Schreinen; / Und Uhren kamen auf Storchenbeinen / Gespenstig daher wie in Kinderfabeln, / Wahnwitzige Messer, irrsinnige Gabeln, / Verrückte Löffel, verzwickte Becher, / Verdrehte Töpfe, voll Schnörkel und Löcher, / Gespenstische Tische und Büffets, / Phatastische Teller und Cabarets – / Das alles stürmte im Verein / Auf die erschrockene Menge ein, / Die zähneklappernd bergabwärts floh. / Ich aber machte es ebenso. / Ich barg mich scheu und voller Hast / Wieder im dunklen Glaspalast.
Da aber rief in wildem Grimme / Urplötzlich eine Geisterstimme: / »Ha ha ha ha, mein Freund, das ist / Die Strafe, wenn Einer nimmersatt, / Bloß, daß er Alles gesehen hat, / Die Kunst in sich hinunterfrißt. / Was in der Werkstatt, still bedacht, / Mit Fleiß der Maler fertig macht, / Stets wieder sich an der Natur erfrischend, / Mit Geist und Liebe die Farben mischend, / Ein jedes Tüpflein weise wählend, / Mit jedem Strichlein was erzählend, / Ein jedes Färblein überlegend, / Ein jedes Lichtlein klug erwägend, / Wie er's dem Leben abgeguckt, / Das wird von Euch hinabgeschluckt, / Sinnlos, in Massen – so schlürft wohl auch / Die Heringsbrut in seinen Bauch / Der Walfisch und denkt sich nicht dazu, / Wie jedes Fischlein, das er frißt, / Ein Kunstwerk des lieben Herrgotts ist! / So treibst Du's auch, Culturnarr Du! / Und machst Dir den Genuß zur Qual – / So viel zur Lehr' für ein ander Mal! –«

* * *

Jach fuhr ich auf – und vor mir stand / Ein Mann in silberbordirtem Gewand / Und sagte mürrisch und verdrossen: / »Na, endlich sind Sie ja doch erwacht – / Ich dachte, Sie blieben über Nacht! / 's ist höchste Zeit, es wird geschlossen, / Was wollen Sie denn noch länger hier? – / Unsereiner will auch zum Bier!«

Aus »Jugend, Münchener illustrierte Wochenschrift für Kunst und Leben«, 1899, Nr. 37

»München leuchtete. Über den festlichen Plätzen und weißen Säulentempeln, den antikisierenden Monumenten und Barockkirchen, den springenden Brunnen, Palästen und Gartenanlagen der Residenz spannte sich strahlend ein Himmel von blauer Seide, und ihre breiten und lichten, umgrünten und wohlberechneten Perspektiven lagen in dem Sonnendunst eines ersten schönen Junitages.
Vogelgeschwätz und heimlicher Jubel über allen Gassen... Und auf Plätzen und Zeilen rollt, wallt und summt das unüberstürzte und amüsante Treiben der schönen und gemächlichen Stadt. Reisende aller Nationen kutschieren in den kleinen, langsamen Droschken umher, indem sie rechts und links in wahlloser Neugier an den Wänden der Häuser hinaufschauen, und steigen die Freitreppen der Museen hinan...
Viele Fenster stehen geöffnet, und aus vielen klingt Musik auf die Straßen hinaus, Übungen auf dem Klavier, der Geige oder dem Violoncell, redliche und wohlgemeinte dilettantische Bemühungen. Im »Odeon« aber wird, wie man vernimmt, an mehreren Flügeln ernstlich studiert.
Junge Leute, die das Nothung-Motiv pfeifen und abends die Hintergründe des modernen Schauspielhauses füllen, wandern, literarische Zeitschriften in den Seitentaschen ihrer Jacketts, in der Universität und der Staatsbibliothek aus und ein. Vor der Akademie der bildenden Künste, die ihre weißen Arme zwischen der Türkenstraße und dem Siegestor ausbreitet, hält eine Hofkarosse. Und auf der Höhe der Rampe stehen, sitzen und lagern in farbigen Gruppen die Modelle, pittoreske Greise, Kinder und Frauen in der Tracht der Albaner Berge.

Lässigkeit und hastloses Schlendern in all den langen Straßenzügen des Nordens... Man ist von Erwerbsgier nicht gerade gehetzt und verzehrt dortselbst, sondern lebt angenehmen Zwecken. Junge Künstler, runde Hütchen auf den Hinterköpfen, mit lockeren Krawatten und ohne Stock, unbesorgte Gesellen, die ihren Mietzins mit Farbenskizzen bezahlen, gehen spazieren, um diesen hellblauen Vormittag auf ihre Stimmung wirken zu lassen, und sehen den kleinen Mädchen nach, diesem hübschen, untersetzten Typus mit den brünetten Haarbandeaus, den etwas zu großen Füßen und den unbedenklichen Sitten... Jedes fünfte Haus läßt Atelierfensterscheiben in der Sonne blinken. Manchmal tritt ein Kunstbau aus der Reihe der bürgerlichen hervor, das Werk eines phantasievollen jungen Architekten, breit und flachbogig, mit bizarrer Ornamentik, voll Witz und Stil. Und plötzlich ist irgendwo die Tür an einer allzu langweiligen Fassade von einer kecken Improvisation umrahmt, von fließenden Linien und sonnigen Farben, Bacchanten, Nixen, rosigen Nacktheiten...

Es ist stets aufs neue ergötzlich, vor den Auslagen der Kunstschreinereien und der Basare für moderne Luxusartikel zu verweilen. Wieviel phantasievoller Komfort, wieviel linearer Humor in der Gestalt aller Dinge! Überall sind die kleinen Skulptur-, Rahmen- und Antiquitätenhandlungen verstreut, aus deren Schaufenstern dir die Büsten der florentinischen Quattrocento-Frauen voll einer edlen Pikanterie entgegenschauen. Und der Besitzer des kleinsten und billigsten dieser Läden spricht dir von Donatello und Mino da Fiesole, als habe er das Vervielfältigungsrecht von ihnen persönlich empfangen...

Aber dort oben am Odeonsplatz, angesichts der gewaltigen Loggia, vor der sich die geräumige Mosaikfläche ausbreitet, und schräg gegenüber dem Palast des Regenten drängen sich die Leute um die breiten Fenster und Schaukästen des großen Kunstmagazins, des weitläufigen Schönheitsgeschäftes von M. Blüthenzweig. Welche freudige Pracht der Auslage! Reproduktionen von Meisterwerken aus allen Galerien der Erde, eingefaßt in kostbare, raffiniert getönte und ornamentierte Rahmen in einem Geschmack von preziöser Einfachheit; Abbildungen moderner Gemälde, sinnenfroher Phantasien, in denen die Antike auf eine humorvolle und realistische Weise wiedergeboren zu sein scheint; die Plastik der Renaissance in vollendeten Abgüssen; nackte Bronzeleiber und zerbrechliche Ziergläser; irdene Vasen von steilem Stil, die aus Bädern von Metalldämpfen in einem schillernden Farbenmantel hervorgegangen sind; Prachtbände, Triumphe der neuen Ausstattungskunst, Werke modischer Lyriker, gehüllt in einen dekorativen und vornehmen Prunk; dazwischen die Porträts von Künstlern, Musikern, Philosophen, Schauspielern, Dichtern, der Volksneugier nach Persönlichem ausgehängt... In dem ersten Fenster, der anstoßenden Buchhandlung zunächst, steht auf einer Staffelei ein großes Bild, vor dem die Menge sich staut: eine wertvolle, in rotbraunem Tone ausgeführte Photographie in breitem, altgoldenem Rahmen, ein aufsehenerregendes Stück, eine Nachbildung des Clous der großen internationalen Ausstellung des Jahres, zu deren Besuch an den Litfaßsäulen, zwischen Konzertprospekten und künstlerisch ausgestatteten Empfehlungen von Toilettenmitteln, archaisierende und wirksame Plakate einladen.

Blick um dich, sieh in die Fenster der Buchläden! Deinen Augen begegnen Titel wie ›Die Wohnungskunst seit der Renaissance‹, ›Die Erziehung des Farbensinnes‹, ›Die Renaissance im modernen Kunstgewerbe‹, ›Das Buch als Kunstwerk‹, ›Die dekorative Kunst‹, ›Der Hunger nach Kunst‹; – und du mußt wissen, daß diese Weckschriften tausendfach gekauft und gelesen werden und daß abends über ebendieselben Gegenstände vor vollen Sälen geredet wird...

Hast du Glück, so begegnet dir eine der berühmten Frauen in Person, die man durch das Medium der Kunst zu schauen gewohnt ist, eine jener reichen und schönen Damen von künstlich hergestelltem tizianischen Blond und im Brillantenschmuck, deren betörenden Zügen durch die Hand eines genialen Porträtisten die Ewigkeit zuteil geworden ist und von deren Liebesleben die Stadt spricht, – Königinnen der Künstlerfeste im Karneval, ein wenig geschminkt, ein wenig gemalt, voll einer edlen Pikanterie, gefallsüchtig und anbetungswürdig. Und sieh, dort fährt ein großer Maler mit seiner Geliebten in einem Wagen die Ludwigstraße hinauf. Man zeigt sich das Gefährt, man bleibt stehen und blickt den beiden nach. Viele Leute grüßen. Und es fehlt nicht viel, daß die Schutzleute Front machen.

Die Kunst blüht, die Kunst ist an der Herrschaft, die Kunst streckt ihr rosenumwundenes Zepter über die Stadt hin und lächelt. Eine allseitige respektvolle Anteilnahme an ihrem Gedeihen, eine allseitige, fleißige und hingebungsvolle Übung und Propaganda in ihrem Dienste, ein treuherziger Kultus der Linie, des Schmuckes, der Form, der Sinne, der Schönheit obwaltet... München leuchtete....«

Thomas Mann, »Gladius Dei«, 1902 Das München der Jahrhundertwende in Thomas Manns berühmter Schilderung – nicht ohne ironischen Unterton

München als Kulturzentrum. 1926

Ich beginne damit, eine Feststellung, einen Vorbehalt zu wiederholen, der soeben schon einmal gemacht worden ist, den auch meinerseits zu betonen mir aber geraten scheint. Als Veranstalterin dieses Abends zeichnet eine politische Partei, die demokratische. Daß sie das tut, ist möglicherweise kein reiner Zufall, aber wenn es mehr wäre, so würde das nicht hindern, daß wir Redner des Abends, alle sechs, ohne Ausnahme, uns nicht weniger als wahrscheinlich die meisten von Ihnen hier als Gäste dieser politischen Organisation fühlen. Keiner von uns gehört ihr als Mitglied an. Keiner von uns, mit Ausnahme des Abgeordneten Weismantel, der einer anderen angehört, ist überhaupt in irgendeiner Weise parteipolitisch festgelegt. Es hieße den Sinn dieser Kundgebung verengen und verkennen, wenn man ihn parteipolitisch deutete. Nicht um das Interesse einer Partei handelt es sich, dem wir etwa Vorspanndienste zu leisten uns bereitgestellt hätten, sondern um das Interesse Münchens, um die höchsten Interessen dieser schönen Stadt, deren Ehre und Glück uns allen am Herzen liegt, – um ihre höchsten und damit auch um ihre realsten. Dies ist nun freilich ein Zeichen der strengen Zeit, daß sie das Höchste und das Realste als Eines zu begreifen zwingt, das

Reale im Geistigen, das Geistige im Realen als gegenwärtig zu erkennen uns anhält, daß sie selbst politisch ist, auch wenn wir es nicht sein möchten, und daß es ganz ohne Politisches nicht abgeht, sobald wir, aus einer ethischen Gutwilligkeit, die sie uns danken mag oder nicht, Dienst bei ihr nehmen. Und geschieht es denn auch aus reiner Gut- und Freiwilligkeit, wenn wir die Sphäre des reinen Gedankens verlassen, um der Zeit, der strengen Zeit, zu dienen? Die Liebe zum freien Gedanken ist selbst ein Interesse, befeindet durch andere Interessen, die sich für absolut erklären, die kriegerischer sind als sie und sie zwingen, ebenfalls kriegerisch zu sein. Es ist furchtbar genug, daß es heute kein Urteil in geistigen, künstlerischen, kulturellen Dingen mehr gibt, das nicht politisch-parteilich bestimmt wäre. Aber möge auch leider die Politik oft brutal geistlos, rein real, rein geschäftlich sein, so ist nicht zu leugnen, daß in jeder geistigen, kulturellen Haltung – bewußt oder unbewußt – eine politische latent ist, die eines Tages manifest wird oder es nicht wird, aber sie ist da, sie wird instinktmäßig – sympathisch oder mit Feindseligkeit – herausgefühlt und parteimäßig zum Wertkriterium erhoben. Die Mikroskopiker haben Färbemittel, um an ihren Präparaten augenfällig zu machen, was sonst unsichtbar bliebe. So wirkt diese strenge Zeit, die eine Zeit des Kampfes ist, auch den friedlich Skeptischsten zum Kampfe zwingt; und um den politischen Begriff des Kampfes ins Geistige, Kulturelle eingehen zu lassen, hat man sich das Hilfskompositum »kulturpolitisch« erfunden.

Da haben Sie den Titel unseres Abends: »Kulturpolitische« Kundgebung. »Der Kampf« um München als Kulturzentrum. Dieser kulturpolitische Kampf, meine Herrschaften, soll hier nicht entfacht, nicht vom Zaun gebrochen werden: er ist längst im Gange im Inneren, in der Seele dieser Stadt. Und diese Veranstaltung soll nichts weiter sein als ein Signal, ein Zeichen der Sammlung für diejenigen – es sind mehr, als die Gegner sich einbilden –, die in diesem Kampf auf seiten Münchens sind. Denn er wird entschieden werden für München als Kulturzentrum oder gegen München als Kulturzentrum; und in diesem letzteren Falle wird München eine patriotische Provinzstadt sein, mit sehr vielen Kriegervereinsumzügen und Fahnennagelungen und hie und da einem Dolchstoßprozeß, aber ohne jede Bedeutung für das Leben, die Zeit und die Zukunft, für den deutschen Geist und für die weite Welt dort draußen, und die Niederlage seiner höchsten Interessen wird die seiner realsten sein.

Der Kampf, sage ich, ist im Gange, er ist überall spürbar, er schüttert hinein noch in so offizielle Äußerungen wie die Rede des Rektors der Universität jetzt eben im Nationaltheater, diese, ich will nicht sagen, erstaunliche (denn man kennt den schwäbischen Freimut Karl Voßlers), aber diese tapfere und würdig-scharfe, in gewisser Beziehung sehr unmünchnerische Rede, in welcher einem gewissen München mit einer Art von rücksichtsloser Andeutung und andeutender Rücksichtslosigkeit ex cathedra die Leviten gelesen wurden.

Was in der Luft liegt, ist etwas wie geistige Revolte, wie eine Erhebung, ein Aufstand. Es gärt in München. Ein Joch will abgeschüttelt sein, das auf der Stadt liegt, das sie niederhält, herunterbringt, ihren Namen, diesen einst guten, gastlichen, freien und frohen Namen, geschädigt hat bei Deutschen und Fremden. Seien wir offen, meine geehrten Zuhörer! Es hat Jahre gegeben, wo uns Wahlmünchnern – und ich denke, nicht nur uns – bei Erörterung des Zustandes, der seelischen und geistigen Verfassung der Stadt nicht wohl sein konnte, wo wir die Augen niederschlagen mußten, ja, uns fragten, ob hier eigentlich schicklicherweise noch länger zu leben sei. Erinnern wir uns, wie es in München war vorzeiten, an seine Atmosphäre, die sich von der Berlins so charakteristisch unterschied! Es war eine Atmosphäre der Menschlichkeit, des duldsamen Individualismus, der Maskenfreiheit sozusagen; eine Atmosphäre von heiterer Sinnlichkeit, von Künstlertum; eine Stimmung von Lebensfreundlichkeit, Jugend, Volkstümlichkeit, jener Volkstümlichkeit, auf deren gesunder derber Krume das Eigentümlichste, Zarteste, Kühnste, exotische Pflanzen manchmal, unter wahrhaft gutmütigen Umständen gedeihen konnte. Der unsterbliche, mehr oder weniger humoristisch gepflegte Gegensatz zum Norden, zu Berlin, hatte ganz anderen Sinn als heute. Hier war man künstlerisch und dort politisch-wirtschaftlich. Hier war man demokratisch und dort feudalmilitaristisch. Hier genoß man einer heiteren Humanität, während die harte Luft der Weltstadt im Norden einer gewissen Menschenfeindlichkeit nicht entbehrte.

Was mußte geschehen, damit dies ganze Verhältnis sich beinahe umkehre? Wir wollen über diese Umkehrung nicht peinlich ausführlich sein; wir wissen alle zu gut darüber Bescheid. Wir haben uns des renitenten Pessimismus geschämt, der von München aus der politischen Einsicht Berlins, der politischen Sehnsucht einer ganzen Welt entgegengesetzt wurde; wir haben mit Kummer sein gesundes und heiteres Blut vergiftet gesehen, durch antisemitischen Nationalismus und Gott weiß welche finsteren Torheiten. Wir mußten es erleben, daß München in Deutschland und darüber hinaus als Hort der Reaktion, als Sitz aller Verstocktheit und Widerspenstigkeit gegen den Willen der Zeit verschrien war, mußten hören, daß man es eine dumme, die eigentlich dumme Stadt nannte.

Wir hatten auf all das immer nur eines zu erwidern. Wir sagten: »Wenn München an Liebenswürdigkeit und Bedeutung eingebüßt hat, so konnte das nur geschehen durch Entstellung Verzerrung seines Angesichtes infolge eines Verhängnisses von Leiden, Kummer, Erniedrigung, Wirrnis und Seelenqual, an dem nicht nur München, sondern ganz Deutschland, ja ganz Europa mehr oder weniger teilhatte. Die langsame Genesung Deutschlands und der Welt wird, so hoffen wir, unter anderem und vor allem das Sich-wieder-Finden Münchens, die Wiederherstellung seiner Bedeutung für Deutschland und die Welt mit sich bringen.« – Das ließ sich hören. Aber, meine geehrten Zuhörer, die Wirkungen, die das Leiden auf den Menschen und auch auf Gemeinschaften, Stadtcharaktere ausübt, sind nicht immer die gleichen, und nicht zufällig sind sie verschieden. Der Zustand, in den München durch die allgemeine Heimsuchung geraten ist, war latent, als Gefahr, schon in seinem früheren, glücklichen, vielleicht allzu glücklichen Zustand enthalten, und vielleicht wäre es aus Leidenszeiten weniger beschädigt hervorgegangen, wenn es vorher der Problematik geneigter, weniger Capua, weniger leidlos gewesen wäre, wenn es auf seinem Bekenntnis »Mir san gsund!« weniger behäbig geruht und das Künstlerische ein wenig geistiger verstanden hätte. Durch das Leiden hat seine Harmlosigkeit aufgehört, gemütlich zu sein; sie ist aggressiv, feindselig, unwirtlich geworden. Und was das bedeuten würde, wenn München in den dauernden Ruf der Unwirtlichkeit geriete, das geht nun schon nicht mehr uns Künstler und Schriftsteller, das geht seine Hoteliers, Bauunternehmer, Geschäftsleute an. Dann ist es aus mit München, nicht nur im höheren, sondern im allerrealsten Sinne. Dann wird es nicht nur kein modernes Theater mehr haben, und kein Maler, der es zu etwas bringen will, wird hier mehr leben können, sondern es wird der Fremdenindustrie an den Kragen gehen, und München wird einer schönen Frau gleichen, die jedoch im Rufe so verdrießlicher Beschränktheit steht, daß sie keinen Liebhaber findet.

Es gibt ein beliebtes Klischee, meine geehrten Zuhörer, mit welchem namentlich bei offiziellen Anlässen in letzter Zeit oft gearbeitet wurde und wonach sich Norden und Süden dadurch unterscheiden und ergänzen, daß dort oben die Verstandeswerte herrschen, hier unten aber das Gemüt. Man sollte diese unzulängliche Antithese nicht gar so eifrig pflegen. Denn erstens gibt es im deutschen Norden so viel Gemüt wie im Süden; das blaue Auge des Nordens kennt den Schimmer des Gefühls sogar besser als das braune des Südens, der Süden ist alles in allem härter als der Norden, das Umgekehrte ist ein vulgärer Irrtum. Zweitens aber kann das Gemüt, wie gerade heute alles liegt und steht, wenn es nicht von einem guten Verstande kontrolliert wird, zu einer großen Gefahr, einer Weltgefahr werden. Der Mord an Walther Rathenau, der tun wollte, was heute mit der Zustimmung aller nicht ganz Verbohrter doch geschehen muß, war auch eine Tat des Gemütes; nur war sie hirnverbrannt. Und wenn eines Tages Europa sich selber umgebracht haben wird, so wird auch das ein Selbstmord aus tiefstem Gemüte gewesen sein. Leider ist es beinahe an dem, daß, wer in Deutschland Spuren von Gescheitheit an den Tag legt, sogleich für einen Juden gehalten wird und damit denn also erledigt ist. Und doch war Geringschätzung der Gescheitheit selten weniger am Platze als heute. Die Werte haben ihre Stunde, meine geehrten Zuhörer, sie sind nicht immer gleich viel wert. Gescheitheit, was die Irrationalisten und Mystiker auch sagen mögen, ist heute ein Lebenswert ersten Ranges, und es ist ein Zeichen äußerst intelligenter Einsicht in diese Wahrheit, daß Bernard Shaw soeben den großen schwedischen Preis erhielt.

Gemüt und »Mir san gsund!« – damit allein wird München seine Stellung in der Welt nicht halten oder nicht zurückgewinnen, auch als Kunststadt nicht. Kunst kommt freilich nicht aus Gescheitheit, sondern aus innigeren Tiefen, aus größeren sogar, als diejenigen meinen, die sie bloß für Natur halten: von dort nämlich, wo Natur und Geist nur Eines sind. Und ist es nicht ein eigentümliches Zeichen der Zeit, daß die geistige Kunst, die literarische, die doch lange im öffentlichen Interesse Münchens gegen die bildenden Künste und die Musik recht weit zurücktrat, heute fast an die Spitze zu drängen scheint? Nicht nach dem Ehrgeiz der Schriftsteller ist dies so, sondern nach dem Willen, der Bedürftigkeit des Publikums, und die Bewegung, von der ich anfangs sprach, ist eine Bewegung des Genesungswillens, der Sehnsucht nach Genesung am Geiste und zum Geist. Was hat Vereinigungen wie die »Argonauten« auf einmal so in Flor gebracht? Was rief die Gründung der »Gesellschaft München 1926« hervor? Was füllt die Säle, wo und wann immer eine literarische, bildende Darbietung, eine mündliche Buchbesprechung, ein Vortrag angesagt wird, bis auf den letzten Platz? Die Menschen, die sich zu diesen Veranstaltungen drängen, die sich auch zu dieser hier gedrängt haben, sind Träger jener Bewegung und Gärung. Dies München ist unzufrieden, und dieser Abend ist angesetzt, um seiner Unzufriedenheit zum Wort zu verhelfen. Es ist unzufrieden zum Beispiel mit einer Presse, die sein Ausdruck sein sollte, die aber, im Reden wie im Verschweigen, ungefähr das Gegenteil davon ist.

Jene Menschen aber, lassen Sie mich das hinzufügen, sind auch die Träger des wahren Deutschtums dieser Stadt. Denn München fürchte doch ja nicht, daß es aufhöre, eine deutsche Stadt zu sein, indem es eine Stadt von Welt, von Weite und Freiheit, eine Stadt des Lebens und der Zukunft ist! Nie hat das Enge, Gehässige, Rohe und Kulturfeindliche mit einem Schimmer von Recht den deutschen Namen beansprucht, diesen Namen, der seinen wahren Anwärtern noch immer als Inbegriff aller Frömmigkeit zum Geiste und zur Kultur gegolten hat. –

Es war meine Aufgabe, die Lage in allgemeinen Strichen zu kennzeichnen. Die nach mir kommen, werden Einzelgebiete behandeln. Die Verständigung zwischen uns Sprechern hat sich aufs Grundsätzliche beschränkt, und ich weiß nicht, was meine Nachfolger sagen werden. Sollten aber scharfe Worte fallen, meine Damen und Herren, so wollen Sie auch aus solchen niemals ein pereat heraushören, sondern immer nur ein vivat München!

Eröffnungsrede Thomas Manns zur Kundgebung »München als Kulturzentrum« in der Tonhalle am 30. November 1926

Der Glaspalast brennt

Viele Jahrzehnte sind vergangen, Schreckliches haben wir durchlebt, ganze Städte sind in Feuer und Schutt versunken, unwiederbringlicher Glanz der Erinnerung ist verloschen – oft genug stehen gesichtslose Riesenhäuser an dem Platze abendländischen Ruhms. Die Welt wandelt sich weiter, in vollen Zügen trinkt ein neues Geschlecht die Lethe des Vergessens. Und doch scheinen mir die Flammen des Münchner Glaspalastes, in der Nacht auf den 6. Juni 1931, heute noch ein Fanal kommenden Unheils gewesen zu sein, ein erstes Brandmal auf der Stirn unserer Stadt.

Mir fällt beim Sichten alter Schriften ein vergilbtes Zeitungsblatt in die Hand, mit der fünfspaltigen Fanfare »Der Münchner Glaspalast ein Raub der Flammen!« und mit einem von mir aufgenommenen Lichtbild, das trotz aller seither miterlebten Riesenbrände so schauerlich wirkt wie damals, wo freilich der aus noch heiterm Friedenshimmel treffende Blitz ein heute kaum mehr vorstellbares Unglück von entsetzlicher, lähmender Gewalt war.

Ich war seinerzeit Schriftleiter der »Neuesten«, ich wohnte keine zweihundert Schritte von der Brandstelle; eilig, in die Setzmaschine hinein, mußte der Bericht geschrieben werden, denn schon am Mittag sollte das Sonntagsblatt erscheinen. Ich gebe nun, ohne eine Zeile zu ändern, meine Schilderung – auch eine Anekdote meines Lebenslaufs. Der Leser mag, als eines von vielen Beispielen, ermessen, was für schwierige Aufgaben einem »Zeitungsschreiber« gestellt waren, unterm Zwang der Stunde, ja, der Minute das Ungeheure ins feste Wort zu binden.

»Eine herrliche Sommernacht, weich und tief, duftend in Jasmin, Hollunder und Akazien. Die Brunnen rauschen und die Bäume, am Lenbachplatz, im alten Botanischen Garten. Und wie verzaubert schläft die Stadt.

Und die dunkle Masse des Glaspalastes ragt vor dem späten Heimkehrer auf, ein sicherer Besitz, daran ich vorübergehe in der Vorfreude langen Genießens. Einen ganzen Sommer hindurch werde ich das flüchtig Geschaute betrachten können, die edle Kostbarkeit der Romantiker, ein seit vielen Jahren nicht mehr gesehener Reichtum deutscher und abendländischer Kunst. Vor wenigen Tagen erst ist das festliche Haus erschlossen worden. Und die jubelnden Klänge des Meistersinger-Vorspiels scheinen noch durch die Nacht zu klingen, der Stille verschwistert und dem Rauschen der Wipfel.

Aus erstem, tiefem Schlaf schreckt die Unruhe wüsten Traums. Der ist ausgelöst worden durch das Klingeln des Fernsprechers, geöffnete Türen, schlürfende Schritte. Aber ich bin schon längst aus dem Bett gesprungen, ich weiß zwar nicht, was geschehen ist, aber es ist ein seltsames Licht im Zimmer und ein unheimliches Rauschen geht durch die Luft, wie von schweren Flügeln. Ein Blick aus dem Fenster: im rosagrauen Morgenschein regnet Asche, schwirren Funken. Und mein Bruder kommt: Der Glaspalast brennt!

Hiobsbotschaften solchen Ausmaßes sind zu furchtbar, als daß man sie im ersten Augenblick begriffe. Es hätte ebensogut heißen können: München brennt. Es wächt nur die Begierde, mit eigenen Augen zu sehen, was der Verstand nicht fassen kann.

Unberührt von der Erregung des Herzens bleibt die kühle Sachlichkeit der beruflichen Verantwortung. Ein alter Anzug, dem ein paar Brandlöcher nichts schaden, der Presseausweis, der die Absperrung erschließt, die Leica für rasche Aufnahmen. Dazwischen ein paar Anrufe – alles geht in fliegender Hast. Der Filmstreifen will nicht in die Kassette, es ist aufregend wie Ladehemmung beim Angriff. Aber fünf Minuten nach dem Alarm stehe ich auf der Straße, hundert Schritte von der Unglücksstätte entfernt.

Ein sanfter, rosenfarbener Rauch weht in weiten Schleiern. Ein Rauschen ist in den Lüften, ein Knacken und leises Brodeln durch den grau erwachenden Morgenhimmel. Es ist genau halb vier Uhr.

Durch einen Regen von Ruß, Asche und glühendem Holz laufe ich die Karlstraße entlang gegen die Arcisstraße, dem mächtig lohenden Feuerschein zu. An der Straßenkreuzung steht ein Häuflein Menschen, ein paar Schutzleute und Feuerwehrmänner, im Widerschein der Flammen. Und jetzt öffnet sich die schwarze Kulisse der Häuser und zeigt uns ein schaurigschönes, ein ungeheuerliches, grauenvolles Bild: Der ganze Glaspalast steht in Flammen.

Schwarzes Gestänge aus Eisen, wie das Gerüst zu einem halbabgebrannten Feuerwerk, ragt in die lodernde Luft: die Nordfront des riesigen Gebäudes. Dahinter, durch Rauch und Flammen sichtbar, die noch aufrechte Südwand.

Der Blick irrt über das Feuermeer. Züngelnd schlägt es herauf, wie Brandung donnert es heran, sinkt hinunter, braust wieder empor, funkelnd, zerstiebend und verzuckend, mit breiten Zungen fressend, feige zurückgeduckt vor dem schmetternden Wasserstrahl und sofort wieder tausendfach anlaufend, höhnisch tanzend und winkend und wirbelnd. Durch Dämpfe sticht das Feuer quer, an stürzende Trümmer klammert es sich und saust mit in die Tiefe, aufgewehte Fetzen verläßt es nicht im Fluge, den Schutt zerreißt es in berstenden Entladungen, holt sich Luft mit gierigem, pfeifendem Atem, zerbläst das Wasser zu Nebel, jauchzt neu empor, gebiert sich hundertfach aus sich selbst. Von überall saugt es sich an, in wabernden Lohen verflackert die Glut, in zischenden Dämpfen, in Schwaden zerwölbt der Rauch, in tausend Farbtönen spielt es, vom magischen Blau der huschenden Flämmchen, vom wehenden singenden Reigen gelbflatternder Feuergewänder bis zum düstern Rot glühender Trümmer, zum Veilchendunkel schwelenden Rauches, zum hoffnungslosen Schwarz verkohlter Balken. Wenn je das Wort wahr wurde, daß die Elemente das Gebild der Menschenhand hassen, so ist es hier. Gebild der Menschenhand: Was da brodelt und braust, was da in Fetzen über den Morgenhimmel weht, was da knisternd birst und glühend schmilzt, begraben im Schutt, ein Nichts im Nichts, es war gestern noch der Ruhm der Nation, die Hoffnung und das Glück der Schaffenden, war vor allem kostbarstes Erbe deutscher Vergangenheit.

Die wenigen Schaulustigen, die in dieser frühen Morgenstunde an den Straßenzugängen stehen, werden von den Schutzleuten leicht in Schach gehalten. Die sengende Hitze und der wirbelnde Regen glimmenden Holzes und spritzender Glut hält sie mehr zurück als alle Verbote.

Der Presseausweis öffnet den Kreis. Auf der leeren Arcisstraße laufen wir nach vorne, dem trockenen, rauschenden Atem der Glut entgegen, im Funkentreiben, das dichter und dichter niedertanzt. An der Ecke Arcis-/Sophienstraße halten wir, an die Hauswand geduckt. Vor uns, nah auf zehn Schritte, die schwelende, stürzende, rumpelnde Front des stählernen Gefüges. Rechts die Feuerwehrmänner, die bemüht sind, das kleine Haus zu retten, das sich, im Schatten der Glaswände, so reizvoll in den Bogen der Straße geschmiegt hat. Eine graue, schwarze, glutrote Kaskade, fällt soeben im zischenden Strahl des Wassers eine Wand ein, poltert mit morschem Gemäuer, verbogenem Eisen, schmelzendem und splitterndem Glas und im Gerieseln von Schutt und ausgeglühtem Gips in das grauenhafte Gewirr übereinandergetürmter Trümmer.

Aber das ist nur ein rasch aufgefangenes Bild; weit greller sticht es von links her in die ohnehin schon geblendeten, von Hitze und beizendem Qualm angehauchten Augen. Dieser Flügel des Gebäudes, gegen den Lenbachplatz zu, ist gerade jetzt der vollen Wut des rasenden Elements preisgegeben. Eine Feuergarbe, blitzend, wie aus ungeheuerstem Gebläse angefacht, aus unsichtbaren Röhren gestoßen, aus Schlünden der Hölle gespien, zerschmeißt im Hui die Fenster, spuckt glühende Holzstücke wirbelnd in die Luft, die in einem Hexentanz quirlenden Rauchs zerfliegen; Feuer ringt das stöhnende Eisen nieder, daß es sich biegt und windet, leckt aus jeder Fuge neue Nahrung, Kitt und Farbe, Holz, Leinwand. Ras-

selnd und prasselnd falle Glas und Gebälk, ein Platzregen von Feuer plätschert herab, in den steil immer wieder neuen Brandes sausende Fontänen schießen.
Die Bäume ächzen im Sturmesatem des Elements, die Stirnen der Häuser gegenüber schimmern in ausgestrahlter Glut. Der Funkenfall trommelt als ein leises, eintöniges Rauschen auf die Straße, auf die Dächer. Das ist ein Feuerwerk für sich, wie diese kleinen geflügelten Flammenwespen herumsurren, im aufgescheuchten Schwarm, gefährliche Sendboten des großen Unheils.
Die Hausdächer werden von den Einwohnern wie von der Feuerwehr bewacht. Die Leute tragen Waser in den Speicher, achten darauf, daß sich nirgends die Lohe in Sparren und Ritzen einzunisten vermag. Da und dort gelingt es gerade noch im letzten Augenblick, schon aufzüngelnde Flammen zu ersticken.
Die Hitze an diesem vorgeschobenen Posten wird unerträglich. Die Straßen sind, innerhalb der Absperrung, leer. Die prallen roten Schlangen der Schlauchleitungen liegen quer über dem nassen Asphalt. Und so riesig ist der Brandherd, daß das bedeutende Aufgebot der Feuerwehr kaum in Erscheinung tritt. Nur da und dort, das ist der äußere Eindruck, stehen ein paar Männer an den Spritzen – daß sie alle auf einem verlorenen Posten stehen, ist nur allzu klar.
War es auf der nördlichen Seite mehr das erschütternde, jeden Nerv erregende Bild schrecklicher Zerstörung, so bietet sich von der Südseite, wo zahlreiche Menschen auf der Freitreppe des Justizpalastes stehen, der schauerlich-schöne Anblick eines gewaltigen und wundervollen Schauspiels. Die ganze Breite der Glaspalastfront, umrahmt von den herrlichen Bäumen des alten Parks, ist aufgestellt wie ein Brillantfeuerwerk. In dem mächtigen Eisengerippe züngeln, bis in die höchsten Firsten hinaus, die bunten Flämmchen des brennenden Ölanstrichs. Die brausenden Orgeln lodernder Glut, deren zuckenden Ausbruch wir von der anderen Seite mit Grausen gesehen, schlagen im Innern und so gewissermaßen im Hintergrund der beinahe spielerisch irrlichternden Front. Nun wieder senkt sich, fast wie flügelschlagend zuerst, immer rascher berstend, platzend und hinschmetternd, ein Teil des Daches in die Flammentiefe, und klirrend zerschellen die großen Glasscheiben, reihenweise, in die tosende Brandung des Falles.
Dagegen hält das Gefüge der Südwand, trotz Hitze, Qualm und Erschütterung, noch aus, und selbst Fenster bleiben, blind und rauchgeschwärzt, in der Vernichtung.
Grau und veilchentief ziehen in schweren Schwaden die vom Morgenrot und vom Glast der Lohe beleuchteten Rauchwolken gegen Norden. Aufgeregte Taubenschwärme flattern immer wieder in den Hexenkessel der Zerstörung. Die Tiere suchen ihre Brutstätten, vergeblich.
Der Tag wächst, zärtlich steht er über der ahnungslos schlafenden Stadt, als wir uns wieder der Nordseite des Feuerherdes zuwenden, wo mit der noch ungebrochenen Gewalt der Wahnsinn wütet.
Hinter dem rosigen Qualm schimmert verblassend bleich der halbe Mond. Polternd stürzen Wände um Wände. Ein ungewohntes Bild erscheint: von der Arcisstraße aus ist nun der neue Justizpalast sichtbar. Ausgebrannt noch da und dort ein phantastisch hoher, schwankender Eisenpfosten, ein Stück Gerippe. In der Mitte der Türrahmen des Haupteingangs, um die, welk und halbversengt, der Lorbeer steht, der gestern noch deutscher Kunst galt. Die Masten ragen ohne Fahnen, aber wie zum Hohn klebt an einem Stück erhaltengebliebener Außenwand zerfetzt das Plakat »Kunstausstellung München 1931, Glaspalast...«

Eugen Roth, »Münchner Neueste Nachrichten«, Nr. 151 vom 7. Juni 1931

Vom alten Glaspalast
zum Haus der Deutschen Kunst

Das war einmal: ein Zeitalter aus Glück und Glas... Als der erste Glaspalast gebaut wurde, stand die Welt im Zeichen all der völkerversöhnenden und menschheitumspannenden Ideen, die inzwischen so restlos zerbrochen und zersplittert sind. Ein Deutscher, der Prinzgemahl Albert, Gatte der Königin Viktoria von Großbritannien, war es, der als erster den kühnen Traum eines Gebäudes aus Glas und Stahl in die Wirklichkeit umsetzte. Es war für jene Ära nicht nur das unerhörteste Beispiel eines neuen Baugedankens, sondern auch der vollkommenste Ausdruck des Zeitgeistes. Als am 1. Mai 1851 die Londoner Weltausstellung und ihr Wahrzeichen, der Kristallpalast, eröffnet wurden, lasen die begeisterten Besucher über dem Eingang die Worte: »Zur Erhebung und Erbauung im Sinne aller Menschheitsideale und zur Beförderung der allgemeinen Bruderschaft und Glückseligkeit.« Damit war alles gesagt. Das war der erschöpfende Ausdruck der Epoche. Und es war nicht verwunderlich, daß sich nun in einem waghalsigen Anlauf von »Prosperitäts«-Stimmung die Weltschwärmer aller Erdteile in eine Begeisterung von Glück und Glas stürzten. Auf den mächtigen Eindruck jenes ersten Kristallpalastes hin wuchsen unzählige andere an allen Enden aus der Erde, und auch der Münchner Glaspalast war einer aus diesem Gefolge.
Merkwürdig genug, wie Zwist und Streit, Widerstand und Verwirrung schon die erste Heraufkunft dieses Münchner Glaspalastes umwittern. Der große Botaniker und Weltreisende Karl Philipp von Martius mußte den schönsten Plan seines Lebens, den Ausbau eines Botanischen Gartens am Rande der damals erst hunderttausend Seelen umfassenden Stadt, dem Glaspalast opfern. Er wehrte sich verzweifelt; aber er unterlag. Rücksichtslos zerbrach das Ungetüm das Lebenswerk des Mannes. Unheilvoll wie die Geburt des Technikosauriers blieb der größte Teil seines Lebens. Lange Zeit trug man sich mit dem Gedanken, ihn wieder aus dem Botanischen Garten zu entfernen; dann ließ man ihn, mehr aus Verlegenheit als Absicht, an seinem Platze und benutzte ihn zu wechselnden Zwecken, unter andern schließlich auch zu Kunstausstellungen. Dieser neue Besuch gab ihm nun freilich eine ungeahnte Bedeutung; doch blieb die Kunst in dem glasstahlnackten, jeder Wärme baren Bau immer ein »Mädchen aus der Fremde«. Sie schenkte ihm ihren Glanz; er ihr aber keinen. Große Kämpfe der Kunst wurden hier ausgetragen, große Siege erfochten; hier errangen ein Lenbach, ein Leibl ihre erste Goldene Medaille; die »Glaspalast-Ausstellungen« wurden ein historischer Bestandteil der Kunststadt München; dennoch – wohnhaft konnte die Kunst in dem nüchternen Bauwerk nicht werden; sie war darin mehr anwesend als heimisch.

So stand der Glaspalast altersgrau, ein Überlebender aus der Zeit der Menschheitsträume, noch immer da, als die Stürme von Krieg und Nachkriegszeit über München hinbrausten. Es ist, als hätte er nur auf den Augenblick gewartet, um seinem alten Fatum auch im Tode getreu zu bleiben. Am Morgen des 6. Juni 1931 ging er binnen einer Stunde in einem Flammenmeer zugrunde. Aber was er mitnahm, war wertvoller als er selber. Nie zuvor hatte der Glaspalast so kostbares Gut in sich geborgen wie gerade jetzt: unersetzliche Werke deutscher Malerromantiker, die man aus ganz Deutschland zu einer Sonderausstellung zusammengeholt hatte, riß er mit in seinen Untergang. – Wenige Jahre später endete auf ähnliche Weise auch der Londoner Kristallpalast in Flammen und nahm wertvolle Handschriften von Händel mit.

Schafft sich die Geschichte ihre tiefsinnigsten Symbole selber? Die himmelstürmenden Hoffnungen hatten sich als trügerisch erwiesen: da wollten auch die gläsernen Zeugen jener Zeit ihre eigene hingestorbene Epoche nicht mehr überleben. Längst war eine neue Zeit heraufgedämmert. Aus der Einsicht, daß die Weltgemeinschaftsschwärmer kaum imstande sein würden, Glück und Wohlstand zu begründen, begannen die Völker – entweder entschlossener oder ehrlicher denn zuvor – sich auf die eigenen Füße zu stellen. Mochte dies vielleicht der bessere Weg sein, das Ziel zu erreichen! In Deutschland begann mit der Machtergreifung durch Adolf Hitler im Januar 1933 eine gewaltige Rückkehr zu den Kraftreserven des eigenen Volkstums, ein Spatenstechen zum Grunde der völkischen Vergangenheit. Und es erwies sich, daß dieser Boden besser war als die Ideen der Weltbeglücker. Das zeigte sich im Größten wie im Kleinsten. Wo einst der Glaspalast gestanden hatte, schuf die Neue Zeit einen Volkspark, und jetzt erst war die ursprüngliche Idee von Martius verwirklicht ... An Stelle des Glaspalastes aber erstand das Haus der Deutschen Kunst. Zum erstenmal ist dem lebenden und werdenden Schaffen in Deutschland ein Tempel errichtet. Der Bau des Führers wird der deutschen Kunst jene Heimstätte werden, die ihr der Glaspalast nicht war und nicht sein konnte. Auch das Haus der Deutschen Kunst spricht – wie ehemals der Glaspalast für das 19. Jahrhundert – die Sprache seiner Zeit. Festgefügt und gerade ausgerichtet stehen die Säulen; aus dem Boden der deutschen Heimat wuchs sein Stein; einfach und schlicht, aber würdig und gelassen steht der Bau da. Sucht einer nach schmückendem Beiwerk? Oder nach technischen Arabesken? Es war der ausdrückliche Wille des verstorbenen Baumeisters des Führers, Paul Ludwig Troosts, daß nirgends das Technische den eigentlichen Baugedanken durchstoßen sollte. Und Schmuck? So wie eine edle, klare, freie Stirn kein Diadem braucht, sondern Schmuck ihrer selber ist, so genügt auch dieses edle Bauwerk sich selbst. Sein einziger Schmuck ist die Harmonie der Maßstäbe, der Wille zu Ordnung und Form, der von der Überwindung jeglichen Chaos' spricht, der Zug zur Klarheit und Wahrheit, das Streben ins Ewige und Große.

Man hat die Baukunst eine gefrorene Musik genannt. Die Musik dieses Bauwerkes gefror an der Kühle eines neuen Weltmorgens: als das Frühlicht völkischer Selbstbesinnung heraufdämmerte. Vorbei ist der Glaube an Glück und Glas. Wer wirken will, muß wirken durch die Kraft des eigenen geeinten Volkes, durch Tat, Glaube und Verpflichtung. Nicht die entlegensten Aufgaben sind zuerst anzupacken, sondern die nächstliegenden. So stehen denn heute über den Pforten des Hauses der Deutschen Kunst nicht Hoffnungshymnen auf ferne Visionen, sondern die schlichten, auf die Sache selbst begrenzten Worte des Führers: »Kunst ist eine erhabene und zum Fanatismus verpflichtende Mission« und »Kein Volk lebt länger als die Dokumente seiner Kultur«.

Hans Arthur Thies in »Der Tag der deutschen Kunst«, München, 1937

»Die Brücken, Bahnhofshallen, Ausstellungshallen, Industrieanlagen, Maschinen, Apparate, Instrumente, Schiffe, Lokomotiven dokumentieren die Tradition funktionaler Gestaltung, die von Konstrukteuren und Ingenieuren durch das ganze 19. Jahrhundert fortgeführt wird. An diesen Werken erkennen wir wohl am genauesten die charakteristischen Qualitäten, die potentielle Gestalt des Jahrhunderts: Präzision, Logik, Deutlichkeit, Knappheit, Transparenz, aber auch eine disziplinierte, nervige Eleganz und eine ungerufene, sich wie von selbst einstellende ästhetische Ausdruckskraft.

In der Betrachtung des 19. Jahrhunderts haben wir auch einiges über unser Jahrhundert erfahren. Wir erkennen uns wieder in den Anstrengungen der Vernunft, gegen die Willkür des historischen Formalismus die Idee funktionaler Gestaltung durchzusetzen, damit die Welt der Menschen, ihre Städte, Häuser, Räume, Geräte eine charaktervolle Gestalt erhalten, in der das Leben in seinem Ausdruck erkennbar ist. Die Willkür unseres Jahrhunderts ist nicht mehr historisch, aber sie ist um nichts weniger formalistisch: die Formen und Formeln reichen von der Monotonie alles verpackender Hüllenmuster bis zu den outrierten Selbstgefälligkeiten subjektivistischer Phantasie. Die Versuche der Vernunft, Vielfalt und Reichtum der Formen aus der Vielfalt und dem Reichtum der Anforderungen, der Bedürfnisse, der Wünsche zu entwickeln, also eine Gestaltenfülle durch die Erfüllung vielgestaltiger Funktionen zu schaffen, haben in jenem wie in unserem Jahrhundert am ehesten dann eine Chance gehabt, wenn die gesellschaftlichen Verhältnisse sie begünstigten: dem bürgerlichen Klassizismus entsprechen in unserem Jahrhundert die Zwanziger Jahre, die um 1930 in einer Phase von hohem Gestaltungsniveau kulminierten; beide Male – markiert durch die Zahlen 1848 und 1933 – folgte dem Scheitern gesellschaftlicher Entwicklungen der Gestaltverfall.«

Wendt Fischer, »Die Verborgene Vernunft«, Ausstellungskatalog der Neuen Sammlung, München 1971

Situation

München unter Maximilian II. war dem technischen Fortschritt aufgeschlossen. Die Anfänge der Industrialisierung Bayerns zeitigten die frühen, bereits hochentwickelten Ingenieurbauten. In einer Zeitspanne von ungefähr zehn Jahren entstanden der erste Münchener Hauptbahnhof, die Maximiliansgetreidehalle an der Blumenstrasse, der Wintergarten Max II., die Großhesseloher Brücke und der Münchner Glaspalast. Als Nachläufer kamen noch der Neubau des Königl. Botanischen Gartens und der Wintergarten Ludwig II. hinzu.
Pläne, Ansichten und Fotos aus der Zeit um 1860 – teilweise in Vogelperspektive – belegen in eindrucksvoller Weise, durch welch ein gewaltiges Bauvolumen München innerhalb kurzer Zeit umgestaltet wurde.

Baugeschichte

Über die Baugeschichte des Glaspalastes sind wir besser als über viele zeitgenössische Bauwerke informiert. Der beengte Baugrund erforderte eine genaue Planung des Zeitablaufes. So wurde eigens ein Rüstplan des Gebäudes angefertigt, der selbst die Hebewerkzeuge bis ins Detail festlegte. Die verschiedenen Stadien des Rohbaues wurden durch Franz Hanfstaengl im erst 1851 entwickelten »Naßkollodiumverfahren« fotografisch festgehalten. Die Fotos korrespondieren in erstaunlicher Weise mit den Zeichnungen des Rüstplanes und sind ein frühes Beispiel einer Bildreportage in der Geschichte der Fotografie. Sie dokumentieren aber auch das Interesse am Bau des Glaspalastes in der Öffentlichkeit.
Über die Arbeitsvorgänge selbst, die nicht festgehalten wurden, können wir uns aber insofern ein Bild machen, als die gleichen Vorgänge beim Bau des Crystal-Palace in London in zahlreichen Stichen in den Zeitungen publiziert worden sind. Der Arbeitsablauf dürfte sich in München nicht wesentlich davon unterschieden haben.

Das ausgeführte Bauwerk

Die unzähligen Darstellungen des Glaspalastes zeugen wiederum von dem großen Interesse, welches dieses Bauwerk erweckte. Aus der großen Zahl ragen zwei Extreme der Darstellung heraus – eine idealisierend romantische, wie die verschiedenen Außenansichten, besonders aber die Innenansicht Abb. 107 bieten, und eine rational strenge, wie die Fotografie Alberts (Abb. 108), welche die Struktur des Gebäudes auf eine schon modern anmutende Weise darstellt. Die noch erhaltenen Pläne des Architekten August von Voit zeigen den sorgfältig ausgearbeiteten Entwurf. Um so bedauerlicher ist jedoch, dass die Detail- und Konstruktionszeichnungen des ausführenden Ingenieurs und technischen Leiters der Firma Cramer-Klett, Ludwig Werder, nicht mehr auffindbar sind.

Volker Hütsch, »Der Glaspalast«, Ausstellungskatalog des Münchner Stadtmuseums, München 1981

Vorgängerbauten

Innerhalb kurzer Zeit hatte München seit dem Amtsantritt König Max II. in der Mitte des 19. Jahrhunderts mit wenigen, aber charakteristischen Bauten an das internationale Baugeschehen Anschluss gefunden. Angefangen mit Bürkleins erstem Münchener Hauptbahnhof, der aus Kostengründen noch in Holzbohlenbindern ausgeführt wurde, führte über den Wintergarten Max' II., – der allerdings anfangs viel großzügiger geplant war – ein direkter Weg zur Maximiliansgetreidehalle, der ersten größeren Markthalle im deutschen Sprachgebiet in Eisenkonstruktuion, zur Großhesseloher Brücke und zum Glaspalast. Die noch vorhandene Brücke Paulis wurde in unserem Jahrhundert mehrmals so starken Eingriffen unterworfen, dass ihre ursprüngliche Gestalt kaum noch erkennbar ist. So ist von allen diesen Bauwerken nur noch die Maximiliansgetreidehalle oder Schrannenhalle unverändert erhalten. Um so bedauerlicher scheint es, dass keine, oder nur halbherzige Versuche unternommen werden, diese als einziges Dokument einer Zeit zu bewahren, in welcher München den Vergleich mit moderner, zeitgenössischer Architektur nicht zu scheuen brauchte.
Die Schrannenhalle wurde nach kurzer Bauzeit 1853 vollendet. Von der heutigen Freibank am Viktualienmarkt in südöstlicher Richtung verlaufend erstreckten sich zwischen einem Mittelteil und zwei Flügelbauten aus Stein zwei 164 Meter lange offene Eisenhallen von basilikalem Querschnitt. Sie wurden 1870 geschlossen, dienten danach Marktzwecken und Ausstellungen. Noch 1905 waren sie Schauplatz einer beachtlichen Messe des Verbandes deutscher Eisenwarenhändler. Nach dem Bau der Großmarkthalle um 1914 wurden sie, da überholt, nach und nach abgebrochen. Glücklicherweise blieb ein Teil der Hallen von 120 Metern Länge erhalten, da er 1926 auf dem Gelände des Gaswerks an der Dachauer Straße als Lagerhalle Verwendung fand. Aus feuerpolizeilichen Gründen ummantelte man dabei einige der gußeisernen Säulen mit Stahlbeton, die eine erneute fachgerechte Demontage der Halle erschweren.
Die Schrannenhalle ist, nachdem andere Beiträge aus Münchens Anfangszeit der Industrialisierung nicht mehr erhalten sind, einziges und wichtigstes Zeugnis einer frühen, hochentwickelten Industriekultur. Ihr Baumeister Carl Muffat verwendete erstmals im süddeutschen Raum den nur wenige Jahre vorher entwickelten »Polonceau-Träger«.
Leider wurden die im Entwurf richtig angeordneten Druckstäbe in der Ausführung ohne Grund von dem Unternehmen Maffei in Hängesäulen umgewandelt. Dieser Eingriff beeinträchtigt die Klarheit der Form, ist aber ohne grösseren Einfluß auf die Festigkeit. Die Konstruktion ist von einer transparenten Leichtigkeit und stupenden Kühnheit, die auch Laien fasziniert.
Die in vielen Gutachten rühmend hervorgehobene Qualität des damals verwendeten Gußeisens hat bewirkt, dass die heute noch stehende Halle kaum Alterungsspuren zeigt. Ihr »Baukastenprinzip« bietet sich für eine problemlose, der Erhaltung dienende Versetzung geradezu an.

Der Brand

In der Nacht auf den 6. Juni 1931 brannte der Glaspalast vollständig nieder. Nicht nur Werke der soeben eröffneten Jahresausstellung und verschiedener Sonderschauen, auch die unersetzlichen Exponate der mühevoll vorbereiteten Ausstellung über die »Deutschen Romantiker« wurden ein Raub der Flammen. Mit welch entsetzlicher, lähmender Gewalt die Nachricht von dem Unglück sich in München, über ganz Deutschland ausbreitete, zeigt die Tatsache, wie noch heute, fast zwei Generationen nach der Katastrophe die Kenntnis von dem Glaspalastbrand gegenwärtig ist.

Aus unserer Sicht wirkt der Brand wie ein böses Omen, wie ein Vorspiel auf kommendes Unheil. Der unvergessene Eugen Roth, damals Schriftleiter bei den »Münchner Neuesten Nachrichten«, erlebte den Brand als Augenzeuge. Er hat uns eine eindringliche Schilderung des Geschehens hinterlassen.

Wie es zu diesem Brand kommen konnte, wurde nie eindeutig ermittelt. Sicher haben 1931 Zeitumstände eine Rolle gespielt. Merkwürdig sind Berichte, die »Selbstentzündung ölgetränkter Putzwolle« als Brandursache angeben. Nach einem Gutachten des Landbauamtes vom 10. August 1931 wurde der Glaspalast, und dies ist wohl die glaubhafte Version, durch Brandstiftung zerstört. Ein Täter wurde nie ermittelt.

Da dem Laien nicht ohne weiteres verständlich ist wie ein Gebäude aus Glas und Eisen niederbrennen kann, sei auf den Vorgang der Initialzündung verwiesen. Ein schwer entzündbarer Stoff – Glas, Eisen z. B. –, kann durch einen leichter entzündlichen Stoff, der die erforderlichen Anfangsgrössen (Temperatur und Druck) liefert, zum Brennen gebracht werden.

Die Dielen, die hölzernen Trennwände der Kabinette, teilweise mit Leinwand bespannt, fingen schnell Feuer. Glas und Gusseisen zerbarsten unter der entstehenden Temperatur, Architekturteile stürzten ein und ermöglichten eine rasche Zufuhr von Sauerstoff. In kurzer Zeit brannte das Gebäude wie eine lodernde Fackel. Der Schmelzpunkt des Glases wurde mit Sicherheit, wahrscheinlich auch der von Metall, erreicht. Zurück blieb ein rauchendes Trümmerfeld.

Volker Hütsch, »Der Glaspalast«, Ausstellungskatalog des Münchner Stadtmuseums, München 1981

Nach dem Brand

Der Brand des Glaspalastes hatte den Streit um den Fortbestand des Gebäudes gewaltsam beendet. Frühere Planungen, die einen Umbau oder einen Erweiterungsbau des Glaspalastes vorsahen, wurden hinfällig. Die Forderung nach einem grossen Kunstausstellungsgebäude als Ersatz für den Glaspalast war vordringlich geworden. Dem Architekten Adolf Abel, der eine Professur an der Technischen Hochschule München nur unter der Bedingung angenommen hatte, den ersten grösseren Staatsbau nach seinem Dienstantritt übernehmen zu dürfen, wurde der Auftrag zu einem Vorentwurf erteilt. Die Planung verzögerte sich bis zum Mai 1932, weil die Forderung, das Gebäude auch als Konzerthaus benutzen zu können, grössere Voruntersuchungen erforderlich machte. Das Gebäude sollte aus einem Hauptbau und zwei Seitenflügeln bestehen, in drei Bauabschnitten errichtet werden und 3,8 Millionen Reichsmark kosten. Die Forderung nach der Doppelnutzung wirkte sich allerdings auf die architektonische Gestaltung nachteilig aus. So wurde auf Drängen der Architektenschaft unter Führung von Eugen Hoenig ein Wettbewerb ausgeschrieben. Obwohl der 1. Preis an zwei Augsburger Architekten vergeben wurde, erteilte das Kultusministerium Abel den Auftrag für die weitere Planung. Der politische Umbruch im März 1933 bedeutete das Ende der Abelschen Pläne.

Der von Adolf Hitler favorisierte Architekt Paul Ludwig Troost, der auch schon für den Wettbewerb um den neuen Glaspalast einen städtebaulich nicht sehr glücklichen Entwurf ausgearbeitet hatte, wurde mit der Planung des »Hauses der Deutschen Kunst« an der nordwestlichen Seite der Prinzregentenstrasse am Eingang des Englischen Gartens beauftragt. Grundsteinlegung war bereits am 13. Oktober 1933. Eröffnet wurde das Gebäude am 18. Juli 1937. Auf dem Gelände des ehemaligen Glaspalastes entstanden nach Entwürfen Troost's ein Kaffeehaus, ein Ausstellungsgebäude und der Neptunbrunnen. Der Architekt Oswald Bieber und der Bildhauer Josef Wackerle führten die Arbeiten aus.

Der »Neue Glaspalast« ist ein Wort geblieben. Der Glaspalast hinterlies ein Vakuum, das bis in unsere Zeit spürbar ist.

132 Internationale Kunstausstellung 1897 im Glaspalast

Bildnachweis

AEZ 1850: 96; Josef Albert: 77; Architektursammlung der TU München: 8, 11 mit 26, 28, 46 mit 50, 53, 55 mit 61, 63 mit 67, 70, 71, 100, 102, 107, 130; Bay. HStA München: 7; Benevolo: 29, 91, 95; Bildarchiv Bruckmann Verlag: 104; Chevojon Frères, Paris: 101; Foto Marburg: 9, 105, 114 mit 117; Hanfstaengl: 112; Hildebrand: 110; Hix, The Glass House: 6, 87, 93; Atelier Hoefle, Bamberg: 81; Mock, The architecture of bridges: 92; Privatbesitz: 2, 29 mit 34, 36 mit 44, 83, 129, 132; Helen Rosenau: 109; Schinkel: 80, 84; Walter Scott: 90; Edwin Smith: 88, 99; Peter Springer: 82; Staatsbibliothek München: 27, 45, 51, 52, 54, 62; Stadtarchiv München: 131; Stadtmuseum München: 4, 35, 72, 73, 74, 78, 103, 106, 111, 118 mit 122, 125, 126, 127; Technikgeschichte Bd. 35: 113; Verfasser: 5, 10, 69, 79, 94,; Viollet-le-Duc, Entretiens: 85; Gerhard Weiss: 68, 75, 76.